U0660484

行政组织法研究

XINGZHENG ZUZHIFA YANJIU

任进 著

国家行政学院出版社

图书在版编目(CIP)数据

行政组织法研究/任进著.
—北京:国家行政学院出版社,2009.12
ISBN 978-7-80140-846-4

Ⅰ.行…　Ⅱ.任…　Ⅲ.国家行政机关—组织法—研究—中国
Ⅳ.D922.104

中国版本图书馆CIP数据核字(2009)第218648号

书　　名	行政组织法研究
作　　者	任　进　著
责任编辑	任　燕
出版发行	国家行政学院出版社
	(北京市海淀区长春桥路6号　100089)
	(010)68920640　68929037
	http://cbs.nsa.gov.cn
编 辑 部	(010)68929095
经　　销	新华书店
印　　刷	北京金秋豪印刷有限责任公司
版　　次	2010年1月北京第1版
印　　次	2010年1月北京第1次印刷
开　　本	880毫米×1230毫米　32开
印　　张	11.875
字　　数	320千字
书　　号	ISBN 978-7-80140-846-4/D·445
定　　价	25.00元

本书如有印装质量问题,可随时调换。联系电话:(010)68929022

前　言

行政组织法是宪法和行政法的重要内容之一。在建设法治政府、服务型政府的进程中,加强行政组织和行政组织法的研究,不仅对于深化政府机构改革、促进政府职能转变、推进依法行政和建设法治政府具有重要意义,而且有助于推进对宪法和行政法的整体研究,并丰富宪法学、行政法学的理论研究成果。

一般认为,现代意义的行政组织,是指行使国家行政职权、管理公共事务的行政机关,以及承担行政任务的行政机关以外的其他社会组织。它们是行政学的重要研究对象,属于宪法学和行政法学的范畴。

对行政组织法的研究,在国外大致有两种模式:大陆法系模式和英美法系模式。

大陆法系国家,对行政组织法的研究比较全面,如在法国、德国和日本的行政法著作中,行政组织法都是重要内容之一。这些国家对行政组织法的研究,主要集中在行政主体或行政法主体、国家行政组织、地方政府及其他行政体等。

英美法系国家,对行政组织法的研究比较零散,缺乏系统性，有的国家甚至不使用“行政组织”的概念，一般是在政府机构（如美国的联邦政府、州政府和地方政府，英国的内阁各部、非内阁部门、执行局）、公共机构或公法人（半自治非政府组织）中论述。

在我国台湾地区，对行政组织法的研究已有多年历史，也有一定成果，如乔育彬 1994 年所著《行政组织法》、黄锦堂 2005 年所著《行政组织法论》等。

我国大陆对行政组织法的研究始于 20 世纪 80 年代中期，但在 20 世纪 80 年代后期和 90 年代，对行政组织法的研究分别形成了两个范式，一个是行政组织范式，另一个是行政主体范式。

行政组织范式，以行政机关或行政组织概念为基点和线索，统领有关行政管理主体及行政组织法律规范的探讨和论述，由此拓延至整个行政法学体系，包括对行政行为、行政法律责任及监督行政制度的研究，都基于行政机关或行政组织术语之上；行政主体范式自 20 世纪 90 年代开始居于主导地位，其与行政组织范式相比，在确定行政行为效力、行政诉讼被告和法律责任归属方面有一定的特点。

近年来，有些学者开始对行政主体理论进行反思，认为行政主体理论与行政诉讼资格的联系过于紧密，而且自身存在一定的逻辑矛盾，因而主张借鉴西方的行政主体理论对我国的有关理论进行重构。

在对行政主体理论进行反思的同时，对行政组织法的研究开始受到重视，行政组织法研究得到一定发展。其主要表现为：首先，行政组织法不仅研究行政机关和机构，研究行政编制和公务员制度，还研究行政机关以外的其他社会组织及其关系。其次，行政组织法的研究成果，对完善行政机关组织法、行政机关编制法和公务员法等产生了一定影响。第三,行政组织法的研究与政府体制改革之间开始形成了良性互动的关系。但总体来说,行政组织法的研究还比较薄弱,而且研究资料不够全面,特别是比较研究的资料偏于陈旧,研究结论不够贴近实际;从法律视角对行政组织包括对中央政府机构、地方政府和行政机关以外的行政组织的研究不够。

在建设法治政府的进程中,有必要加强行政组织法的理论研究和实践探索。国务院2004年3月22日公布的《全面推进依法行政实施纲要》指出,要"合理划分和依法规范各级行政机关的职能和权限。科学合理设置政府机构,核定人员编制,实现政府职责、机构和编制的法定化"。

笔者同意这样的认识:在行政法学体系中,行政组织和行政主体都是非常重要的内容。行政组织法侧重于从整体对行政组织涉及的法律问题进行研究,以确保行政组织建立在理性基础上,对行政组织整体予以法律规范和控制;行政主体理论则侧重于解决在行政组织中哪些主体能够独立对外管理,具有独立的法律地位。

行政主体理论固然有其一定的意义,但学术界在对行政主体研究的同时,不应该忽视、淡化甚至驱逐对行政组织法的研究。为合理划分和依法规范各级行政机关的职能和权限,科学合理设置政府机构,需要对行政组织法涉及的问题全面展开研究,完善行政组织法制。法学界可以把行政组织和行政主体作为并行的而非融合的课题,对行政组织的内在结构问题予以深入、细致的研究。可以说,回归行政组织法的研究已经日益紧迫。

党的十七大提出了"健全组织法制和程序规则"的要

求;2008年2月,党的十七届二中全会通过的《关于深化行政管理体制改革的意见》,把“实现政府组织机构及人员编制向科学化、规范化、法制化的根本转变”作为行政管理体制改革总体目标中的一项重要内容,明确提出要“加快推进机构编制管理的法制化进程”。行政组织法的研究迎来了新的发展机遇,也面临新的任务。

笔者将以这次研究尝试为起点,继续关注行政组织法问题,努力完善研究内容和方法,不断把行政组织法的研究引向深入。

任进

2009年12月4日

目　　录

第一章
行政组织法基本理论

第一节　行政组织与行政组织法

一、组织的构成和行政组织的含义

(一)组织的构成

组织是人类社会最广泛的现象之一。在人类社会漫长的进化过程中,组织始终是人类赖以生存和发展的主要形式。离开了组织,就没有人类社会的过去、现在和未来。所谓组织,简单而言,就是"按照一定的宗旨和系统建立起来的集体";[①]或者说,"是对人和事务按照一定的任务和形式进行有效的组合"。[②]

组织可以划分为自然组织和社会组织两大类。但就社会组织而言,不同国家有着不同的分类方式。一般认为,"公益性的政府组织、营利性的社会组织和非营利性的自愿的公益组织是现代社会的三大社会组织"。[③]

一些西方国家大致上把社会组织分为三类:政府及其他权力制衡机构、企业或公司和社会公益组织。而在中国,社会组织主要有党政机关、企业或公司、事业单位、社会团体、群众团体或人民团体、民办非企业单位等。

在我国,根据1986年《民法通则》,最基本的社会组织可分为四

---

① 中国社会科学院语言研究所词典编辑室编:《现代汉语词典》(修订本),商务印书馆1996年修订第三版,第1679页。

② 任进:《政府组织与非政府组织》,山东人民出版社2003年版,第1页。

③ 徐景安:《继承小平,超越小平》,《文摘周报》2007年2月13日。

种法人:机关法人、企业法人、事业法人、社团法人。在这四种法人中,除国家机关依法设立不需要登记外,其他三种法人必须经法定的登记机关登记注册,取得法人资格,接受登记机关管理;而在现阶段,法人单位包括企业法人、事业单位法人、机关法人、社团法人和其他法人。其他法人主要包括村委会、居委会(基层群众自治组织)和民办非企业法人。[①] 此外,还有新社会组织中的基金会法人。

由于各国国情不同,社会组织的构成也不同。西方国家一般没有我国称之为"事业单位"的概念,而是将类似于我国事业单位的组织归于政府机构或半政府机构;有的西方国家将政党组织也纳入社会团体的范畴,但在我国,一般不将政党组织视为社会团体。[②]

(二)行政组织的含义

1. 行政学意义上的行政组织

如果从行政学的视角,将公共事务分为国家事务和社会事务,公共行政分为国家行政和社会行政,行政组织也有广义和狭义之分。广义的行政组织泛指一切具有计划、组织、指挥、协调、控制等行政功能的组织,它不仅包括国家的政府系统,也包括国家立法、司法机关和政党、企事业单位以及群众团体等其他社会组织内处理行政事务的组织;狭义的行政组织仅指政府系统。[③]

2. 行政法学意义上的行政组织

我国传统行政法观念认为,对公共事务进行管理的职能仅属于国家所有,即"公共行政"局限于"国家行政",国家行政机关(或行政机构)是惟一的行政组织。[④]

---

① 国务院第一次全国经济普查领导小组办公室编:《第一次全国经济普查服务业培训资料》(2004年9月),第14页。

② 吴忠泽:《社团管理工作》,中国社会出版社1996年版,第1页。

③ 尹钢、梁丽芝:《行政组织学》(21世纪公共管理学系列教材),北京大学出版社2005年版,第3页。

④ 罗豪才:《行政法与依法行政》,《国家行政学院学报》2000年第1期。

从行政法的传统意义上说，行政组织主要是指由国家设定、依法从事公共行政事务管理的国家组织，是行政机关和行政机构的合称。① 概括而言，行政组织是"行政主体为发挥行政权作用，执行各种行政业务，以行政职位与人员为基础，结合而成的层级节制行政机构系统"。②

行政法上的行政组织至少应包含以下含义：其一，行政组织首先主要是指各级政府行政机关。这些组织机构都是按照一定法定程序设置的，都有一定的目标、职能和权力。只是，"行政组织"侧重于"学理性"、"行政管理"层面的含义，而"行政机关"侧重于"功能性"、"行政法制"的含义，实则两者是相通的，"行政机关"也即行政组织。③ 其二，行政组织也指行政组织各种要素的组合，如行政组织的职能、机构设置、人员构成、权责体系、运作过程、法律规范等。④

随着市场经济和公共行政的变革，公共行政也从传统的政府的公共行政进一步发展为也包括社会的公共行政。政府的公共行政是指政府（行政机关）代表国家行使行政权、管理公共事务，以及其他公共机构的有关管理活动；社会的公共行政是指政府以外的其他组织，包括民间组织，对一定范围公共事务进行的管理或参与。相应地，行政组织也包括政府组织、其他公共机构与非政府的社会组织等。

在我国，除行政机关以外，还有政府以外的其他组织如事业单位或基层群众性自治组织等，也依法承担一定的公共行政职能；随着社会主义市场经济的发展和政府职能的转变，一些原先由政府或政府部门管理的公共事务特别是行业性、专业性事务，逐步转移、交给或还给某些社会团体、社会中介组织或事业单位管理或参与管理。这

---

① 罗豪才、应松年：《行政法学》，中国政法大学出版社 1996 年版，第 92 页；张正钊、韩大元、杨建顺、李元起：《比较行政法》，中国人民大学出版社 1998 年版，第 123 页。

② 乔育彬：《行政组织法》，中兴大学法商学院图书部 1994 年版，第 60 页。

③ 张家洋：《行政法》（增订版），三民书局 1993 年版，第 290 页。

④ 张正钊、韩大元、杨建顺、李元起：《比较行政法》，中国人民大学出版社 1998 年版，第 124 页。

些社会组织经法律、法规授权或行政机关委托管理或参与管理某些公共事务，被称为"准公共行政组织"、"准行政主体"、"类行政组织"或"其他承担行政任务的主体"。[①]

因此，行政法意义上的现代行政组织，是指行使行政职权、管理公共行政事务的行政机关，以及行政机关以外的承担行政任务的其他组织的总称。

二、行政组织法的含义、归属和研究范围或主要内容

(一)行政组织法的含义

关于行政组织法的含义，有狭义和广义两说。

狭义的行政组织法，仅指有关规定国家行政机关的结构、组成、权限等的法律规范的总称。在中国，狭义的行政组织法就是指国家行政机关组织法。而在有的国家如日本，这个意义上的行政组织法可以区分为国家行政组织法、地方公共团体组织法及其他的公共团体组织法。[②] 而狭义的国家行政组织是指为担当国家的行政而设置的国家固有的行政机关体系的机构。[③]

日本狭义的国家行政组织由内阁作为最高国家行政机关的府、省和作为外局的委员会以及厅等各种行政机关组成。除《宪法》第九十条规定了作为独立行政机关的会计检查院外，人事院、国家公安委员会和公正交易委员会等各种行政机关，在法律上也置于内阁所辖之下，其权限行使的独立性受到保障。国家行政组织的成文法渊源，除了《宪法》外，还有《内阁法》、《国家行政组织法》和各种省厅等设置法。

---

① 任进:《中国非政府公共组织的若干法律问题》,《国家行政学院学报》2001 年第 5 期。

② 〔日〕和田英夫著，倪建民、潘世圣译:《现代行政法》，中国广播电视出版社 1993 年版，第 78 页;〔日〕室井力主编，吴微译:《日本现代行政法》，中国政法大学出版社 1995 年版，第 269 页。

③ 〔日〕室井力主编，吴微译:《日本现代行政法》，中国政法大学出版社 1995 年版，第 288 页。

在日本，尽管国家行政组织多种多样，其管辖的事务和权限也不尽相同，但法律要求这些不同的国家行政组织作为整体应保持其系统性和统一性。如依照《内阁法》和《国家行政组织法》的规定，一方面，各大臣“作为主管大臣，分管行政事务”，“内阁总理大臣基于内阁会议决定的方针，指挥监督行政各部门”，以保障国家行政组织中各省厅的相对独立性。另一方面，又规定“国家行政组织在内阁的统辖下，必须由具有明确管理事务范围与权限的整个行政机关系统地组成”。并要求“国家行政机关在内阁的统辖下，谋求行政机关的相互联络，使之发挥其整体的行政作用”。其基本原则是：就特定事务而言，必须明确主管机关及其权限和责任，以防止出现权限争议，也有利于便利国民和保障其权利。

广义的行政组织法，在日本，除了国家行政组织法、地方自治法外，还包括公务员法和公物法。[①] 在中国，有学者认为，行政组织法大致由行政机关组织法、行政机关编制法和公务员法构成[②]，即为传统上广义的行政组织法。

（二）行政组织法的归属、主要内容或研究范围

关于行政组织法的归属，一般认为，行政组织法属于宪法学和行政法学的范畴，也是政治与行政学、社会学等学科的重要内容或研究对象。正如有的学者所言：“行政组织法系宪法学和政策学之范畴”；《宪法》所建立的民主、人民基本权利等原则，“拘束并指引立法者之行政组织有关的决定。由于《宪法》之相关条文简洁，不免有释义学的争论，尤其就行政组织权之归属，立法者一般享有广泛裁量权；于在实质内容上，得依时空推演而为调整。如此意义之行政组织（学），除了一方面衔接宪法学之外，另一方面也与行政学、社会学、政治学之相关研究接轨。行政组织法也属于行政法的范畴。研究者必须讨论行政机关的定义、常见的类型、行政委托、行政委任、公权力行政之

---

① 〔日〕盐野宏著，杨建顺译：《行政组织法》，北京大学出版社 2008 年版，第1～2 页。

② 任建新：《社会主义法制建设基本知识》，法律出版社 1996 年版，第 126 页。

委托、行政机关间之相互关系(上下级间之指挥监督及行政协助),以及有无必要与如何制定行政组织基本法等”。①

但对行政组织法的内容或研究范围,学者主张不一,大致有几种观点。有的学者认为行政组织法研究应包括行政权归属和具体落实两方面的内容。分为行政主体、行政机关和行政权具体落实的人和物的因素。②

也有学者认为行政组织法的内容应当包括五个部分:(1)行政组织的权限;(2)中央与地方的权力分配与相互关系;(3)行政机构的设置;(4)行政编制管理制度;(5)公务员管理制度。在此基础上,认为应当建立包含三个等级的行政组织法立法体系,第一等级是《行政组织基本法》,第二等级是《中央与地方关系法》以及《国务院组织法》、《地方各级人民政府组织法》;第三等级则是制定《中央各行政机构设置法》和《行政机构编制法》(及其配套措施)、《公务员法》配套措施。③

还有学者认为,行政组织法学的分析框架,除应修正过去涉及的行政组织类型、中央与地方分权、行政机关编制、公务员法等传统内容外,更应考虑纳入外部竞争机制、整体运作模式、财政自主权、工作人员激励机制、任务、权限、责任三位一体的结构与监督等要素。④

正如学者所言:“行政法的任务,在于对行政权之行使,从法治目的角度,加以规制、指引。在这个任务之下,行政组织与行政行为同为行政法学研究的对象”,⑤而实际上,在现代国家中,一般而言,行政组织主要由两大部分组成,即中央政府(联邦政府和联邦主体)行政组织与地方行政组织。

(1)中央政府(联邦政府和联邦主体)行政机关属于国家行政组

---

① 翁岳生:《行政法》(上册),中国法制出版社 2009 年版,第 307 页。

② 李昕、郭耀红:《行政组织法学的研究及其学理价值》,《华北电力大学学报》(社会科学版)2002 年第 1 期。

③ 应松年、薛刚凌:《行政组织法与依法行政》,《行政法学研究》1998 年第 1 期。

④ 郑春燕:《行政任务变迁下的行政组织法改革》,《行政法学研究》2008 年第 2 期。

⑤ 翁岳生:《行政法》(上册),中国法制出版社 2009 年版,第 306 页。

织,它们依据法律、法规而设立,组成机关,自成系统,并办理中央政府(联邦政府和联邦主体)职权范围之行政事项。

(2)地方行政组织,包括属于国家行政系统内的地方国家行政组织与地方自治行政组织两种。地方自治行政组织与国家行政组织在产生、法律地位、职权方面均有不同。

(3)行政组织在形式上虽以行政机关为主要单位,实则以构成机关之公务员为重要因素。公务员的任用及其权利义务和公务员的编制,均为行政组织的重要问题,因而有以法律、法规规范之必要。规定这种有关公务员制度和人员编制的法律规范,也为行政组织法的重要部分。

(4)随着社会的发展,各国的行政主体发生了一定变化,"各种除政府行政以外的社会公共行政也纳入研究范围"。[①] 在中国,学者们也逐步将非行政机关的其他社会组织纳入研究视野。因而,行政机关以外的承担行政任务的其他主体,也属于行政组织法的范畴。

因此,行政组织法的范围主要包括中央政府(联邦政府和联邦主体)行政机关组织法、地方政府组织法、行政机关以外的其他组织的法律规范,以及人员编制和公务员的法律规范。

但是,仅仅进行法律制度研究,局限于"已有的行政组织法规范,呈现出很大的封闭性"。[②] 因此,笔者认为,行政组织法的研究范围,除了上述基本制度作为主要内容外,还应包括行政组织法基本原理、行政组织法的实施、行政组织与党组织[③]的关系等内容。

三、行政组织法的基本原则或立法原则

行政组织法的基本原则,是制定和实施行政组织法的基本准则。我国学界以往对行政组织法不够重视,对行政组织法基本原则的研

---

① 黎军:《行业组织的行政法问题研究》,北京大学出版社 2002 年版,第 65 页。

② 应松年、薛刚凌:《行政组织法研究》,法律出版社 2002 年版,第 7 页。

③ 但在我国目前,行政机关与党组织的关系更多是一种事实上的关系,而非法律上的关系。参见李树忠:《国家机关组织论》,知识产权出版社 2004 年版,第 256~266 页。

究尤为匮乏。实践中，行政组织设置的随意和非理性化，机构改革的频繁与封闭性，都足以说明我国行政组织法律制度缺乏基本精神导向。因此，在理论上对行政组织法基本原则进行探讨具有重要意义，不仅有助于推动对行政组织法的深入认识和全面研究，也可以服务于实践，促进行政组织法治的发展。①

各国行政组织法的基本原则不尽相同，学者的观点也各有重点。有学者认为，行政组织法基本原则包括，依法规范、公开明确稳定、保障人权和依法担责等具体内容；②或者说，包括依法组织、行政分权和组织效率原则。③ 也有学者指出了蕴涵人民主权、人权保障和政府负责等精神的法治原则，在公共行政组织领域的具体要求为：(1)行政组织法定主义；(2)关于公共行政组织的法律规范必须具有公开性、确定性和一致性；(3)关于公共行政组织的法律规范必须确保国家与社会的良性互动关系，促进经济发展和保障人权；(4)行政机关必须依法进行公共行政组织的建构，实施任何违法行为都要承担相应的法律责任。④

行政组织法的制定，有其所应依循之立法精神，此为其立法原则。行政组织法的立法原则，也即制定行政组织法应遵循的基本准则。有学者指出：现代行政组织法之立法原则可概括为法治行政（依法行政）原则、组织管理原则、行政效率原则和积极行政原则。⑤

笔者认为，我国行政组织法或行政组织立法，应遵循下列基本原则。

(一)符合国家权力结构和《宪法》原则

行政组织的设置应考虑《宪法》就国家任务所设计的权力结构和

① 应松年、薛刚凌：《行政法基本原则之探讨》，《行政法学研究》2001年第2期。

② 应松年、薛刚凌：《行政组织法研究》，法律出版社2002年版，第65～66页。

③ 应松年：《行政法与行政诉讼法》（上），中国法制出版社2009年版，第120～124页。

④ 应松年、袁曙宏：《走向法治政府——依法行政理论研究与实证调查》，法律出版社2001年版，第186～188页。

⑤ 乔育彬：《行政组织法》，中兴大学法商学院图书部1994年版，第45页。

体现的价值取向，否则有可能不符合《宪法》的基本原则。我国实行民主集中制的人民代表大会制度，各级人民政府是国家行政机关，也是人民代表大会的执行机关，各级国家行政机关与人大之间不是平等分权、相互制约的关系，而是决定与执行、监督与被监督的关系。我国《宪法》规范的国家权力结构和基本原则，会深刻影响行政组织的架构，也会影响行政组织立法的功能。

（二）适应国家政治、经济、社会发展需要原则

我国行政组织立法要适应国家政治、经济、社会发展的需要，通过科学、规范的管理，使各级行政组织的机构设置和编制配备能够满足其全面履行经济调节、市场监管、社会管理和公共服务职能的需要。

（三）遵循精简、统一、效能的原则

随着经济社会的不断发展和经济体制改革的深化，行政机构的改革任务愈发艰巨，人员的规模仍须继续加以控制。因此，行政机构应依据职能配置和职位分类，按照精简的原则确定。而且，行政机构设置和编制管理工作要实现高度统一，由中央统一领导全国范围内的机构和编制管理工作。但行政机构的精简和统一，最终都要服务于提高政府的运行效能，因此，要通过行政组织立法，科学规范部门职能，合理设置机构，优化人员结构，不断改善机构编制资源的配置效率，促进政府整体效能的提高。

（四）依法设置和管理原则

随着机构改革的逐步深入和依法行政原则的实行，应当加强行政机构的法治建设，将依法设置机构和管理编制也作为行政组织法的一项原则，明确规定非因法定事由并经法定程序，各级行政组织的机构、职能和人员编制不得随意更改或变动。

（五）适时调整与保持相对稳定相结合原则

这一原则要求，根据履行职责的需要，可以对行政组织适时进行调整，但在一定政府任期内，各级行政组织应当保持相对稳定。

(六)职责明确、权责一致原则

行政组织立法要以职责的科学配置为基础,做到职责明确、分工合理、机构精简、权责一致,使决策、执行和监督既相互制约又相互协调,形成权责一致、分工合理、决策科学、执行顺畅、监督有力的行政体制。

四、现代行政组织法的发展趋势

现代各国制定的行政组织法,其历史背景、条件、国情等各有不同,因此很难概括出适用于所有国家行政组织法的一般结论,但总的来说,各国行政组织法或多或少表现出以下特点或趋势。

(一)行政组织结构的民主化、专业化

如学者所言:“早期的典范为传统科层体制,晚近则兴起新公共管理、新治理、新公共服务等改革风潮,而背后系现代专业分殊化、资讯及网络化、后现代化、全球化等当代政经社文之构造变迁”。[①] 因此,现代行政组织不同于传统的“官僚机构”,它的组织层次与分工体系更符合民主化、专业化原则;组织成员不再以“官僚”自居,以“公仆”形态出现;专业人员与行政人员协调配合,在组织中各有职位;更重视专业分工和专业组织,等等。

(二)行政组织机构的大部门化

随着社会的发展,现代行政组织职能逐渐综合,行政组织机构规模扩大、编制增加,造成行政权的扩张,如美国内阁 15 个部、日本内阁 11 个省、英国约 20 个左右内阁部门、法国内阁 15～18 个部,各部门职能都比较综合,机构规模较大。故现代行政组织立法面临“大机构”与“精简化”的平衡问题。

(三)行政组织法规的标准化

在各国加强行政组织立法的形势下,组织法规呈标准化的趋向。行政组织虽有不同种类和级别之分,但同类同级组织具有共同标准。

---

① 黄锦堂:《行政组织法论》,翰芦图书出版公司 2005 年版,第 1 页。

有的国家已制定了专门的行政组织法，如日本制定了《内阁法》和《国家行政组织法》。[①] 联邦制国家，如瑞士 1997 年制定《联邦行政组织法》，联邦德国 16 个州中，石勒苏益格-荷尔斯泰因州、萨克森州、勃兰登堡州和图林根州等制定了《州行政组织法》。

(四)首长制与完整制的扩大化

从各国政府组织之趋向而论，首长制多于委员会制，除阶段性的委员会制之组织外，多以首长制为主，并实行首长制与民主管理方式的配合。其次是实行完整制的组织形态，行政组织各部门或单位皆归所属行政组织之首长统筹领导与监督，业务部门、幕僚部门与辅助部门，虽执掌各异，也皆归属诸首长领导。由于现代行政重视组织之和谐与效能，故完整制较具优势，已经成为行政组织之发展趋向。[②]

(五)行政主体的多元化

由于传统公权力为政府所独占，科层式行政组织，在僵化人事、财政制度束缚下，无法完成现代化的公共事务。政府要提供优质、高效的服务，同时避免造成国家财政负担，就必须着手行政组织改革，使更多的主体承担行政职能。现代行政组织法的一个引人注目的发展趋势是，随着社会的发展和变化，现代公共事务日益增多，一些公共事务特别是社会性、专业性较强的公共事务，逐渐由国家行政机关转移或下放给各种社会团体、社会中介组织等民间机构甚至私人机构管理或参与管理。相应地，行政组织法逐步发展成为国家行政机关组织法与行政机关或行政机构以外的承担行政任务的其他组织的法律。

(六)行政组织之间的分权化

随着全球经济的一体化，各国的政府组织制度不断经历着变革，呈现出某些协同的趋势。特别是在欧洲，欧盟成员国的地方政府组织表现出某种共同的发展趋势，如强化地方自治、实行从属性原则、

---

① 乔育彬:《行政组织法》，中兴大学法商学院图书部 1994 年版，第 49～53 页。

② 同前引，第 53～54 页。

鼓励多样性、非官僚化、服务提供的变化、对民众的负责性、公民参与、强调中央与地方的合作等等。行政组织之间分权化或将逐渐成为一种世界性现象。

第二节 行政主体

一、行政主体概念、意义和地位

(一)行政主体的概念、特征和意义

长期以来,我国法学界重视行政组织问题的研究,其侧重点在于行政组织系统的构成、职权和行政效率等问题,对行政管理活动的主体资格和法律责任的承担不够关注。而自上世纪80年代末开始到90年代中后期,行政主体理论逐步成为行政法学研究行政组织的另一种范式。

一般认为,理论界率先提出"行政主体"概念的是1989年出版的《行政法学原理》。[①] 关于行政主体的概念,学者们的表述虽然各不相同,但大体一致。有的认为行政主体特指能以自己的名义实施国家行政权(表现为行政管理活动),并对行为效果承担责任的组织;有的认为行政主体是享有实施行政活动的权力,能以自己的名义从事行政活动,并因此而承担实施行政活动所产生责任的组织。人们普遍认可的说法是:行政主体是指享有行政职权,能作出影响行政相对人权利义务的行政行为,并能由其本身对外承担行政法律责任的组织。

由以上定义,可以看出我国行政主体具有以下四个特征:(1)行政主体是一种组织,而不是个人。尽管行政主体的各种行政活动都是由公务员作出的,但公务员是以行政主体的名义行使职权,公务员是行为主体,其本身并不是行政主体。(2)行政主体是依法享有公共行政权力的组织。不是社会中的所有组织都可以成为行政主体,只有那些享有行政职权的组织才能成为行政主体。(3)行政主体是以

① 张焕光、胡建淼:《行政法学原理》,劳动人事出版社1989年版,第28页。

自己的名义从事公共行政活动的组织。“以自己的名义”的外在表现形式就是能够在作出行政决定的法律文书上署名。行政机关的内设机构、派出机关和临时机构以及受委托的组织虽然也能实施具体行政行为，但它们不能以自己的名义进行，不是行政主体。(4)行政主体是能够独立承担法律责任的组织。[①]

行政主体与相关概念有所区别：(1)行政主体与行政法主体。后者系指受行政法调整和支配的有关组织和个人。行政主体是行政法主体的一部分，即行政主体必定是行政法主体，但行政法主体未必就是行政主体。行政主体仅限于行政机关和其他社会组织，不包含个人，而行政法主体包括了一定的个人，主要指公民、法人或其他组织。(2)行政主体与行为主体。行为主体系指虽无法律上的名义，但直接具体实施行政行为的组织或个人。如行政机关委托事业单位或社会团体行使职权，该事业单位或社会团体便是行为主体。另外，相对于行政机关而言，公务员也属于行为主体，而不是行政主体。

一般认为，我国传统的行政法学，主要是以行政机关及其公务员为对象，没有从行政主体的视角进行研究。但行政主体与行政机关及其公务员是不同的，行政法学首先要解决的问题是，哪一个主体有权实施行政管理活动，并承担相应法律责任。因此，行政主体概念的提出，具有重要意义：(1)推进依法行政的需要。在我国行政机关或机构中，较为严重地存在着职责不清、权限不明、权责脱节等问题，很大程度是由于主体地位不明确所造成。推进依法行政，首先要求对复杂的行政组织进行主体资格的确定，这是依法行政的必要条件。(2)确定行政行为效力的需要。行政行为是由有关行使行政职权的主体作出的，具有国家强制力，直接影响相对人的权利和义务。因此，不是行政主体作出的行为不是行政行为；不具备法定主体资格者所作出的行为不具有行政行为的效力。(3)确定行政诉讼被告的需要。确定行政机关或机构能否成为行政诉讼的被告，首先要确定该

① 胡锦光：《行政法与行政诉讼法》，高等教育出版社 2007 年版，第 37～39 页。

行政机关或机构是否具有行政主体资格，一般来说，只有具备行政主体资格的机关或机构、单位或组织，才是行政诉讼的被告。(4)保持行政活动连续性、统一性的需要。行政活动是由公务员实施的，而实施行政活动的公务员数量众多，且又有所不同。依据依法行政原则，要求有行政主体存在，由它把众多的、先后不同的公务员的行为统一起来，承担由各个公务员行为所产生的权利和义务。因此，行政主体实质上是保证行政活动连续统一的一种法律上的技术。[①]

(二)行政主体的法律地位

行政主体的法律地位，是行政主体在国家行政管理中权力、责任的综合体现。

基于行政主体与国家之间的法律关系，行政主体与相对人形成了行政法律关系。在这对关系中，行政主体代表国家行使行政职权，并享受行政优益条件，相对人有服从和协助行政主体实施管理的义务；同时，相对人有监督行政主体依法行政以及在权益受到不法侵害时申请救济的权利；行政主体有依法行政、保护相对人合法权益不受侵害之责。行政主体如果违反职责，应承担相应的行政责任。

因此可以认为，行政主体的法律地位始终与它的行政职权、行政优益权、行政职责及行政责任有关。如果说行政职权与行政优益权是行政主体在国家行政管理中权力的体现；那么，行政职责和行政责任便是行政主体在国家行政管理中责任的体现。

行政主体主要存在四种地位：(1)作为管理者的行政主体。如行政主体的行政处罚、行政强制、行政许可、行政检查等，对行政相对人行为是否合法性实施监督。(2)作为被监督者的行政主体。如上级行政机关对下级行政机关的监督检查、撤销下级行政机关的决定、命令，通过行政复议程序对下级行政机关的监督；人大及其常委会的监督；人民法院通过行政诉讼程序对行政主体的监督等。(3)作为服务

① 张尚鷟：《走出低谷的中国行政法学》，中国政法大学出版社 1991 年版，第 86～87 页；张树义：《行政法学新论》，时事出版社 1991 年版，第 71～73 页；胡锦光、杨建顺、李元起：《行政法专题研究》，中国人民大学出版社 1998 年版，第 109～112 页。

者的行政主体。服务型政府是我国未来行政管理体制改革的目标，主要是在政府决策、提供公共产品、完善公共福利等政府自由裁量权或者积极行政领域内，行政主体如何更多地从相对人的角度思考问题，为大众提供更为健全的公共服务。(4)作为契约当事人的行政主体。行政主体在市场经济条件下，即使是在行政管理的事务上，同样可以通过协商、行政合同的方式解决一些问题。[①]

二、行政主体理论的形成和主要内容

(一)行政主体理论的形成

20 世纪 90 年代以后，绝大多数行政法学教科书都采用了行政主体概念，并用较大篇幅阐述行政主体的定义、种类及资格要件等，形成了独特的行政主体理论。

关于行政主体理论在我国出现的原因，有学者认为，主要有以下三个方面：[②](1)行政法学界研究行政组织角度的变化。自 20 世纪 80 年代行政法学恢复以来，许多学者从组织学、管理学的角度研究行政组织，或者仅对行政组织法的规定作事实性的描述。这一状况逐渐引起不满。有的学者另辟蹊径，寻找行政法学研究行政组织的角度，行政主体的概念正是在这种背景下出现的。[③] (2)国外行政主体制度及理论的传入。20 世纪 80 年代末期，随着对国外行政法制度的了解，法国、日本等国的行政主体制度及理论被介绍、引入中国。学者们在行政组织之外接触到行政主体这一新概念，将其引进到我国的行政法学研究中。(3)行政诉讼实践的需要。1989 年 4 月 4 日七届全国人大二次会议审议通过的《行政诉讼法》，于 1990 年 10 月 1 日生效，行政诉讼制度逐步建立。从行政主体的角度解释行政诉讼被告制度的观点逐步获得学术界的认同。有学者甚至指出："中国行

---

① 中国法学会行政法学研究会：《行政管理体制改革的法律问题——中国法学会行政法学研究会 2006 年年会论文集》，中国政法大学出版社 2007 年版，第 354 页。

② 张步洪：《中国行政法学前沿问题报告》，中国法制出版社 1999 年版，第 163 页。

③ 应松年：《行政法学新论》，中国方正出版社 1998 年版，第 84 页。

政主体概念的提出并无深厚的理论基础，它在很大程度只是为了解决行政诉讼中被告确认这一问题”。①

(二)行政主体理论的主要内容

一般认为，行政主体理论包括以下四部分。

1. 行政主体的界定

行政主体是一种社会组织，但并不是所有的社会组织都能成为行政主体。要成为行政主体，须满足一定的条件：(1)是否享有行政权，是决定某组织能否成为行政主体的一个决定性条件。国家设立行政机关，通过《宪法》和法律赋予其国家行政权，享有国家行政权的行政机关就具备了成为行政主体的决定性条件。行政机关是最重要的行政主体，但行政机关并不等于行政主体。除行政机关外，一定的行政机构和其他社会组织，依照法定授权，也可以成为行政主体。取得授权是成为行政主体的决定性条件。取得授权的社会组织，可以是行政机构，也可以是其他社会组织。(2)能够以自己的名义行使行政权，是判断行政机关及其他组织能否成为行政主体的主要标准。判断某一组织是否为行政主体，不仅要看其是否享有国家行政权，而且要看其是否能够以自己的名义作出行使行政权的行政行为。(3)能否独立承担法律责任，是判断行政机关及其他社会组织能否成为行政主体的一个重要条件。某一社会组织仅仅行使国家行政权，实施国家行政管理活动，但并不承担因行政权的行使而产生的法律责任，则不是行政主体。

总之，要成为行政主体，必须是享有行政权，并以自己的名义实施行政权，同时还必须能够独立参加行政复议和行政诉讼活动，独立地承担因实施行政权而产生的法律责任，做到“权、名、责”三者统一。

2. 行政主体的分类和范围

行政主体可根据不同标准进行分类。

(1)根据行政主体资格取得的法律依据的不同，可将行政主体划

① 张树义：《行政主体研究》，《中国法学》2000年第2期。

分为职权性行政主体和授权性行政主体。①

职权性行政主体，也有学者称之为“法定行政主体”，是指根据《宪法》和行政机关组织法的规定，在机关依法成立时就拥有相应行政职权并同时获得行政主体资格的行政组织。职权性行政主体只能是国家行政机关或机构，如各级人民政府及其职能部门及县级以上地方各级人民政府的派出机关。职权性行政主体的最大特点，就是按照《宪法》和行政机关组织法的规定及国家职能划分的需要（包括区域和行业），依组织程序而设立，并在设立时就独立存在和取得行政主体资格。

授权性行政主体主要是指行政机构和其他社会组织。授权性行政主体的突出特点是，它们不是随其组织机构的成立而取得行政主体资格，而是以单行法律、法规的授权规定而获得主体资格。

（2）根据行政主体的组织构成与存在的形态不同，可将行政主体划分为行政机关、行政机构和其他社会组织。行政机关，是指依照《宪法》和行政机关组织法设立并同时取得行政主体资格的行政组织；行政机构，是指设置于行政机关内部、通过授权方式取得行政主体资格的行政组织；其他社会组织，是指通过授权取得行政主体资格的企业、事业单位和社会团体等。

行政主体的范围，主要包括国务院、国务院组成部门、国务院直属机构、国务院组成部门管理的国家局、地方各级人民政府、地方各级人民政府的职能部门、经法律法规授权的派出机关和派出机构、经法律法规授权的行政机关的内部机构和法律法规授权的其他组织。②

3. 行政主体的职权与责任

关于行政主体的职权与责任，人们常从不同的视角加以归纳。一般认为，行政主体的职权可分为抽象的权力和具体的权力：前者如制定规章和一般规范性文件；后者如对具体的人或事作出处理。另

① 王连昌：《行政法学》（修订版），中国政法大学出版社 1999 年版，第 41 页。

② 肖蔚云、姜明安：《北京大学法学百科全书（宪法、行政法学）》，北京大学出版社 1999 年版，第 238 页。

外,行政主体具有优越的地位,享有行政优益权。同时,行政主体的职权与责任具有统一性。行政主体有义务合法公正地行使职权;否则,将承担不利的法律后果。

4. 行政主体的资格及确认

一般认为,作为行政主体必须具备一定的法律资格要件和组织要件。法律资格要件有三项:第一,行政主体必须是依法享有行政职权的组织;第二,行政主体必须是能以自己的名义实施行政活动的组织;第三,行政主体必须是能够独立承担行政责任的组织。关于行政主体的组织要件说法不一,有的认为需要经过正式的批准成立手续,也有的认为行政主体必须有独立的经费和办公场所等。

对行政主体资格的确认,主要从资格要件入手。任何一个组织,符合行政主体资格要件的就是行政主体;不符合的则不是。

行政主体资格的确认在行政法上具有重要的意义。第一,确认行政主体的资格有助于确定行政行为的效力。行政行为实际上就是行政主体的行为,它带着国家的强制力直接影响相对人的权利和义务。如果实施行为的组织不具有行政主体的资格,则其行为就不具有行政行为的效力,对相对人权利和义务的影响不为法律所承认。第二,确认行政主体的资格有助于确定行政诉讼的被告。我国行政诉讼的特点之一在于,它一概以行政主体为被告。因此,任何组织的行政主体资格决定了它作为行政诉讼被告的资格。被告资格一般以行政主体资格为前提。①

三、行政主体制度之中外比较及行政主体理论之完善

20 世纪 80 年代以来,我国逐步建立的行政诉讼制度、行政复议制度、国家赔偿制度以及公务员制度,这些行政法制度既扎根于我国改革和发展的实践,也是在借鉴西方经验基础上建立起来的。因此,有必要对行政主体制度进行相应的中外比较。

---

① 胡建淼:《行政法学》,法律出版社 1998 年版,第 151 页。

(一)西方国家行政主体制度的主要内容

从整体上说,西方国家的行政主体制度以行政分权为核心,是对行政利益多元化的认可及对个人在行政中主体地位的肯定,由特定的历史、社会背景所决定,故各国行政主体制度的内容不尽相同。有的国家直接采用了行政主体的概念,如法国、德国、日本等;有的国家虽没有直接使用行政主体的概念,如英国、美国等,但实际上也建立了以行政分权或行政机关为基础的行政主体制度。

在法国,行政主体是一个法律概念。就法律意义而言,行政主体是实施行政职能的组织,即享有实施行政职务的权力,并负担由于实施行政职务而产生的权利、义务和责任的主体。法国法律承认有三种行政主体。首先,国家是最主要的行政主体;其次,地方团体在法律规定的范围内,对地方性行政职务也具有决定权力,并负担由此而产生的权利、义务和责任,所以地方团体也是一个行政主体。这两类行政主体都是以地域为基础的行政主体,具有范围广泛的行政职能;在法国还有第三类行政主体:某一种行政职能的执行,因为要求一定的独立性,法律把它从国家或地方团体的一般行政职能中分离出来,成立一个专门的机关实施这种公务,并负担由此而产生的权利、义务和责任。这个专门的机关因此具有独立的法律人格,是一个以实施公务为目的而成立的公法人。法国法律称这类具有独立人格的公务机关为公共设施或公共机构,不少学者称之为“公务法人”。公务法人是在以地域为基础的国家和地方团体以外的另一种行政主体。[①]

在德国,行政主体是指在行政法上享有权利、承担义务,具有统治权并可设置机关以便行使职权、藉此实现行政任务的组织体。作为法律主体的行政主体概念的关键在于权利能力。为使行政权力接受法律的调整和约束,不仅需要为“行政”设定权利义务的法律规范,而且需要进一步明确承担这些权利义务的主体。这一点在法理上是

① 王名扬:《法国行政法》,中国政法大学出版社1988年版,第39页;王名扬:《比较行政法》(元照法学文库),北京大学出版社2006年版,第87页。

通过赋予特定行政组织以权利能力从而使其成为行政法权利义务的归属主体来实现的。德国的行政主体种类有如下几种:第一,国家。国家是原始行政主体。第二,具有权利能力的团体、公法设施和公法基金会。与作为原始行政主体的国家不同,它们在其组织、法律上虽是独立的,但在其权利能力范围之内才是行政主体,均受国家和国家法律的约束,并被置于国家的监督之下。第三,被授权人(或者被授权的组织)。在特定的、严格的条件下,国家可以放弃自行执行任务或者由公法组织执行行政任务,而授权私人在相应范围之内行使主权。①

美国是一个联邦制国家,行政组织比较复杂。联邦和州根据联邦《宪法》的规定都有行政权力,都是行政主体;美国的地方区域由州管辖,有的地方区域已经组织成为地方团体。联邦、州和地方团体在各自的权限范围内,可以成立非地域性的行政主体。根据上述情况,美国的行政主体主要有联邦和州、地方团体、独立的控制委员会和政府公司。②

英国的行政主体有的是普通法上原来的传统,有的是由成文法加以确认和改革后的传统制度,有的是成文法新创设的组织。英国的主体有王权、地方团体、公法人(public corporation,也译"公立法人")。③

在日本,行政主体是指行政权的归属者,即行政法律关系中处于支配地位的管理者。日本行政主体包括两大类:一是国家,即中央政府;二是公共团体,指的是由国家设立并规定其存在目的的法人。而公共团体又分为三种:第一,地方公共团体。地方公共团体是指直接依据《宪法》享有自治权、独立于国家的地域性统治团体。第二,公共

---

① 〔德〕哈特穆特·毛雷尔著,高家伟译:《行政法学总论》,法律出版社 2000 年版,第 498 页。

② 王名扬:《比较行政法》(元照法学文库),北京大学出版社 2006 年版,第91~93 页。

③ 同前引,第 89~91 页。

组合。公共组合是由一定组合成员组成的公共性社团法人。公共组合进行的事业具有公共性，因此它一方面享有行政权上的职权和特殊待遇，同时要接受国家的监督。第三，独立行政法人。日本的独立行政法人是指由国家或地方公共团体依独立行政法人法设立的法人。行政法人虽属法人，但它带有行政职能，所以亦可成为行政主体。第四，特殊法人。①

(二)行政主体理论之完善

我国现有的行政主体理论虽对行政法学和行政诉讼制度产生了影响，但“行政主体概念的发源地不是中国，而是西方法律比较发达的国家，当我们移植这一廉价而实用的名词时，我国的学者几乎还没有来得及静下来冷静思索行政主体的理论背景，便将其投入轰轰烈烈的推动行政法发展的热潮中”。② 通过对中国行政主体制度的阐释以及中外比较，有的学者指出了传统理论的不足之处。

如行政主体理论存在逻辑矛盾、学术功能局限、制度功能缺陷等。③

对解决现行行政主体理论的不足，学者们大致有三种主张：一种主张，完全否定现有的行政主体理论，退回到原来对行政组织的研究；另一种，主张保持行政主体的概念不变，而借鉴西方的经验，建立以地方自治、公务分权为核心的行政主体制度；第三种观点，认为行政主体理论存在不完善的地方，但绝不能放弃，更不能退回到原来对行政组织的研究，而是应对其理论重构和完善。④ 有学者从公共行政发展的视角提出拓展行政主体理论的设想，认为应赋予行政主体以新的内涵，即行政主体的概念仍可表述为享有行政权，以自己的名义

---

① 〔日〕南博方著，杨建顺译：《行政法》(第六版)，中国人民大学出版社 2009 年版，第 11～13 页。

② 王丛虎：《行政主体问题研究》，北京大学出版社 2007 年版，第 44 页。

③ 沈岿：《重构行政主体范式的尝试》，《法律科学》2000 年第 6 期。

④ 郎佩娟、陈明：《行政主体理论的现状、缺陷及其重构》，《天津行政学院学报》2006 年第 2 期。

实施行政管理活动，并能独立承担自己行为所产生的法律责任的组织，但主张将行政权扩展为国家行政权和社会公行政权，将行政管理活动扩展为国家行政管理活动和社会公行政管理活动，将非政府公共组织纳入行政主体的范畴。① 也有学者从治理理论的角度提出了社会行政主体的概念。认为随着治理理论在行政管理中的广泛运用，公共行政代替原有的国家行政模式，公私法二元边界的逐渐模糊等现象，使得行政主体的多元化趋势成为必然。②

对如何完善行政主体理论，有学者认为应在多元利益框架下建构一套符合时代需求的行政主体理论，以指导行政主体的制度建设。一是要重新界定行政主体概念，从行政多元的角度考虑，可将行政主体界定为在行政法上具有独立行政利益，享有权利（权力）、承担义务，并负担其行为责任的组织体或该类组织体的代理主体；二是要进一步论证行政主体理论的基础，论证行政主体理论和制度存在的正当性和合理性，建立以多元利益为基础的行政主体制度；三是将行政主体理论回归到普适性功能上来；四是对行政主体类型的梳理，行政主体可分为利益行政主体和代理行政主体。利益行政主体又可分为原始的行政主体即国家和派生的行政主体，后者包括地方行政主体、公务行政主体和社会行政主体，社会行政主体又可细分为村民自治行政主体、社区自治行政主体和行业自治行政主体。并且认为，以多元行政利益为核心的行政主体理论应重在制度构建，才能为我国行政主体制度的转型奠定基础。一是要在法律上确认行政主体制度，特别是通过单行立法确立每一类行政利益主体独立的法律地位、明确其权利义务和责任，待条件成熟后再统一立法。二是要加强对行政主体内部制度的构建，逐步明确各类行政主体的权利义务和责任，明确各类行政主体内部的权力运行规则。三是强化对行政主体外部制度的构建，包括理顺不同类型行政主体之间的关系与同类行政主

---

① 石佑启：《论公共行政之发展与行政主体多元化》，《法学评论》第 2003 年第 4 期。

② 庞兰强：《治理理论与行政主体的多元化》，《社会科学辑刊》第 2006 年第 2 期。

体之间的关系。[①]

综上所述，我国的行政主体理论借鉴了国外行政法学的成果，丰富了我国行政法学理论，也在实践中部分地解决了一些问题，具有积极意义。同时，也应看到，目前的行政主体理论存在着不足之处，还有待于进一步的完善。“行政主体范式的这个缺憾更多地体现在教科书之中，实际上并未杜绝学者结合机构改革实践对行政组织问题进一步加以讨论”[②]；而且，在有些教科书中，已经出现一种把行政组织和行政主体问题并行不悖地予以阐述的努力。[③] 而实际上，行政法学对行政主体理论的探讨从未间断，并取得了一些成果。[④]

诚然，行政主体理论固然有其一定的意义，但在对行政主体研究的同时，不应该忽略甚至排斥对行政组织法的研究。为合理划分和依法规范各级行政机关的职能和权限，科学合理设置政府机构，需要对行政组织法涉及的问题全面展开研究，完善行政组织法制。

第三节 行政机关

一、政府与行政机关的含义

(一)政府的含义

对政府一词，学术界有广义和狭义两种不同的解释。

广义上的政府通常由三个部门组成：掌握立法权的立法机关、掌

---

① 薛刚凌：《多元化背景下行政主体之建构》，《浙江学刊》2007 年第 2 期。

② 顾家麒：《关于行政机关机构编制立法的若干思考》，《行政法学研究》1993 年第 1 期；应松年、薛刚凌：《行政机关编制法论纲》，《法学研究》1993 年第 3 期；莫于川：《中政府：我国城市政府组织法制的理性选择》，《现代法学》1995 年第 2 期；应松年、薛刚凌：《行政组织法与依法行政》，《行政法学研究》1998 年第 1 期；魏秀玲、张越：《国家行政机构改革的前景与途径》，《行政法学研究》1998 年第 2 期；姜明安、沈岿：《法治原则与公共行政组织》，《行政法学研究》1998 年第 4 期。

③ 方世荣：《行政法与行政诉讼法》(高等政法院校法学主干课程教材)，中国政法大学出版社 1999 年版，第 61 页。

④ 薛刚凌：《行政主体的理论与实践——以公共行政改革为视角》，中国方正出版社 2009 年版。

握行政权的行政机关和掌握司法权的司法机关。狭义上的政府，即国家行政机关，一般设有外交、国防、公安、司法、财政、工业、农业、商业、交通运输、科技、文教、体育、卫生、环境保护等机构，分别管理国家各方面的具体行政事务。①

在大多数西方国家，“政府”一词主要是在广义上使用。在具体使用政府一词时，美国的“政府”尽可能涵盖联邦及各州全部的立法、行政和司法机关；而英国的“政府”范围相对狭窄，主要是指中央和地方的行政机关。②

在中国，政府主要在狭义上使用。一般认为，“政府即国家行政机关”③，是指“一个国家的统治阶级运用国家权力组织和管理国家行政事务的机关”。④ 或是指“依法行使国家行政权，负责对国家行政事务进行组织和管理的国家机关”。⑤

（二）行政机关的含义

由于行政组织法是规范行政机关的存在方式及其相互关系的法，所以，行政机关是行政组织法上的基础概念之一。⑥

对行政机关的含义，也有不同的见解：一种意见认为，行政机关是指除立法和司法机关以外的全部行政机构。另一种意见则认为，行政机关也包括司法部门的官员。也有的人理解得更窄，认为行政机关仅仅指“国家最高的行政机构，或者称为中央行政机关”。⑦

但一般认为，行政机关是指依法设立的，能独立行使行政职权，

---

① 中国大百科全书总编辑委员会：《中国大百科全书》（政治学卷），中国大百科全书出版社1992年版，第480页。

② 朱国斌：《中国宪法和政治制度》，法律出版社2005年版，第171页。

③ 《法学词典》编辑委员会：《法学词典》（增订版），上海辞书出版社1984年版，第672页。

④ 罗豪才：《行政法论》，光明日报出版社1988年版，第44页。

⑤ 熊先觉、皮纯协：《中国组织法学》，山西教育出版社1993年版，第109页。

⑥ 〔日〕盐野宏著，杨建顺译：《行政组织法》，北京大学出版社2008年版，第14页。

⑦ 张尚鷟：《走出低谷的中国行政法学》，中国政法大学出版社1991年版，第110～111页。

对国家事务和社会事务进行管理的国家机关。为此，需要对与行政机关的相关概念进行辨析。

1. 行政机关与行政组织

行政机关与行政组织的概念有时并不一致，在前面有关行政组织的含义中已有说明。但行政机关必有其组织，故行政机关亦可以说就是主要国家行政组织。通常狭义的行政组织，或者说行政组织之主要因素即为行政机关。只是行政机关侧重于行政机关自身本体，而行政组织则侧重于行政机关的构成。至于广义的行政组织则指行政机关的体系，包括纵的系统与横的集合，与行政机关的意义有所区别。最广义的行政组织还包括国家行政机关以外的其他组织。

2. 行政机关与行政机构

按行政法的观点，行政机关是指各行政机关内各单位的整体；行政机构则是指构成各行政机关的个体。行政法上的行政机关，系指依法设立的，具有独立编制、预算，能够对外行文，并独立行使行政职权的机关整体，与行政机构含义不同。行政机关与行政机构共同构成国家行政组织。

3. 行政机关与行政主体

行政机关与行政主体是两个联系密切的概念，因为成为行政主体的主要是行政机关，但两者有很大不同。行政主体是一个法学概念，指的是享有行政权力、能以自己名义实施行政活动并且因此承担责任的组织；行政机关则既是法律用语，又是法学用语。

行政机关与行政主体的主要区别在于：

(1)行政机关是主要的行政主体，但行政机关并非在任何场合都是行政主体。在行政机关以民事主体资格参与民事活动时，它就不是行政主体，而是“机关法人”。因此，严格地说，行政机关只是行政法上的行政主体。

(2)行政主体不限于行政机关，还包括得到法律、法规授权的非国家行政机关的事业单位和其他组织，虽然它们不是行政机关，但按法律、法规的授权，同样在行政法上具有行政主体资格。

(3)并非所有行政机关的组成部分——行政机构都能成为行政主体,有的行政机构不享有行政职权或者不能以自己的名义实施行政活动,故不具有行政主体资格。[①]

(4)两者侧重点不同。行政主体强调的是具有行政权、能够作出行政行为并独立承担法律责任;而行政机关强调的是具有行政权。

4. 行政机关与公共机构

近年来法律上有"公共机构"的提法。所谓公共机构,是指全部或者部分使用财政性资金的国家机关、事业单位和团体组织。[②] 具体而言,主要包括中国共产党各级委员会机关、各级人大及其常委会机关、各级行政机关或机构、政协机关、各级法院机关、各级检察院机关、民主党派机关、事业单位、人民团体或群众团体。它们全部或部分使用财政性资金。行政机关只是公共机构的一部分。

二、行政机关的法律意义和法律地位

(一)行政机关的法律意义

1. 行政机关是表现国家意志的机关

行政机关代表国家管理行政事务,表现的是国家意志,其行为应视为国家行为,行政机关的行为效果应归于国家,而非行政机关本身。行政机关是执行国家意志、推行政令之工具。

2. 行政机关是行使国家行政职权的机关

国家机关因行使职权的不同,分为国家权力机关或立法机关、行政机关、司法机关等。行政机关为国家机关之一种,其所行使的是国家的行政权,其所表现的仅是国家的行政行为。[③]

在中国,关于行政机关的意义主要有两种观点。

---

① 任进:《政府组织与非政府组织》,山东人民出版社2003年版,第16～17页。

② 根据2008年《公共机构节能条例》第二条,本条例所称公共机构,是指全部或者部分使用财政性资金的国家机关、事业单位和团体组织。

③ 张载宇:《行政法要论》(第六版),汉林出版社1977年版,第119～120页。

一是从国家机关的角度来说明行政机关，认为行政机关是国家机关之一种，它是由国家依法设立并代表国家依法行使行政权、掌管行政事务的机关。

行政机关的特征是：(1)行政机关是一种国家机关，是国家机构的组成部分，这使它不同于非国家机关的企事业单位、社会团体；(2)行政机关就其性质而言，具有执行性质，它是权力机关的执行机关；(3)行政机关行使国家行政权，而非立法机关享有的立法权和司法机关享有的司法权。① 这种观点主要是从中国政治制度的情形来说明行政机关的概念的。

二是从行政机关自身的特征说明行政机关。认为行政机关是行使行政职权，执行法律，组织和管理国家行政事务的国家机关。② 并认为行政机关的构成有以下三种要素：(1)有独立的组织，而非某一机关的内部单位；(2)有一定的组织人员，即员额编制。如果只有临时组织的一些人办公，没有明确的编制和固定工作人员，这种组织不能算作行政机关；(3)有一定的预算，即由国家按期拨给的一定经费。

在日本，现行法制上使用的行政机关有两种意义：一是从行政作用法的观点出发，即从行政机关承担行政事务，是作为权限分配的单位来理解行政机关的概念；二是从行政机关是事务分配的单位来理解行政机关的概念。③

(二)行政机关的法律地位

行政机关的法律地位，是指行政机关是否具有法律上的独立人格的问题。对此，学术界主要有以下几种不同意见。

---

① 张尚鷟：《走出低谷的中国行政法学》，中国政法大学出版社 1991 年版，第 110～111 页。

② 见前引，第 111 页。

③ 〔日〕盐野宏著，杨建顺译：《行政组织法》，北京大学出版社 2008 年版，第14～15 页。

1. 机关人格说、机关人格否定说

机关人格说认为，行政机关对国家具有一定的权利义务，行政机关相互间也有权利义务关系，故行政机关不但为国家之工具，亦得为权利义务之主体。

机关人格否定说认为，行政机关的行为是代表国家的行为。行政机关组成人员的意志，即为国家的意志，在国家人格之外，不复有独立之机关人格存在。①

2. 否定说、肯定说、相对肯定说

否定说认为，行政机关是国家自身构成的一部分，不能成为法人。行政机关仅能代表国家实施行政行为，不具有独立的人格。

肯定说认为，行政机关根据建立它们的法律或决定取得职权，并在其行使职权活动中根据有关法律享有权利和承担义务。因此，行政机关可以作为权利义务的主体，具有法律上的人格。

相对肯定说认为，行政机关既有政治地位又具法律地位。从政治地位看，行政机关是权力机关的执行机关；从法律地位看，行政机关享有一定职权，可依法处理自己职权范围内的行政事务，成为法律上的人格、权利义务的主体。②

笔者认为，行政机关的法律地位始终与其行政职权有关。不论是国家行政机关，还是地方自治行政机关，其职权都是由法律确定的。行政职权与公民个人和法人的权利不同：公民和法人可以为法律不禁止的事，而行政机关只能为法律允许的事。国家行政机关在法律上，只是国家机构的组成部分，体现国家意志。从这个意义上说，国家行政机关不能成为行政法上独立的法人，如果国家行政机关也成为法人，则与国家为双重人格。这种理论为多数人所不接受，也为我国法律所不采用。③

---

① 张载宇：《行政法要论》（第六版），汉林出版社 1977 年版，第 121～122 页。

② 张尚鷟：《走出低谷的中国行政法学》，第 111～112 页。

③ 罗豪才：《中国行政与刑事法治世纪展望》，昆仑出版社 2001 年，第 207 页。

三、行政机关的分类、结构和体制

(一)行政机关的分类

1. 国家行政机关与自治行政机关

国家行政机关由国家任命公务员,对全国范围内或某一范围行政区域行使职权,以完成国家行政任务为目的,其行政行为之效果直接归属于国家,国家行政机关一般包括两类:一是全国性行政机关,即单一制国家中央政府或联邦制国家联邦政府和联邦主体及派驻机构;二是未实行地方自治的地方行政机关,亦属于国家行政机关系统。

自治行政机关是行使地方自治职权、由地方公民依法选举或以其他方式产生人员担任首长而组成的机关,除办理地方自治事务外,还接受上级行政机关委派任务,因此从广义上而言,也可属于行政组织的一部分,但这种机关的法律地位、行政首长身份、与当地居民关系、与上级政府关系均有不同,故在学理上常常作出区分。

2. 中央政府(联邦政府和联邦主体)行政机关与地方行政机关

在单一制下,活动范围及于全国行政区域的行政机关为中央政府行政机关;联邦制下,活动范围及于全国行政区域的行政机关为联邦政府行政机关,活动范围及于联邦主体范围的为联邦主体政府行政机关,拥有对全国行政事务或联邦主体范围事务的管理权。

地方行政机关的活动范围仅限于本行政区域,只负责处理本行政区域的行政事务。

3. 独任制行政机关、合议制行政机关与混合制行政机关

独任制下,机关组织体制为首长制,职权的行使主要依首长个人意志决定即发生法律效力。

合议制下,机关组织为委员会制,职权的行使依多数人意志决定才发生法律效力。

混合制下,机关组织折中于独任制和合议制,职权行使在某些情况下依多数人意志决定。

4. 常设行政机关与临时行政机关

常设行政机关是指所管理的事务具有经常性和永久性因而常年

存在的行政机关。

临时行政机关是指为处理某一临时或特定行政事务而成立的行政机关。

此外,行政法学界还将行政机关分为决策机关、执行机关和监督机关;统率机关、咨询机关、监察机关、辅助机关及执行机关;内部行政机关与外部行政机关;职权行政机关与授权行政机关等等。

(二)行政机关的结构和体制

1. 行政机关的结构

一般认为,行政机关的结构是指构成行政机关各要素的排列组合方式。包括行政机关层次结构与部门结构(或称纵向结构与横向结构)。各级政府上下之间、每级政府各部门上下之间构成领导或指导的主从关系,即行政机关的纵向结构。决定行政机关纵向结构形式的有两个重要因素:一是管理层次;二是管理幅度。所谓管理层次是指纵向结构的等级层次,有多少等级层次,就有多少管理层次。所谓管理幅度,是指一级行政机关或者是一个领导人直接领导和指挥的下级单位或人员的数目。一般地说,管理层次多,管理幅度就小;反之,管理层次少,管理幅度就大。同级政府相互之间和每级政府各部门之间,构成为协调的平行关系,即行政机关的横向结构。[①]

2. 行政机关的体制

行政机关的体制,是指根据政治、经济发展的需要,通过法定程序,将行政机关结构中各层次、各部门之间的行政关系制度化的表现形式。一般说,有如下几种形式:(1)首长制和委员会制。前者是法律规定由行政首长承担行政决策权力和责任的体制;后者是法律规定由委员会集体承担行政决策权力和责任的体制。(2)层级制和职能制。前者指国家行政机关纵向划分成若干层次,下对上逐层负责的体制;后者指将某一层级行政机关平行地划分为若干部门,各部门

① 皮纯协、胡锦光:《行政法与行政诉讼法》,中央广播电视大学出版社 1996 年版,第46~47 页。

之间工作相互关联，相互配合，都以实现该行政机关的总目标为工作对象，各部门所辖业务性质不同，但其管辖范围却相同的体制。(3)集权制和分权制。前者指行政权力集中于中央行政机关，地方无自由裁量权的体制；后者指将行政权力分散给地方行政机关，使其能在自己的职责范围内，独立处理事务的体制。[①]

四、行政机关的权限

(一)行政机关权限的概念和性质

1. 行政机关权限的概念和特点

行政机关的权限，或称行政机关的职权，许多学者将其解释为“行政权”。对什么是“行政权”，学者们的理解不尽一致。主要有两种。

一是从行政机关执行法律、法规的角度，将行政权理解为行政机关的执行权。认为行政权是指国家行政机关执行国家法律、法规、政策，管理国家内政外交事务的权力。[②]

二是从行政权与国家权力的关系的角度来理解行政权。认为行政权是国家权力的一部分。[③]

实际上，行政机关的权限，或称行政机关的职权，只是行政权的一部分。如果说，“行政权是指国家或其他行政主体担当的执行法律，对行政事务进行直接、连续、具体管理的权力，是国家权力的组成部分”[④]的话，那么，行政机关的权限，或称行政机关的职权，只是作为行政主体的行政机关的权限，而不包括其他行政主体的权限。

行政权与行政职权具有同质性，其基本特征有：(1)与行政主体的关联性，行政机关以自己的名义行使行政权。(2)两面性，一方面，行政权是对相对人的一种权力，具有强制力和拘束力；另一方面，行

---

① 熊先觉、皮纯协：《中国组织法学》，山西教育出版社1993年版，第114～118页。

② 姜明安：《行政法与行政诉讼法》，北京大学出版社1999年版，第13页。

③ 罗豪才、应松年：《行政法学》，中国政法大学出版社1996年版，第3页。

④ 应松年、薛刚凌：《行政组织法研究》，法律出版社2003年版，第133页。

政权是行政机关对国家的法定义务,具有不可处分性。(3)优益性,包括行政优先权(行政机关及其工作人员的优待和特殊保护)、行政优益权(行政机关工作人员执行职务时享受的物质方面的支持)。[1]

但行政机关的权限,是一把"双刃剑",具有双重性质:一方面,行政机关的行政权,在维护社会秩序,增进公共利益,保护公民、法人或其他组织的合法权益,具有积极能动的作用;另一方面,行政权是对社会和公民、法人或其他组织的一种支配力量,如果不对行政机关的权限作必要的限制,则可能会对社会产生消极作用,甚至危害公民、法人或其他组织的合法权利。

2. 行政机关权限的范围

有的学者,将行政机关的权限的范围,归结为行政职权的内容:行政规范权、行政许可权、行政禁止权、行政形成权、行政处罚权、行政强制权、行政确认权、行政裁决权。[2]

另一种概括为:行政规范制定权、行政决定权、行政命令权、行政措施实施权、行政确认权、行政裁判权、行政制裁权、行政救济权等。[3]

再一种概括为:行政立法权、行政命令权、行政处理权、行政监督权、行政裁决权、行政强制、行政处罚权等。[4]

也有的学者,认为行政机关的权限,可以分为事务管辖权限及地域管辖权限,机关的行为必须在此两个权限内行使,方不致于逾越权限,成为违法之行为。[5]

而在日本,行政机关的权限或称"管辖"、"职责"、"职务",是指行政机关作为行政主体,在法律上可以行使行政权的范围,包括事项上的限度、地域上的限度、对人的限度和形式上的限度。[6]

---

① 皮纯协、张成福:《行政法学》,中国人民大学出版社 2002 年版,第114~115 页。

② 胡建淼:《行政法学》,法律出版社 1998 年版,第 220~222 页。

③ 张正钊:《行政法与行政诉讼法》,法律出版社 1999 年版,第 73 页。

④ 姜明安:《行政法与行政诉讼法》,北京大学出版社 1999 年版,第 101~103 页。

⑤ 陈新民:《中国行政法学原理》,中国政法大学出版社 2002 年版,第 95 页。

⑥ 〔日〕室井力主编,吴微译:《日本现代行政法》,中国政法大学出版社 1995 年版,第 279~280 页。

(二)行政机关行使权限的原则

1. 权限法定主义

行政法学界通说认为,行政机关的管辖权,必须依法规,最主要是组织法来规定,非依法规不能设定或变更,即权限的“法定主义”。除了由组织法来规定外,通常仍会以内部的行政规章来作具体的权限划分,例如组织、事务分配、业务处理方式、人事管理等一般规定。

2. 我国行政机关行使权限的基本要求

行政机关行使权限的基本要求有:

(1)组织、职权法定。行政机关的组织和职能的设定,应当有法律、法规的依据。做到行政主体合法、机构适格,实现机构、职权、责任和编制的法定化。

(2)合法行政。行政机关实施行政管理,应当依照法律、法规、规章的规定进行;没有法律、法规、规章的规定,行政机关不得作出影响公民、法人和其他组织合法权益或者增加公民、法人和其他组织义务的决定。

(3)合理行政。行政机关实施行政管理,应当遵循公平、公正的原则。要平等对待行政管理相对人。行使自由裁量权应当符合法律目的;所采取的措施和手段应当必要、适当;行政机关实施行政管理可以采用多种方式实现行政目的的,应当避免采用损害当事人权益的方式。

(4)程序正当。行政机关实施行政管理,除涉及国家秘密和依法受到保护的商业秘密、个人隐私的外,应当公开,注意听取公民、法人和其他组织的意见;要严格遵循法定程序,依法保障行政管理相对人、利害关系人的知情权、参与权和救济权。行政机关工作人员履行职责,与行政管理相对人存在利害关系时,应当回避。

(5)高效便民。行政机关实施行政管理,应当遵守法定时限,积极履行法定职责,提高办事效率,提供优质服务,方便公民、法人和其他组织。

(6)诚实守信。行政机关公布的信息应当全面、准确、真实,具有公信力。非因法定事由并经法定程序，行政机关不得撤销、变更已经生效的行政决定；因国家利益、公共利益或者其他法定事由需要撤回或者变更行政决定的，应当依照法定权限和程序进行，并对行政管理相对人因此而受到的财产损失依法予以补偿。

(7)权责统一。行政机关依法履行经济、社会和文化事务管理职责，要由法律、法规赋予其相应的执法手段。行政机关违法或者不当行使职权，应当依法承担法律责任，实现权力和责任的统一。依法做到执法有保障、有权必有责、用权受监督、违法要追究、侵权须赔偿。

为此，要合理划分和依法规范各级行政机关的职能和权限；科学合理设置政府机构，核定人员编制，实现政府职责、机构和编制的法定化。

(三)行政机关权限争议的解决

有学者认为，行政机关之间发生权限争议，主要通过下列途径解决：如果该机关之间是有相互隶属关系时，可以由上级机关决定，确定机关之间的权限；若机关之间并无隶属关系，则可由直接的共同上级机关决定之。在此情形下，当事人可向共同上级机关请求指定管辖。

若两个及以上机关皆有管辖权时(竞合)，是“积极的管辖权冲突”。根据德国《联邦行政程序法》第三条第二款，实行“先到先收”原则，即由受理在先之机关管辖，不能分别受理之先后者，由各机关协议确定。不能协议或有统一管辖之必要时，由其共同上级机关指定管辖或各上级机关协议解决。

若是各机关皆否认管辖权，即为“消极的管辖权冲突”，则必须与积极管辖权冲突之解决一样，由上级(共同上级)决定，或协商解决。[①]

在我国，对行政机关之间的权限争议，其解决途径主要有：

(1)批准或决定。如国务院有权批准省、自治区、直辖市的区域划分，批准自治州、县、自治县、市的建置和区域划分，决定省、自治

① 陈新民：《中国行政法学原理》，中国政法大学出版社2002年版，第96页。

区、直辖市的范围内部分地区进入紧急状态。

(2)改变或撤销。如国务院有权改变或者撤销不适当的地方政府规章。

(3)裁决。如部门规章与部门规章之间、部门规章与地方政府规章之间对同一事项的规定不一致时,由国务院裁决。

(4)协商。如民族自治地方的建立、撤销、合并或者变动,区域界线的划分,名称的组成,由上级国家机关会同有关地方的国家机关,和有关民族的代表充分协商拟定,按照法律规定的程序报请批准。

(5)解释行政法规、规章或规范性文件。国务院通过解释行政法规条文本身或国务院法制工作机构通过对行政法规具体问题研究答复;规章或规范性文件制定机关(如国务院及各组成部门等)通过对规章或规范性文件的解释,处理行政权限争议的问题。①

(6)建立部门间协调机制。在国务院和地方各级人民政府的行政机构的《主要职责、内设机构和人员编制规定》("三定规定")中,明确要求建立部门间的协调配合机制,形成工作合力。如在国家发展和改革委员会、财政部、中国人民银行等部门间建立的宏观调控协调机制;又如中国人民银行会同银监会、证监会、保监会建立的金融监管协调机制等。

五、行政机关之间的相互关系

行政机关之间的相互关系,可以分为纵向关系与横向关系,也可以分为一般关系、隶属行政机关之间的关系和不相隶属行政机关之间的关系。②

(一)纵向关系与横向关系

1. 纵向关系

纵向关系是指以隶属关系为基础的行政机关之间的关系,简

① 任进:《论中央与地方权限争议法律解决机制》,《国家行政学院学报》2005年第2期。

② 乔育彬:《行政组织法》,中兴大学法商学院图书部1994年版,第81～85页。

言之，即指上下级行政机关之间的关系，如单一制国家内中央与地方之间的关系、联邦制国家内联邦与联邦主体或联邦主体与地方的关系。

纵向关系按性质划分，又有领导关系、指导关系等区别。

2. 横向关系

横向关系是指无隶属关系的行政机关之间的关系。两个行政机关无论是否处于同一等级，只要它们之间无隶属关系，就是横向关系。

(1)不同地方行政机关的关系。如在欧洲许多国家，地方政府为履行共同关心职责可以进行机构组合。在英国，地方政府可以通过设立联合委员会、一个地方政府为其他地方政府提供服务、建立地方政府联合体、与其他国家地方政府之间联合等方式进行组合，它们之间的关系就是横向的关系。

(2)同一行政机关之间不同部门的关系。行政机关为行使职权和履行职责，需要在横向上设立各种部门分管各类事务。这些部门的数目和规模在各个国家或同一国家的不同地方都不尽相同，通常有办公、财政、外交、国防、公共秩序、文化教育、卫生、经济和交通等部门。一般而言，工作部门数目的多少，主要取决于所需管理的事务范围，以及为便于管理这些事务而作的分类。各个政府部门与其他政府部门联系的紧密程度也大不相同。通常像财政、人事等部门与其他部门联系较多，这类部门被称为“横向的部门”；有些政府部门全面负责某种事务，如警务、消防、道路施工和维修、医疗卫生、供水和污水排放等部门，被称为“纵向的部门”。通常，较专业化的专业部门在财政和人事上更依赖中央政府部门，而倾向于不受地方政府的监督或控制。

在中国，各级地方人民政府根据工作需要和精干的原则，设立必要的工作部门。一般而言，中国的地方政府工作部门比西方国家地方政府部门为多，这主要与中国地方政府有较多的职能有关。

(二)一般关系、隶属行政机关之间的关系和不相隶属行政机关之间的关系

1. 一般关系

一般关系是指行政机关不论有无隶属关系均具有的共同关系。主要表现为:

(1)代表关系。行政机关尽管各有其职权,但其所表达意思,难免与其他行政机关不尽相同,但一切行政机关均系国家的代表,是代表国家在行使行政职权,各行政机关实施的行政行为的后果最终均归于国家。

(2)职权关系。各行政机关的职权是法定的,只能在各自的权限范围内活动,本机关的职权不得放弃,而其他行政机关的职权也不得侵犯。各行政机关的职权关系是行政机关之间最基本的关系。

(3)分工合作关系。各行政机关职权不同,但完成国家任务的目标是一致的,因此各行政机关之间能够分工合作。

2. 隶属行政机关之间的关系

隶属行政机关之间的关系,主要表现为隶属行政机关之间的行文关系、命令与服从关系、财政关系和授权关系。

(1)隶属机关之间的行文关系。行政机关之间如有隶属关系,则在公文关系上也有所表现。如根据2000年8月24日《国家行政机关公文处理办法》,行政机关的公文种类主要有:命令(令)、决定、公告、通告、通知、通报、议案、报告、请示、批复、意见、函和会议纪要。其中,决定适用于对重要事项或者重大行动作出安排,奖惩有关单位及人员,变更或者撤销下级机关不适当的决定事项;报告适用于向上级机关汇报工作,反映情况,答复上级机关的询问;请示适用于向上级机关请求指示、批准;批复适用于答复下级机关的请示事项。

(2)隶属行政机关之间的命令与服从关系。行政机关之间如有隶属关系,则在行政效力上也有所表现,即下级行政机关对上级行政机关在职权范围内发布的命令有服从的义务;当然,下级行政机关对上级行政机关的命令,如有意见,得随时反映或陈述。如在中国,根

据《宪法》，国务院各部、各委员会根据法律和国务院的行政法规、决定、命令，在本部门的权限内，发布命令、指示和规章。对此，地方各级人民政府及其工作部门有服从的义务。但根据2001年《规章制定程序条例》，地方政府如认为规章同法律、行政法规相抵触的，可以向国务院书面提出审查的建议，由国务院法制机构研究处理。

(3)隶属行政机关之间的财政关系。如在中国，根据财政部2000年8月7日发布的《中央对地方专项拨款管理办法》的规定，中央财政为实施特定的宏观政策目标设立补助地方专项资金，包括基本建设支出、企业挖潜改造资金、地质勘探费、科技三项费用、支援农村生产支出、农业综合开发支出、各项事业费支出、抚恤和社会福利救济费、社会保障补助支出、行政管理费、公检法司支出、城市维护和环境保护支出、政策性补贴支出、支援不发达地区支出、其他支出等一般预算支出中的专项资金。专项拨款的对象、数额根据中央宏观调控需要由中央财政确定。

(4)隶属行政机关之间的授权关系。即上级行政机关对下级行政机关的授权，后者可以前者名义进行管理和执法。如根据《审计法》第十条，审计机关根据工作需要，经本级人民政府批准，可以在其审计管辖范围内设立派出机构。派出机构根据审计机关的授权，依法进行审计工作。

3. 不相隶属行政机关之间的关系

不相隶属行政机关之间的关系，主要表现为不相隶属机关之间的行文关系、权限关系、委托关系和协助关系。

(1)不相隶属行政机关之间的行文关系。行政机关之间如无隶属关系，则在公文关系上也有所表现。如根据《国家行政机关公文处理办法》，行政机关的十三种公文中，通知不仅适用于批转下级机关的公文，传达要求下级机关办理和需要有关单位周知或者执行的事项，任免人员，也适用于转发上级机关和不相隶属机关的公文；函适用于不相隶属机关之间商洽工作、询问和答复问题、请求批准和答复审批事项。

(2)不相隶属行政机关之间的权限关系。即行使职权时如互有牵连或发生争议时,应协商处理或报共同上级主管机关解决。如在中国,根据《立法法》第八十六条,部门规章之间、部门规章与地方政府规章之间对同一事项的规定不一致时,由国务院裁决。

(3)不相隶属行政机关之间的委托关系。即除法令另有规定外,可将本行政机关职权范围内的事务委托其他机关办理;各级行政机关之间发生的委托关系,不以同级机关为限,如不属于同级机关,也得委托。在许多西方国家,行政机关之间通过互相签订委托协议,处理相关行政事务。

在中国,根据《行政许可法》第二十四条,行政机关在其法定职权范围内,依照法律、法规、规章的规定,可以委托其他行政机关实施行政许可;委托行政机关对受委托行政机关实施行政许可的行为应当负责监督,并对该行为的后果承担法律责任;受委托行政机关在委托范围内,以委托行政机关名义实施行政许可;不得再委托其他组织或者个人实施行政许可。

又如根据《森林法》第三十二条,农村居民采伐自留山和个人承包集体的林木,由县级林业主管部门或者其委托的乡、镇人民政府依照有关规定审核发放采伐许可证。

(4)不相隶属行政机关之间的协助关系。即不相隶属行政机关之间在各自职权范围内业务上的相互协助。如根据《地方组织法》第六十七条,省、自治区、直辖市、自治州、县、自治县、市、市辖区的人民政府应当协助设立在本行政区域内不属于自己管理的国家行政机关进行工作,并且监督它们遵守和执行法律和政策。

第四节 法律、法规授权的组织与行政机关委托的组织

一、概说

行政主体除了行政机关外,还有法律、法规授权的组织,另外,行

使行政职权的行为主体还有行政机关委托的组织。有观点认为,行政主体可以分为职权行政主体、授权行政主体和委托行政主体。[①] 但如前所述,一般认为,行政机关委托的组织,受行政机关委托、以委托行政机关的名义行使一定行政职权,但由委托的行政机关承担相应法律后果,因此,行政机关委托的组织不是行政主体。

法律、法规授权的组织与行政机关委托的组织,存在以下区别:(1)职权来源不同。前者来源于制定法律、法规的机关,后者来源于实施法律的行政机关。(2)成立的前提不同。委托的成立须经受托人的同意,授权则是制定法律、法规机关单方面的行为,不需要有被授权人的同意,被授权人不能拒绝。(3)法律地位不同。行政机关委托的组织只能以委托机关的名义行使行政权,其行为后果也由委托机关承担,后者则具有独立的主体资格,直接以自己的名义行使行政权,并自己承担法律后果。

二、法律、法规、规章授权的组织

(一)法律、法规、规章授权的组织的概念和依据

在我国行政法上,一般认为,法律、法规、规章授权的组织,主要是指根据法律、法规、规章的规定,可以以自己的名义从事行政管理活动、参加行政复议和行政诉讼并承担相应法律责任的行政机关以外的其他社会组织。但有的行政机关的内设(分支)机构也属此类。

对行政机关以外的其他社会组织的授权主要由单行法律、法规根据具体情形规定,授予权力的内容和行使条件也大致相同。如依据《行政诉讼法》第二十五条的规定,由法律、法规授权的组织所作的具体行政行为,该组织是被告;根据《行政处罚法》第十七条的规定,法律、法规授权的具有管理公共事务职能的组织,可以在法定授权范围内实施行政处罚;按照《行政复议法》第十五条的规定,对法律、法规授权的组织的具体行政行为不服,分别向直接管理该组织的地方

---

① 杨解君、孙学玉:《依法行政论纲》,中央党校出版社 1998 年版,第 97 页。

人民政府、地方人民政府工作部门或者国务院部门申请行政复议。

对行政机关以外的其他社会组织的授权能否依据法律、法规以外的规章以及规章以外的规范性文件，学术界存在分歧。有学者认为，根据《行政诉讼法》，只能通过法律、法规授权，而不能是规章或其他规范性文件授权。如果规定规章也可以授权，则与《行政诉讼法》的规定相抵触，也与我国社会主义法制的统一原则不相符合。[①] 但后来，2000 年 3 月 8 日公布的《最高人民法院关于执行〈中华人民共和国行政诉讼法〉若干问题的解释》，在《行政诉讼法》关于“法律、法规授权的组织”的规定的基础上，增加了“规章授权组织”的类型。

根据有关法律，中央政府部门与地方政府部门间可以规章形式建立授权关系。如依据《反垄断法》第五条，国务院反垄断执法机构（国家发展和改革委员会、商务部、国家工商行政管理总局）依法负责反垄断执法工作；根据工作需要，国务院反垄断执法机构可授权省、自治区、直辖市政府相应的机构，依法负责有关反垄断执法工作。又如，审计特派员办事处根据审计署依《审计法》的授权，依法进行审计工作。这些属于可以部门规章授权的情形。

规章以外的规范性文件授权有关组织行使职权的情形，如根据中国证券监督管理委员会 2008 年 12 月 19 日公布《关于授权各派出机构审核基金管理公司设立分支机构的决定》，基金管理公司在中国境内（不包含香港、澳门、台湾地区）申请设立分支机构，由分支机构拟设立地中国证监会派出机构依法受理并作出相关行政许可决定。

综上，依据法律、法规以外的规章以及规章以外的规范性文件，对行政机关以外的组织授权，已经成为现实。

（二）法律、法规、规章授权的组织的种类

我国《行政诉讼法》只规定法律、法规授权的对象是“组织”，但对该“组织”的性质、范围等并没有具体规定，有权机关也未对其作进一步解释。笔者认为，法律、法规、规章授权组织的种类，除了少数政府

---

① 沈开举：《也谈行政授权——兼论与行政委托的区别》，《行政法学研究》1995 年第 3 期。

内设或分支机构外，主要是行政机关以外的其他社会组织。

1. 事业单位和企业单位

事业单位大致又可分为两类：一类是具有公共事务管理职能的事业单位，如中国银行业监督管理委员会、中国保险监督管理委员会、中国证券监督管理委员会、中国气象局等；另一类是提供公益性服务的事业单位，它们是为了社会公益目的，由国家机关举办或者由其他组织利用国有资产举办的，提供教育、科技、文化、卫生等社会服务的社会组织。这两类事业单位中有的由相关国家立法授权实施行政职能。如根据 1980 年《学位条例》第八条的规定，学士学位，由国务院授权的高等学校授予，硕士学位、博士学位，由国务院授权的高等学校和科学研究机构授予。

企业是以营利为目的从事生产经营活动的经济组织。国家出资企业(国有独资公司、国有独资企业、国有资本控股公司和国有资本参股公司)、金融企业等往往成为法律、法规授权的对象，实施一部分行政职能。如 1990 年公布的《铁路法》第三条规定："国家铁路运输企业行使法律、行政法规授予的行政管理职能"。

2. 行政机构的内设机构或分支(派出)机构

在我国，学术界或司法、行政部门，多认为被授权的组织是非行政机关的社会组织；尽管也有学者认为法律、法规授权组织包括行政机构和社会组织。① 其实，法律、法规授权的组织除了事业单位、企业单位及社会团体外，还包括行政机关的内设机构、派出机关或行政机构的分支(派出)机构。从立法例看，《治安管理处罚法》对公安派出所的授权、《税收征收管理法》对税务所的授权、中国人民银行根据《中国人民银行法》对中国人民银行分支机构的授权等，都属此类。

3. 作为社会团体的社会中介组织

根据 1998 年 10 月 25 日国务院发布的《社会团体登记管理条例》第二条的定义，社会团体是指中国公民自愿组成，为实现会员共

---

① 石佑启：《行政法与行政诉讼法》，中国人民大学出版社 2008 年版，第 42～43 页。

同意愿，按照其章程开展活动的非营利性社会组织。

根据上述规定，社会团体不属于国家行政机关体系，但依照有关法律、法规授权，少数社会团体，主要是行业性社会团体，特别是社会中介组织，具有某些公共事务管理职能。

尽管社会团体是否具有行政主体资格，是一个有争议的问题，但实际上，作为社会团体的社会中介组织成为法律法规授权组织是有依据的。如根据《注册会计师法》的规定，注册会计师协会是由注册会计师组成的社会团体。注册会计师全国统一考试办法，由中国注册会计师协会组织实施。参加注册会计师全国统一考试成绩合格，并从事审计业务工作 2 年以上的，可以向省、自治区、直辖市注册会计师协会申请注册。

（三）法律、法规、规章授权与行政授权

在我国行政法上，“法律、法规授权”与“行政授权”经常交替使用。实际上，经过法律、法规授权，一些行政机构或社会组织，具有了行政职权，因此，法律、法规授权是法律、法规对行政权的设定与分配，而非行政权的转让，这与行政授权的本意是不同的：法律、法规授权，是法律、法规制定机关行使的行为，是对行政权的设定与分配，行政授权是行政机关依法作出的，是行政权在行政机关之间的转让。行政授权必须是依据法律明确可以授权的事项，且应拥有所授职权，并严格依照授权程序进行。如根据 2007 年 12 月 26 日中国证券监督管理委员会发布的《关于授权各派出机构审核证券公司相关人员任职资格的决定》，注册地在各证监局辖区的证券公司或住所地在各证监局辖区的个人依法申请相关人员任职资格的，应当分别向相关证监局提出申请，由证监局依法受理并作出相关行政许可决定。可见，它们是行政授权而不是法律、法规授权。但是，当行政授权以规章方式作出时，被授权的组织就是规章授权组织。因此，通过规章授权实际上是行政授权的一种。

（四）法律、法规、规章授权组织与行政诉讼被告

随着《行政诉讼法》的颁布、实施，法律、法规授权组织被纳入学者的视野。许多学者将行政主体定位于“能以自己名义行使国家行政职权，作出影响行政相对人个人或组织权利义务的行政行为，并能由其本身对外承担行政法律责任，在行政诉讼中通常能作为被告应诉的行政机关和法律、法规授权的组织”。[①] 这在很大程度上满足了司法实践中行政诉讼被告资格确认的需要。由此，在我国，“行政机关＋法律、法规授权组织＝行政主体＝行政诉讼被告”的模式得以确立，“谁主体，谁被告”的原则也大致形成。在此后的行政法学研究与司法实务中，基本上都是以这一理论范式为标准展开的。司法实务中，更是严格执行“主体即被告”的原则，具体表现在：一件行政案件受理后的第一项任务就是寻找法律、法规的授权依据，法院在审判中并不注重区分职权主体或授权主体，而是寻找“授权依据”，主要根据被诉行为查找相关管理规范，进而确定原告所列被告是否适格。同时在庭审程序中设置被告职权审查一项，由被告说明根据哪些法律、法规授权从事被诉具体行政行为。被告资格经确认，有授权依据的，可以进入实体审理；无依据或依据不明的，视为委托，再次寻找委托机关，同时要求原告变更被告。原告变更的，法院按管辖确定是否继续审理或移送，原告不同意变更的，法院裁定驳回起诉。以后，2008年3月8日最高人民法院公布的关于行政诉讼法的司法解释将规章授权组织也列为被告。[②]

---

① 姜明安：《行政法》[公共管理硕士(MPA)专业学位核心课程教学课程大纲]，中国人民大学出版社2003年版，第19页。

② 关于最高人民法院对行政诉讼被告资格作出较《行政诉讼法》更宽泛的解释，专家认为，是根据行政审判的实际情况，并适应了行政管理实践发展的需要。参见甘文：《行政诉讼法司法解释之评论》，中国法制出版社2000年版，第3页、第79页。在最高人民法院的司法解释之前，规章授权的组织是否具有行政诉讼被告资格问题已引起争议。主要意见：1. 根据《行政诉讼法》之规定，规章授权的组织不具有被告资格，其地位相当于制定规章的行政机关委托的组织，由该行政机关作为被告。2. 规章授权的组织的诉讼地位视为等同于法律、法规授权的组织，可以直接作为被告。参见崔巍：《规章授权的组织与行政诉讼被告主体资格确立》，《行政法学研究》1995年第1期。3. 鉴于目前国家部委和地方政府通过规章授权非行政机关的机构或组织执行行政公务的情况较多，如果把规章授权组织视为行政机关委托的组织，那么，不仅规章制定主体将面临大量的应诉事务，而且行政诉讼原告也将为一个案件承担长途奔波的人力、物力成本。参见沈岿：《重构行政主体范式的尝试》，《法律科学》2000年第6期。

以法律、法规、规章授权为标准确定行政诉讼的被告，不仅给原告的起诉带来一些不便，也可能使法院的司法审查在权限确定方面陷入困境。我国行政机构林立，职权交叉，政府部门的“三定规定”作为司法审查的依据尚存争议，而专门性法律、法规、规章中授权规范并不完全，且形态各异，表述含混，类似于授权的说法就有“负责管理”、“执行”、“委托”、“决定”等多种表述，难以界定其准确含义。在目前理论模式指导下的司法实践中，一些非行政主体的组织非法行使一定的行政权力，由于其不具行政诉讼主体资格而不能成为被告，使此类案件通常被排斥于行政诉讼受案范围之外；而且一些受委托组织超越委托权限作出的行政行为，由于受委托组织不能成为行政诉讼被告，法院无法确认其行为越权违法，而以作为委托方的行政机关为被告，原本越权的行为被视为委托机关在其权限范围内的合法行为，越权的违法行为有时难以确认违法。因此，有人提出，借鉴国外行政诉讼理论，应实行“谁行为，谁被告”的原则，使责任的承担者与诉讼主体分离。①

出于对传统范式此类局促困境之反思，有学者考察国外行政诉讼被告确定的制度经验，得出以下结论：(1)在国外，行政诉讼被告多数情况下并非行政实体法上独立的“行政主体”(与我国行政主体概念不同)，实体主体资格与诉讼主体资格存在错位现象；(2)被告的确定侧重从诉讼便利角度着眼，通常由归属于某种行政主体之下的行政机关(如日本的行政厅归属于作为行政主体的国家或地方公共团体)承担，如果没有则由行政主体本身担当，二者结合构成确定被告的完整体系加以确定；(3)诉讼法的相对独立性决定了实体责任的归属并非被告资格认定之标准，无论是非行政主体还是行政主体作被告，最终的实体责任都归于相应的行政主体；(4)建议国内学界利用他山之石，正确建构我们的行政主体理论，同时使行政诉讼被告资格

① 霍振宇：《行政授权及相关问题探讨》，《人民法院报》2004年11月6日。

确定简单化。[①]

笔者认为，法律、法规、规章授权组织与行政诉讼被告不是同一个概念。法律、法规、规章授权组织可以承担行政法律责任，但不一定是行政诉讼被告；行政诉讼被告可以是法律、法规、规章授权组织，也可以是法律、法规、规章授权组织以外的组织，如行政机关委托的组织（在某些特殊情况下）。法律、法规、规章授权组织和行政机关委托组织都可作为被告接受法院对其实施行为的合法性审查；法律、法规、规章授权组织和行政机构委托组织超越权限或无权组织非法行使行政权，均应作为被告；行政诉讼被告因行政行为违法而产生的国家赔偿责任由行政主体承担。

三、行政机关委托的组织

（一）行政机关委托的组织的概念

行政机关委托的组织是指受行政机关委托、以委托行政机关的名义行使一定行政职权并由委托机关承担相应法律后果的组织。

行政机关委托的组织，是以委托机关的名义在委托事项范围内从事行政管理活动的组织，包括政府机关和行政机关以外的其他社会组织。[②] 这类组织不能以自己的名义实施行政管理和对外承担法律后果。较早对此作出规定的是1989年《行政诉讼法》。该法第二条规定，由行政机关委托的组织所作的具体行政行为，委托的行政机关是被告。

《行政处罚法》第十八条、第十九条对行政机关委托实施行政处罚作了较多的规定，明确行政机关依照法律、法规或规章的规定，可以在其法定权限内委托依法成立的管理公共事务的事业组织实施行

① 杨伟东：《从被告的确定标准看我国行政诉讼主体划分之弊端》，《中央政法管理干部学院学报》1999年第6期；薛刚凌：《我国行政主体理论之检讨——兼论全面研究行政组织法的必要性》，《政法论坛》1998年第6期。

② 也有学者认为，被委托组织是受行政机关委托行使一定行政职权的非国家机关组织。参见胡锦光：《行政法与行政诉讼法》，高等教育出版社2007年版，第76页。

政处罚，委托行政机关对受委托的组织实施行政处罚的行为应当负责监督，并对该行为的后果承担法律责任。受委托组织在委托范围内，以委托行政机关名义实施行政处罚；不得再委托其他任何组织或者个人实施行政处罚。

《行政许可法》规定："行政机关在其法定职权范围内，依照法律、法规、规章的规定，可以委托其他行政机关实施行政许可。……委托行政机关对受委托行政机关实施行政许可的行为应当负责监督，并对该行为的后果承担法律责任。受委托行政机关在委托范围内，以委托行政机关名义实施行政许可；不得再委托其他组织或者个人实施行政许可"。

可见，行政机关委托的组织，可以是非行政机关的事业组织，也可以是其他行政机关。

(二)委托行政机关的义务

在委托行政职权问题上，行政机关有以下义务：(1)应当以法律、法规和规章的规定为依据；(2)在行政机关的法定权限以内；(3)委托符合法定条件的组织或其他行政机关，不得委托法定条件以外的其他组织、机关或者个人；(4)对受委托的组织或机关实施行政处罚的行为应当负责监督；(5)对受委托的组织或机关的行为后果承担法律责任。

(三)受委托组织的条件

如果受委托组织实施的是行政处罚，必须具备以下条件：(1)依法成立的管理公共事务的事业组织；(2)具有熟悉有关法律、法规、规章和业务的工作人员；(3)对违法行为需要进行技术检查或者技术鉴定的，应当有条件组织进行相应的技术检查或者技术鉴定。

如果受委托组织实施的是行政许可，必须是依法成立的其他行政机关。

(四)受委托组织的权力和责任

有关组织在根据行政机关委托进行行政处罚或行政许可时，有以下权力或责任：(1)只能在委托范围内实施行政处罚或行政许可；

(2)以委托行政机关的名义进行行政处罚或行政许可;(3)不得再委托其他任何组织或者个人实施行政处罚或行政许可。

第五节　行政机关组织法

一、我国行政机关或行政机构的范围

行政机关或机构是法定的行政主体。我国目前有关行政机关或机构的职权、机构设置等的法律依据,主要有《宪法》的有关规定、《国务院组织法》、《地方组织法》、《国务院行政机构设置和编制管理条例》、《地方各级人民政府机构设置和编制管理条例》等。根据这些规定,我国作为行政主体的行政机关或行政机构主要有以下几类。

1. 国务院

即中央人民政府,是最高国家权力机关的执行机关和最高国家行政机关。国务院根据《宪法》产生并依照《宪法》和《国务院组织法》行使职权;另外,国务院根据有关单行的法律也获得一些授权性的权力。国务院具有明确的行政主体资格。

2. 国务院组成部门

组成部门是依法分别履行国务院基本的行政管理职能的行政机关。包括国务院各部、各委员会、审计署和中国人民银行。除了《宪法》有关规定和《国务院组织法》的一些规定外,国务院组成部门主要是根据各项单行的法律、行政法规获得职权,并取得行政主体资格。

3. 国务院直属机构

直属机构一般是主管国务院某项专门业务、具有独立的行政管理职能的行政机构。如海关总署、国家工商行政管理总局等机构。国务院直属机构主要是根据各项单行的法律、行政法规获得职权,并取得行政主体资格。

4. 国务院组成部门管理的国家行政机构

一般称为“国务院组成部门管理的国家局”,是由国务院组成部门管理的、主管特定业务的、行使行政管理职能的行政机构,如国家

外汇管理局等。国务院组成部门管理的国家局主要是根据各项单行的法律、行政法规获得职权，并取得行政主体资格。

5. 地方各级人民政府

分为省，自治区，直辖市，自治州，设区的市、县、自治县，不设区的市、市辖区，乡、民族乡，镇人民政府。地方各级人民政府是地方各级国家权力机关的执行机关，是地方各级国家行政机关。地方各级人民政府根据《宪法》和《地方组织法》产生并行使职权，取得行政主体资格，也根据各项单行的法律、行政法规取得行政主体资格。

6. 地方各级人民政府工作部门

主要是组成部门和直属机构(限于省级政府)等。根据工作需要和精干原则，按《地方组织法》设立，依据各项单行的法律、行政法规获得职权，取得行政主体资格。

7. 地方人民政府的派出机关

即省级人民政府设立的行政公署、县级人民政府设立的区公所以及区、不设区的市人民政府设立的街道办事处。它们按《地方组织法》设立，依据各自单行的法律、行政法规获得职权，取得行政主体资格。①

二、与行政机关或行政机构有关的行政行为

按照行政机关或行政机构是法定行政主体，而行政主体是拥有国家行政权，以自己的名义行使行政职权，对外作出行政行为，并独立地承担相应法律责任的机关或组织的观点，研究行政主体问题，不能不研究与行政机关或行政机构有关的行政行为。

(一)行政行为的概念

行政行为，是形成于大陆法系国家行政法学中的一个十分重要

---

① 如根据《行政复议法》第十三条，对省、自治区人民政府依法设立的派出机关所属的县级地方人民政府的具体行政行为不服的，向该派出机关申请行政复议。据此，省级人民政府设立的行政公署成为行政复议机关，是行政主体。

的概念，也为我国行政法学者所广泛采用。

在法国，行政行为的概念可以从组织和功能两方面去理解：从组织上看，原则上，一个行为出自行政组织时即是行政行为；从功能上看，可以将行政法调整的对象理解为行政行为。①

在德国，人们一般将行政行为理解为行政机关对外具约束力的、单方、公法性质的具体决定。通用的定义是1997年《联邦行政程序法》第三十五条的规定："行政行为是行政机关为规范公法领域的个别情况采取的具有直接对外效力的任何处分、决定或其他官方措施"。②

在日本，有学者认为，对行政行为可以定义为，行政机关作为公权力的行使，对外部赋予具体规范的法律行为。③

中国1989年《行政诉讼法》首次以立法的形式采用"具体行政行为"的概念，使"行政行为"一词不仅是行政法学上的学术概念，而且成为一个法律用语。但是关于行政行为的概念，有多种意见，有代表性的观点主要有以下几种：

一是广义的行政行为概念。认为"行政行为是国家行政机关实施的行政管理活动的总称，它是国际公认的研究行政法学的专用词，实际上是行政管理活动的代称。"④

二是较广义的行政行为概念。行政法学界较多学者从较广义理解行政行为的概念，认为"行政行为是指行政主体（国家行政机关和法律、法规授权的社会组织）为实现行政管理目标行使行政权力，对外作出的具有法律意义、产生法律效果的行为。"⑤还有学者认为，"行

---

① 〔法〕古斯塔夫·佩泽尔著，廖坤明、周洁译，张凝校：《法国行政法》（第19版），国家行政学院出版社2002年版，第25～26页。

② 应松年：《外国行政程序法汇编》，中国法制出版社1999年版，第177页。

③ 〔日〕室井力主编，吴微译：《日本现代行政法》，中国政法大学出版社1995年版，第81页。

④ 王岷灿：《行政法概要》，法律出版社1983年版，第97页。

⑤ 张正钊、李元起：《行政法与行政诉讼法》（三版），中国人民大学出版社2007年版，第42～435页。

政行为是指国家行政机关依法实施行政管理，直接或间接产生法律效果的行为”。[①]

三是狭义的行政行为概念。认为“行政行为是指行政机关在行政管理活动中，适用法律、法规产生法律效果的行为。一种观点认为，行政行为有广狭两义。广义的行政行为包括制定具有普遍约束力的规范性文件的抽象的行政行为和对特定的对象而采取的具体的行政行为；狭义的行政行为，仅指具体行政行为，是指国家行政机关在行使职权过程中，依法对特定的社会事务或对象单方面所采取的能直接产生法律效果的行为”。[②]

但实际上，行政行为是指行政主体为实现行政管理目标行使行政权力，对外作出的具有法律意义、产生法律效果的行为。这一定义包含以下几层含义：(1)行政行为是行政主体的行为。行政行为只能由行政主体作出，无论是行政主体直接作出，还是通过公务员或其他工作人员或依法委托其他社会组织作出，均不影响行政行为的性质。(2)行政行为是行使行政职权的行为。行政职权是行政权的转化方式，是行政行为的核心。行政行为基于行政职权而产生，是行政职权的具体运用。无行政职权的存在，即无行政行为。(3)行政行为是具有法律意义产生法律后果的行为。行政主体的行为并不全部都是行政行为，只有那些能对外产生法律效果的行为才是行政行为。不能产生法律效果的报告、通知及其他事实行为，都不是行政行为。行政机关的内部活动不对相对人权利义务产生影响，也不是行政行为。(4)行政行为的目的在于实现国家行政管理的目标。行政行为是实现国家行政管理目标的主要方式之一，其表现形式、内容和程序都必须符合国家行政管理的要求。不利于实现国家行政管理目标的行为，不是合法、正当的有效行政行为，不能发生预期的法律后果。

---

① 罗豪才：《行政法学》，中国政法大学出版社 1996 年版，第124～125 页。

② 罗豪才：《行政法论》，光明日报出版社 1988 年版，第 150 页。

（二）我国行政机关或行政机构的主要行政行为

1. 制定行政法规、规章和规范性文件的行为

即通常所说的"抽象行政行为"。

（1）制定行政法规、规章。依法制定、修改和废止有关行政管理方面的行政法规和规章的主体，主要有：

第一，国务院有权依职权和依授权制定行政法规。行政法规的名称一般为，条例、规定、办法（依职权）等及暂行条例和暂行规定（依授权）。

第二，国务院组成部门、具有行政管理职能的直属机构、国务院国有资产监督管理委员会有权制定部门规章。

第三，省级和较大的市（含省会或首府城市、经济特区所在地的市及经国务院批准的 18 个较大的市）[①]的政府有权制定地方政府规章。规章的名称一般为，规定、办法。

（2）行政解释。行政解释，是指行政机关或行政机构依法对法律、法规、规章进行的说明。

第一，对法律的立法解释由全国人大常委会进行；对不属于审判、检察工作中具体应用法律的问题，由国务院及主管部门解释。

第二，行政法规条文本身需要进一步明确界限或作补充规定的，由国务院解释；国务院法制办公室研究拟订行政法规解释草案，报国务院同意后，由国务院公布或由国务院授权国务院有关部门公布。国务院各部门和省、自治区、直辖市政府可以向国务院提出行政法规解释要求。对属于行政工作中具体应用行政法规的问题，省、自治区、直辖市政府法制机构和国务院有关部门法制机构请求国务院法制办公室解释的，国务院法制办公室可以研究答复；其中涉及重大问题的，由国务院法制办公室提出意见，报国务院同意后答复。行政法

① 它们是唐山、大同、包头、大连、鞍山、抚顺、吉林、齐齐哈尔、青岛、无锡、淮南、洛阳、重庆（1984 年 12 月 15 日批准，其中 1997 年重庆成为直辖市），宁波（1988 年 3 月 5 日批准），淄博、邯郸、本溪（1992 年 7 月 25 日批准），苏州、徐州（1993 年 4 月 22 日批准）。

规的解释与行政法规具有同等效力。

第三，对地方性法规的立法解释由省级人大常委会进行；凡属于地方性法规如何具体应用的问题，由省、直辖市、自治区政府主管部门进行解释。

第四，规章解释权属于规章制定机关。规章的规定需要进一步明确具体含义以及规章制定后出现新情况需要明确适用规章依据的，由规章制定机关解释。规章的解释同规章具有同等效力。

(3)制定其他规范性文件。其他规范性文件，是指国家行政机关为执行法律、法规、规章，依法制定和发布的具有普遍约束力的决定、命令、指示等规范性文件的总称。

2. 具体行政行为

我国没有统一的行政行为法，行政机关的具体行政行为散见于有关法律、法规中；最高人民法院2004年1月14日公布的《关于规范行政案件案由的通知》曾规定具体行政行为包括行政处罚和其他行政行为。[①] 但最常用的具体行政行为有：

(1)行政许可。行政许可是指行政机关根据行政相对人申请，经依法审查，准予其从事特定活动的行为。行政许可不同于非许可行政审批。

(2)行政征收。行政征收是指行政机关依法无偿收取负有法定义务的公民、法人或其他组织的财产权益的行为。行政征收分为：第一，税收征收，主要有增值税、消费税、营业税、土地增值税、关税、企业所得税、个人所得税、资源税、城镇土地使用税、耕地占用税、印花税、车船税、城市维护建设税、烟叶税、房产税、车辆购置税、契税等。第二，非税收费，是指除税收以外，由各级政府、事业单位、代行政府职能的社会团体及其他组织依法利用政府权力、政府信誉、国家资

① 具体有27种：行政处罚、行政强制、行政裁决、行政确认、行政登记、行政许可、行政批准、行政命令、行政复议、行政撤销、行政检查、行政合同、行政奖励、行政补偿、行政执行、行政受理、行政给付、行政征用、行政征购、行政征收、行政划拨、行政规划、行政救助、行政协助、行政允诺、行政监督和其他行政行为。

源、国有资产或提供特定公共服务、准公共服务取得并用于满足社会公共需要或准公共需要的财政资金。按照建立健全公共财政体制的要求，政府非税收入管理范围包括：行政事业性收费、政府性基金、国有资源有偿使用收入、国有资产有偿使用收入、国有资本经营收益、彩票公益金、以政府名义接受的捐赠收入、主管部门集中收入以及政府财政资金产生的利息收入等。

其中，行政事业性收费是指国家（行政）机关、事业单位、代行政府职能的社会团体及其他组织根据法律、行政法规、地方性法规等有关规定，依照国务院规定程序批准，在向公民、法人和其他组织提供特定服务的过程中，按照成本补偿和非盈利原则向特定服务对象收取的费用；政府性基金是指各级政府及其所属部门根据法律、行政法规和中共中央、国务院有关文件规定，为支持某项公共事业发展，向公民、法人和其他组织无偿征收的具有专项用途的财政资金。①

（3）行政给付。行政给付是指行政机关在公民或法人、其他组织困难时，依法赋予其一定的物质权益或与物质有关权益的行为。行政给付的形式有抚恤金，社会保障金（企业离退休人员基本养老金、失业保险金、国有企业下岗职工基本生活费、基本医疗保险费、工伤保险费和生育保险费等），城市居民最低生活保障费，烈军属、复员退伍军人生活补助费，退伍军人安置费及离退休军队干部安家补助费，离休、退休、退职金，社会救济金，自然灾害救济金等。

（4）行政确认。行政确认是指行政机关依法对行政相对人的法律地位、权利义务或有关法律事实进行审核、鉴别，给予确认、认定并予以宣告的行为。如职业技能鉴定、教师资格认定、企业质量体系认证和产品质量认证、房屋产权证书、土地使用权的确认等。

（5）行政处罚。行政处罚是指行政组织对违反社会管理秩序但尚未构成犯罪的相对人的行政制裁。行政处罚的种类有警告，罚款，没收违法所得、没收非法财物，责令停产停业，暂扣或吊销许可证或

① 《财政部关于加强政府非税收入管理的通知》（财综〔2004〕53 号）。

执照，行政拘留以及法律、行政法规规定的其他形式。具有行政处罚的行政机关、综合性行政执法机关是法定行政处罚主体；法律、法规授权具有管理公共事务职能的组织和依法接受委托实施行政处罚的组织也可为之。行政处罚的决定有三种程序：简易程序、一般程序和听证程序。

(6)行政强制。包括行政强制措施和行政强制执行。

行政强制措施是指行政机关在行政管理过程中，为制止违法行为或在紧急、危险情况下，采取法定强制方式，依法对公民、法人或其他组织的人身或财产实施暂时性控制的措施。其方式有：限制人身自由；冻结存款；查封生产经营场所或非法财物；扣押财产及法律规定的其他形式。

行政强制执行是指行政机关或行政机关申请法院，对不履行发生法律效力的行政决定的公民、法人或其他组织，采取法定强制方式，强制其履行义务的行为。其种类有：

第一，间接强制执行，是指行政机关通过某种间接强制手段迫使法定义务人履行义务的方式。分为代履行（法定义务人不履行义务，行政机关可以让他人代替履行义务，由法定义务人支付履行费用）和执行罚（法定义务人不履行义务而该义务不能由他人代为履行的，执行机关依法对义务人科以新的给付义务，从而促使义务人履行义务的方式）。

第二，直接强制执行，是指有强制执行权的行政机关通过直接手段强制法定义务人履行义务的方式。如划拨、拍卖等。

(7)行政裁决。行政裁决是指特定的行政机关依法对平等主体之间涉及行政管理的特定的民事纠纷进行审查并作出裁决的行为。其种类主要有对权属纠纷的裁决和对损害赔偿纠纷的裁决等。

三、我国行政机关组织法的主要内容和渊源形式

(一)行政机关组织法的主要内容

作为行政组织法的主要部分，行政机关组织法的基本事项，决定

于各级行政机关管理的对象和管理的方法，具体主要包括以下四项主要内容。

1. 隶属关系

即国家行政机关之间的上下级关系，包括政府机关之间的领导关系和政府部门之间的领导关系或业务指导关系。

2. 职权

即国家行政机关为履行职能而应有的权限，其规定方式有三：

一是由产生国家行政机关的上位法列举规定其职权，国家行政机关组织法中作概括规定，如《宪法》规定国务院的职权，《国务院组织法》只作概括式的规定。

二是由国家行政机关组织法对该行政机关的职权作列举性规定，这是通常做法。如《地方组织法》对地方各级人民政府职权的列举性规定。

三是由国家行政机关组织法对行政机构的职权作概括规定，由下位规范对机构职权作列举规定。后者如国务院行政机构各自的《主要职责、内设机构和人员编制规定》。

3. 内部机构设置

内部机构设置，简称“内设机构”。行政机关为行使职权和履行职责，需要设立各种机构分管各类事务。内设机构的多少，主要取决于所需管理的事务范围与为便于管理事务而作的分类。其中与其他内设机构联系较多的机构如财务、人事等机构有时称之为“横向机构”；而与其他机构联系较少，只全面负责某一专门事务的机构则称之为“纵向机构”。

4. 人员编制

即行政机关的人员数额和领导职数，是行政机关组织法必须规定的内容之一。

至于行政机关组织法的具体内容，因法而异，但总体上说，内容大致包括：(1)行政机关的性质与任务；(2)行政机关的职位、组成；(3)行政机关的职权与职责；(4)行政机关的活动原则与方式；(5)行政机关建立、变更、撤销的程序。

也有学者认为，从我国已有的行政机关组织法看，应规定以下内容：(1)法律依据；(2)机构性质；(3)隶属关系；(4)机构设置；(5)职责权限；(6)任职期限；(7)工作原则；(8)副职设置；(9)法律责任；(10)设置、变更或撤销的程序等等。[①]

(二)行政机关组织法的渊源形式

国家行政机关组织法的渊源，即有关行政机关的产生、组织、职权在法律、法规中的表现形式。行政机关组织法主要属于行政法的范畴，另外还包括《宪法》相关条款等。依行政机关组织法的法律规范效力等级的不同，可以将行政机关组织法的主要渊源列举如下。

1.《宪法》的有关规定

《宪法》作为国家根本法，具有最高法律效力。《宪法》有关国家机构的条款，是行政机关存在的依据和合宪性的基础，属于行政机关组织法的第一层次的规范。

《宪法》的有关规定作为行政机关组织法的渊源，不仅表现为其作为制定行政机关组织法的基本依据，如我国《宪法》第三章第三节关于国务院的规定、第五节关于地方人民政府的规定等，更体现为这些规定是指导行政机关行使职权的基本准则，如国家尊重和保障人权、民主集中制、法治等原则。

2. 专门的行政机关组织法及相关法中的有关规定

法律包括全国人大制定的基本法律和全国人大常委会制定的基本法律以外的其他法律。

除了《国务院组织法》和《地方组织法》外，有些部分性质的法律(单行法规)曾对行政机关组织作了专门规范，如 1954 年的《公安派出所组织条例》、《城市街道办事处组织条例》等，但根据 2009 年 6 月 27 日十一届全国人大常委会第九次会议《关于废止部分法律的决

---

① 任建新：《社会主义法制建设基本知识读本》，法律出版社 1996 年版，第126～127页。

定》,上述法律已经废止。[①]

有的相关法中有许多关于组织法的内容,特别是各类法律中有关于行政机关体制或职权的规定。试举三例:

(1)根据1995年《中国人民银行法》,中国人民银行是中华人民共和国的中央银行,在国务院领导下,制定和执行货币政策,防范和化解金融风险,维护金融稳定。中国人民银行依法履行有关职责。

(2)根据1997年《行政监察法》,国务院监察机关主管全国的监察工作;县级以上地方各级人民政府监察机关负责本行政区域内的监察工作,对本级人民政府和上一级监察机关负责并报告工作,监察业务以上级监察机关领导为主。县级以上各级人民政府监察机关根据工作需要,经本级人民政府批准,可以向政府所属部门派出监察机构或者监察人员;监察机关派出的监察机构或者监察人员,对派出的监察机关负责并报告工作。

(3)根据1998年制定、2004年修改的《土地管理法》,国务院土地行政主管部门统一负责全国土地的管理和监督工作;县级以上地方人民政府土地行政主管部门的设置及其职责,由省、自治区、直辖市人民政府根据国务院有关规定确定。

3. 行政法规

行政法规内容广泛、数量众多,也是行政机关组织法的渊源之一。如1991年《工商行政管理所条例》、1997年《国务院行政机构设置和编制管理条例》、2007年《地方各级人民政府机构设置和编制管理条例》和2006年《公安机关组织管理条例》等。

有的相关法规中有许多关于行政机关组织法的内容,特别是各类行政法规中有关于行政机关体制或职权的规定。试举二例:

(1)根据2003年《企业国有资产监督管理暂行条例》,国务院,省、自治区、直辖市人民政府,设区的市、自治州级人民政府,分别设

---

① 如果根据全国人大常委会的分类,我国法律部门分为宪法及相关法、民商法、经济法、刑法、行政法、社会法和诉讼及非诉讼程序法。这类法律属于宪法相关法(机构组织法、国家制度法、公民权利保障法和地方制度法)中的机构组织法的范畴。

立国有资产监督管理机构；国有资产监督管理机构根据授权，依法履行出资人职责，依法对企业国有资产进行监督管理；企业国有资产较少的设区的市、自治州，经省、自治区、直辖市人民政府批准，可以不单独设立国有资产监督管理机构。

(2)根据2005年《信访条例》，县级以上人民政府应当设立信访工作机构；县级以上人民政府工作部门及乡、镇人民政府应当按照有利工作、方便信访人的原则，确定负责信访工作的机构或者人员，具体负责信访工作。县级以上人民政府信访工作机构是本级人民政府负责信访工作的行政机构，依法履行有关职责。

4. 地方性法规

地方性法规也是行政机关组织法的渊源之一。如海南、安徽、山西、广东、宁波等地方先后制定了各自的地方性机构和编制管理法规或规章等。试举二例：

(1)《海南省各级国家机关、事业单位机构设置和编制管理规定》(1999年7月30日海南省第二届人大常委会第八次会议通过)。其中，对行政机关设置和编制等作了明确规定，县级以上人民政府设立工作部门；省人民政府工作部门分为组成部门、直属机构；乡(镇)人民政府设立综合办事机构或者实行助理员制；县级以上人民政府一般不设立办事机构和政府工作部门管理的行政机构；县级以上人民政府可以设立议事协调机构；为处理一定时期内某项特定工作设立的议事协调机构，应当明确规定其撤销的条件或者撤销的期限；严格控制设立议事协调机构；可以交由现有机构承担职能的或者由现有机构进行协调可以解决的，不得另设议事协调机构。省级、地级市国家机关根据工作需要和精干的原则，可以设立内设机构和派出机构；县级国家机关各工作部门一般不设立内设机构。

(2)《广东省行政机构设置和编制管理条例》(2000年7月28日广东省第九届人大常委会第十九次会议通过、2009年7月30日广东省第十一届人大常委会第十二次会议修订)。其中，对行政机关设置和编制的原则等作了明确规定：行政机构设置和编制管理工作，应当按照经济社会全面协调可持续发展的要求，适应全面履行政府职能的需要，遵循精简、统一、高效的原则；行政机构设置和编制的核定必须依照国家和省规定的程序审批，不得擅自变动。另外，分别对机构设置和编制管理等具体问题，作了明确规范。

(二)关于行政机关组织法渊源若干问题的探讨

1. 法律以外的其他法律规范性文件能否规定人民政府的组织和职权

学者认为，公共行政组织必须由《宪法》和法律予以规范，而不能由行政机关自行其是。即使是出于对现代行政复杂性和机动性的考虑，行政机关也只能在《宪法》和法律的明确授权之下，对公共行政组织的部分问题作出决定。[①] 这是民主和法治对公共行政组织的一个最基本的要求，有日本学者称之为“行政组织法定主义”。[②] 另外，根据《立法法》第八条，各级人民政府的产生、组织和职权等事项，只能由法律规定。这是否意味着，除法律以外的其他任何规范性文件都不得规定人民政府的组织和职权?

实际上，这里的“规定”应理解为“设定”，要结合其他法律规定和具体情况而定：

(1)关于行政法规。根据 1982 年《宪法》，国务院的组织由法律规定，但国务院有权规定各部和各委员会的任务和职责；根据《立法法》，国务院根据《宪法》和法律，制定行政法规。行政法规可以就下列事项作出规定：为执行法律的规定需要制定行政法规的事项；《宪法》第八十九条规定的国务院行政管理职权的事项。因此，国务院的组织应由《国务院组织法》规定，国务院可以在《宪法》和法律规定的关于国务院行政机构的职权的范围内，对国务院机构的职权，作具体的规定。

(2)关于地方性法规。根据《立法法》，地方性法规可以就下列事

---

① 姜明安、沈岿：《法治原则与公共行政组织》，载《行政法学研究》1998 年第 4 期。

② 〔日〕室井力主编，吴微译：《日本现代行政法》，中国政法大学出版社 1995 年版，第 23 页、270 页。

项作出规定：为执行法律、行政法规的规定，需要根据本行政区域的实际情况作具体规定的事项；属于地方性事务需要制定地方性法规的事项。除《立法法》第八条规定的事项外，其他事项国家尚未制定法律或行政法规的，省、自治区、直辖市和较大的市根据本地方的具体情况和实际需要，可以先制定地方性法规。在国家制定的法律或行政法规生效后，地方性法规同法律或行政法规相抵触的规定无效，制定机关应及时予以修改或废止。根据现行《地方组织法》第六十九条，省、自治区、直辖市的人大及其常委会可以根据《地方组织法》和实际情况，对执行中的问题作具体规定。因此，省、自治区、直辖市的人大及其常委会可以依法制定地方性法规，对本行政区域内的地方人民政府的组织和职权，作具体的规定。

(3)关于规章。根据《立法法》，国务院各部、委员会、中国人民银行、审计署和具有行政管理职能的直属机构，可以根据法律和国务院的行政法规、决定、命令，在本部门的权限范围内，制定规章。部门规章规定的事项应当属于执行法律或国务院的行政法规、决定、命令的事项。省、自治区、直辖市和较大的市的人民政府，可以根据法律、行政法规和本省、自治区、直辖市的地方性法规，制定规章。地方政府规章可以就下列事项作出规定：为执行法律、行政法规、地方性法规的规定需要制定规章的事项；属于本行政区域的具体行政管理事项。因此，省、自治区、直辖市和较大的市的人民政府可以依法制定地方政府规章，对本行政区域内的地方人民政府的组织和职权，作具体的规定。

2. 各级人大及其常委会关于机构改革的决议或决定

1954 年《国务院组织法》列举国务院各部和各委员会具体名称后，有关国务院机构改革的问题，实践中，没有采取修改《国务院组织法》的方式，而是采取由全国人大及其常委会作出决议或决定的方式进行。如 1956 年 5 月 12 日第一届全国人大常委会第四十次会议通过的《关于调整国务院所属组织机构的决议》。

1982 年《国务院组织法》不再列举国务院各部和各委员会的具

体名称，有关国务院机构改革的问题，沿袭由全国人大及其常委会作出决议或决定的方式。[①] 县级以上地方各级政府机构改革的情况也大致相同。

实际上，除了有关法律问题的决定外，全国人大及其常委会的决定一般属于全国人大及其常委会决定重大事项的表现形式，而不是立法的表现形式。从严格法律意义上看，各级人大及其常委会关于机构改革的决议或决定，不属于行政机关组织法的渊源。但是，从1954年《国务院组织法》以后，实践中采取由全国人大及其常委会作出决议或决定的方式调整国务院机构，实际上是修改了《国务院组织法》列举的各部或各委员会的设置。根据1982年《国务院组织法》，国务院各部、各委员会的设立、撤销或合并，经总理提出，由全国人大决定；在全国人大闭会期间，由全国人大常委会决定；而按照1997年《国务院行政机构设置和编制管理条例》，国务院组成部门的设立、撤销或合并由国务院机构编制管理机关提出方案，经国务院常务会议讨论通过后，由国务院总理提请全国人大决定；在全国人大闭会期间，提请全国人大常委会决定。因此，全国人大及其常委会对于国务院机构改革的决定，通常是对一届任期内国务院机构的调整，没有也不会通过修改《国务院组织法》的方式进行。有鉴于此，全国人大及其常委会关于机构改革的决议或决定，可以视为行政机关组织的设置依据之一。

同样，省级和较大的市的人大及其常委会关于机构改革的决议或决定，也可以视为行政机关组织的设置依据之一。

3. 国务院的规范性文件

国务院关于行政机构职责、机构和编制的规范性文件，主要有：

(1)《国务院关于机构设置的通知》、《国务院关于部委管理的国

---

① 如2008年3月15日十一届全国人大一次会议听取了国务委员兼国务院秘书长华建敏《关于国务院机构改革方案的说明》，审议了国务院机构改革方案，并通过《关于国务院机构改革方案的决定》，要求国务院要“加强领导，周密部署，保证机构改革方案的顺利实施”。

家局设置的通知》和《国务院关于议事协调机构设置的通知》。如2008年3月21日《国务院关于机构设置的通知》、《国务院关于部委管理的国家局设置的通知》、《国务院关于议事协调机构设置的通知》。

(2)与中共中央有关机构联合发布的规范性文件。如中共中央办公厅、国务院办公厅2007年3月15日发布的《关于进一步加强和完善机构编制管理严格控制机构编制的通知》等。

(3)国务院各部门的"三定规定"。国务院部门"三定规定"是国务院部门主要职责、内设机构和人员编制规定的简称。如国务院办公厅《关于印发中国人民银行主要职责、内设机构和人员编制规定的通知》。

国务院的规范性文件一般不被视为行政机关组织法的渊源,而关于"三定规定"的法律地位,一种说法,认为它是具有法律效力的规范性文件,是国务院部门履行职能的重要依据。[①] 另外一种说法,认为它是与行政法规同等效力的政策性法规文件。[②]

从行政组织法的视角看,"三定规定"的法律地位值得研究。"三定规定"是合理界定行政机关职能、合理设定行政机关内部机构、核定行政机关编制的有效方式,是巩固机构改革成果的有效措施,是规范部门行使职权的依据,在实践中取得了良好的效果。由于我国依法行政进程起步较晚,行政组织法尚未健全,还没有像一些国家那样通过制定部门组织法来界定部门职责、机构和编制。从严格法律意义上看,"三定规定"不是法律、法规、规章,而是规范性文件,但经国务院批准,国务院办公厅发布,属于国务院的抽象行政行为,具有较强的执行力和约束力,也是部门依法行政的依据之一。

国务院办公厅2005年7月9日印发的《关于推行行政执法责任制的若干意见》中指出:"依法界定执法职责,梳理执法依据。推行行

① 《中央编办负责人就国务院部门"三定"工作答人民日报、新华社记者问》,《人民日报》2008年7月17日。

② 《关于事业单位参照公务员法管理工作有关问题的意见》。

政执法责任制首先要梳理清楚行政机关所执行的有关法律、法规和规章以及国务院部门'三定规定'”。这个表述实际上肯定了“三定规定”在执法中的地位。

4. 地方政府规章

地方各级人民政府行政机构的设立、撤销、合并或变更规格、名称,由本级人民政府提出方案,经上一级人民政府机构编制管理机关审核后,报上一级人民政府批准;其中,县级以上地方各级人民政府行政机构的设立、撤销或合并,还应当依法报本级人大常委会备案。当地方政府规章对地方各级政府行政机构的设立、撤销、合并或变更规格加以规范时,也是行政机关组织的设置依据之一。①

---

① 如安徽、山西、宁波等地方先后制定了各自的地方性机构和编制管理规章等。试举二例:(1)《安徽省行政机构设置和编制管理规定》(2006年3月27日省人民政府第三十三次常务会议通过)。其中,规定了行政机构和编制的定义:行政机构,是指县级以上地方人民政府的工作部门、派出机构、部门管理机构、议事协调机构的常设办事机构以及乡镇人民政府的综合办事机构;编制是指机构编制管理机关确定的行政机构人员数额和领导职数。明确了行政机构设置和编制确定应与本辖区政治、经济和社会发展的需要相适应,遵循精简、效能、依法的原则和各级机构编制管理机关在本级人民政府领导下负责本级人民政府行政机构设置和编制管理工作,对下级人民政府行政机构设置和编制执行情况进行监督等职权。还规定了行政机构的设立、变更应当做到职能明确、分工合理;行政机构的数量不得超过国家和省规定的限额;县级以上地方人民政府可以设立工作部门、派出机构和部门管理机构;严格控制设立议事协调机构,议事协调机构的办事职能由相关行政机构承担;乡(镇)人民政府可以设立综合办事机构。(2)《宁波市行政机构设置和编制管理办法》(2003年7月24日宁波市人民政府发布)。其中规定:行政机构设置和编制的管理,实行集中统一领导、分级管理的原则;行政机构设置和编制管理应当适应政治、经济和社会发展的需要,遵循精简、统一、高效的原则。行政机构设置和编制的确定,必须依照规定的管理权限和程序审批,不得擅自变动或增减。明确了市、市辖区和县(含县级市)机构编制管理委员会及其办公室在本级人民政府的领导下,负责行政机构设置和编制管理的具体工作。行政机构的设置应以职能的科学配置为基础,做到职能明确、分工合理、规范高效,并不得超过国家和省、市规定的限额。并规定,市人民政府行政机构根据职能分为市人民政府办公厅、市人民政府组成部门、市人民政府直属机构和市人民政府议事协调机构的常设办事机构;市辖区、县人民政府行政机构不分组成部门和直属机构,统称为工作部门;市辖区、县人民政府一般不设立议事协调机构的常设办事机构,个别确需设立的,按照机构设置管理权限和程序报批;镇(乡)人民政府设立综合办事机构。市、市辖区、县人民政府根据工作需要,可以设立派出机构。

四、我国行政机关组织法的基本类型

在我国，狭义的行政组织法，即国家行政机关组织法，大体可以分为两大类：一类是政府组织法；另一类是政府所属部门组织法。前者一般表现为最高国家权力机关及其常设机关颁布的法律，后者一般表现为国务院制定的行政法规。另外，地方政府派出机关的组织法也属于地方政府组织法的范围。

（一）政府组织法（或称行政机关组织法）

根据我国政府体制，政府组织法分为中央政府组织法与地方政府组织法。另外，地方政府派出机关的组织法也属于地方政府组织法的范围。

1. 中央政府组织法

除《中央人民政府组织法》第三章有关政务院的规定外，我国的中央政府组织法先后颁布过两个：即1954年《国务院组织法》和1982年《国务院组织法》。（见表1.1）

表1.1　中国的中央政府组织法

名称	条款数	发布时间与机关	通过机关
《中央人民政府组织法》第三章政务院	十条（十三至二十二条）	1949年9月27日发布	1949年9月27日中国人民政治协商会议第一次全体会议通过
《国务院组织法》	九条	1954年9月28日国家主席公布	1954年9月21日一届全国人大一次会议通过
《国务院组织法》	十一条	1982年12月10日五届全国人大常委会委员长公布	1982年12月10日五届全国人大五次会议通过

资料来源：《中华人民共和国法律法规全书》（第一卷），中国民主法制出版社1994年版。

比较两部《国务院组织法》可以看出，1982年《国务院组织法》主要在以下几个方面有所完善：

第一，根据1982年《宪法》第八十六条关于“国务院实行总理负责制。各部、各委员会实行部长、主任负责制”的条款，1982年《国务院组织法》对总理职权作了明确规定，如“国务院实行总理负责制。总理领导国务院的工作”；“国务院发布的决定、命令和行政法规，向全国人民代表大会或者全国人民代表大会常务委员会提出的议案，任免人员，由总理签署”。同时，对部长、主任负责制也作了规定：“各部、各委员会实行部长、主任负责制。各部部长、各委员会主任领导本部门的工作，召集和主持部务会议或者委员会会议、委务会议，签署上报国务院的重要请示、报告和下达的命令、指示。副部长、副主任协助部长、主任工作”。

第二，根据1982年《宪法》第八十六条关于国务院由“总理、副总理若干人、国务委员若干人、各部部长、各委员会主任、审计长和秘书长”组成的条款，1982年《国务院组织法》对国务院组成人员，增加了“国务委员”和“审计长”，取消了1954年《国务院组织法》中“部长助理”的职务。

第三，1982年《国务院组织法》规定了部长和副部长，委员会主任、副主任和委员，直属机构负责人和办事机构负责人数额的上限和下限。即各部设部长1人，副部长2～4人；各委员会设主任1人，副主任2～4人，委员5～10人；直属机构负责人和办事机构设负责人2～5人。

2. 地方政府组织法

除《宪法》有关地方政府的规定外，我国有关地方政府组织法先后颁布过两个：即1954年《地方各级人民代表大会和地方各级人民委员会组织法》和1979年《地方各级人民代表大会和地方各级人民政府组织法》(以下简称《地方组织法》)。1979年《地方组织法》先后作了四次修改。(见表1.2)

比较《地方组织法》有关地方政府的规定与《国务院组织法》，可以看出，主要在以下几个方面有所不同：

表 1.2　中国的地方人民政府组织法

名称	条款数	发(公)布时间与机关	通过或修正机关
《地方各级人民代表大会和地方各级人民委员会组织法》第三章地方各级人民委员会	二十条（二十三至四十二条）	1954 年 9 月 28 日国家主席发布	1954 年 9 月 21 日一届全国人大一次会议通过
《地方各级人民代表大会和地方各级人民政府组织法》第四章地方各级人民政府	十二条（三十一至四十二条）	1979 年 7 月 1 日五届全国人大常委会委员长公布	1979 年 7 月 1 日五届全国人大二次会议通过
《地方各级人民代表大会和地方各级人民政府组织法》第四章地方各级人民政府	十二条（三十一至四十二条）	1982 年 12 月 10 日国家主席公布	1982 年 12 月 10 日五届全国人大五次会议第一次修正
《地方各级人民代表大会和地方各级人民政府组织法》第四章地方各级人民政府	十三条（四十七至五十九条）	1986 年 12 月 2 日国家主席公布	1986 年 12 月 2 日六届全国人大常委会第十八次会议第二次修正
《地方各级人民代表大会和地方各级人民政府组织法》第四章地方各级人民政府	十五条（五十四至六十八条）	1995 年 2 月 28 日国家主席公布	1995 年 2 月 28 日八届全国人大常委会第十二次会议第三次修正
《地方各级人民代表大会和地方各级人民政府组织法》第四章地方各级人民政府	十五条（五十四至六十八条）	2004 年 10 月 27 日国家主席公布	2004 年 10 月 27 日十届全国人大常委会第十二次会议第四次修正

资料来源:《中华人民共和国法律法规全书》(第一卷),中国民主法制出版社 1994 年版;《中华人民共和国法律法规全书》(第十一卷),中国民主法制出版社 1996 年版;《中华人民共和国常用法律大全》,法律出版社 2005 年版。

第一,《地方组织法》将地方各级人民政府与地方各级人民代表大会合二为一,而《国务院组织法》是与《全国人民代表大会组织法》分别单独制定的。

第二,《地方组织法》规定省、自治区、直辖市、自治州、县、自治县、市、市辖区、乡、民族乡、镇设立人民政府,但对县级以上地方各级人民政府的职权与乡、民族乡、镇人民政府的职权是分别规定的。而且,所有地方各级人民政府都用一部综合的《地方组织法》规范。

而在1954年前,中国曾根据新中国成立初期情况分别制定了地方各级人民政府组织通则。(见表1.3)

表1.3 新中国成立初期中央人民政府政务院制定的地方各级人民政府组织通则

名称	条款数	发(公)布时间与机关	制定机关
《大行政区人民政府委员会组织通则》	十六条	1949年12月18日政务院公布	1949年12月16日中央人民政府政务院第十一次会议通过
《省人民政府组织通则》	十五条	1950年1月7日政务院公布	1950年1月6日中央人民政府政务院第十四次会议通过
《市人民政府组织通则》	十四条	1950年1月7日政务院公布	1950年1月6日中央人民政府政务院第十四次会议通过
《县人民政府组织通则》	十三条	1950年11月13日政务院公布	1950年11月3日中央人民政府政务院第五十七次会议通过
《大城市区人民政府组织通则》	十三条	1950年11月13日政务院公布	1950年11月3日中央人民政府政务院第五十七次会议通过
《区人民政府及区公所组织通则》	十七条	1950年12月30日政务院公布	1950年12月8日中央人民政府政务院第六十二次会议通过
《乡(行政村)人民政府组织通则》	八条	1950年12月30日政务院公布	1950年12月8日中央人民政府政务院第六十二次会议通过

资料来源:张坚石编:《地方政府的职能和组织结构》,华夏出版社1994版。

3. 地方人民政府派出机关组织法

我国地方人民政府派出机关，有三个层次，即省、自治区政府的派出机关——行政公署，县、自治县政府的派出机关——区公所，不设区的市和市辖区政府的派出机关——街道办事处。有关的组织通则或条例有两部。（见表 1.4）

1950 年 12 月 30 日政务院公布的《区人民政府及区公所组织通则》第三章“区公所”，曾专门规定了区公所的性质、组成、任务、组织和会议制度等内容，明确区公所不属一级政权，而是县人民政府的派出机关；区公所设区长 1 人，副区长、秘书及助理员若干人，均由县人民政府委派，区公所因工作需要得设各种经常的及临时的委员会；区公所的职责任务是：执行县人民政府交办事项，并承县人民政府之命，指导、监督与协调所辖乡人民政府的工作。

表 1.4　地方政府各派出机关组织法

名称	条款数	发(公)布时间与机关	是否有效
《区人民政府及区公所组织通则》	五条（第十二至十六条）	1950 年 12 月 30 日政务院公布	失效
《城市街道办事处组织条例》	七条	1954 年 21 月 31 日国家主席公布	失效

资料来源：张坚石编：《地方政府的职能和组织结构》，华夏出版社 1994 版；2009 年 6 月 27 日十一届全国人大常委会第九次会议《关于废止部分法律的决定》。

根据 1954 年 12 月 31 日一届全国人大常委会第四次会议通过的《城市街道办事处组织条例》，街道办事处的任务是：办理市、市辖区的人民委员会有关居民工作的交办事项；指导居民委员会的工作；反映居民的意见和要求。街道办事处设主任 1 人，按照工作的繁简和管辖区域的大小，设干事若干人，在必要的时候，可以设副主任 1 人；街道办事处共设专职干部 3～7 人，内有作街道妇女工作的干部 1 人。街道办事处主任、副主任、干事都由市辖区、不设区的市的人民政府委派；市、市辖区的人民政府的各工作部门，非经市、市辖区的人民政府批准，不得直接向街道办事处布置任务；街道办事处的办公费及工作人员的工资，由省、直辖市的人民政府统一拨发。[①]

关于省级人民政府的派出机关，现行《地方组织法》第六十八条规定："省、自治区的人民政府在必要的时候，经国务院批准，可以设立若干派出机关。"这种派出机关在1978年《宪法》中称"行政公署"。1954年《地方各级人民代表大会和地方各级人民委员会组织法》称之为"专员公署"，其所辖区域称"专区"。1975年《宪法》把"专区"改为"地区"，规定在地区也设立人民代表大会和革命委员会，改变了专员公署作为省人民政府派出机关的性质。1978年《宪法》规定地区不设人民代表大会，并将1954年《地方组织法》中的"专员公署"改为"行政公署"，恢复了其作为省人民政府（革命委员会）的派出机关的性质。但新中国成立至今，没有制定省政府派出机关行政公署的专门法律、法规。

（二）政府部门及其派出机构组织法（或称行政机构组织法）

我国政府部门组织法主要有四类：

1. 综合性政府机构设置和编制管理法

它规定各类国务院和地方各级政府机构设置和编制管理的一般原则、机构类型、监督检查和法律责任等内容。这类组织法迄今有三部。（见表1.5）

表1.5　综合性政府机构设置和编制管理法

名称	条款数	发（公）布时间与机关	是否有效
《政务院及其所属各机关组织通则》	十条	1949年12月4日政务院公布	失效
《国务院行政机构设置和编制管理条例》	二十五条	1997年8月3日国务院公布	有效
《地方各级人民政府机构设置和编制管理条例》	三十条	2007年3月6日国务院公布	有效

资料来源：张坚石编：《地方政府的职能和组织结构》，华夏出版社1994版；《国务院公报》1997年第26号；《国务院公报》2007年第9号。

① 根据2009年6月27日十一届全国人大常委会第九次会议《关于废止部分法律的决定》，该条例已经失效。

2. 国务院和地方各级政府通用部门组织法

它规定国务院和地方各级政府某一类部门机构设置和编制管理的一般原则、机构类型、监督检查和法律责任等内容。这类组织法迄今有七部。(见表1.6)

表1.6 国务院和地方各级政府的通用部门组织法

名称	条款数	发(公)布时间与机关	制定机关
《各级税务机关暂行组织规程》	二十六条	1950年1月27日政务院公布	
《省、市劳动局暂行组织通则》	十二条	1950年5月5日政务院公布	
《地方各级人民委员会计划委员会暂行组织通则》	九条	1956年2月24日国务院公布	
《各级人民政府民族委员会试行组织通则》	十一条	1952年8月9日政务院公布	
《公安机关组织管理条例》	四十二条	2006年11月13日国务院公布	2006年11月1日国务院第154次常务会议通过
《国家安全机关组织管理条例》		2008年11月1日起实施	
《政府参事工作条例》	二十条	2009年11月2日国务院公布	

资料来源:张坚石编:《地方政府的职能和组织结构》,华夏出版社1994版;《国务院公报》2007年第1号;国务院关于印发《国家安全机关组织管理条例》的通知(国发[2008]26号);《国务院公报》2009年第32号。

3. 国务院专门的部门组织法

它规定国务院部门机构设置和编制管理的一般原则、机构类型、监督检查和法律责任等内容(见表1.7)。这类组织法曾有14部(1949年和1950年各颁布1部,1955年先后制定了12部)。1987年5月16日国务院批准《国务院参事室组织简则》(2010年1月1日起废止)。此外,国务院再没有对国务院某个部门制定组织法。

表 1.7　国务院部门专门的部门组织法

名称	条款数	发(公)布时间与机关	是否有效
《海关总署试行组织条例》	十五条	1949 年 12 月 30 日政务院公布	失效
《政务院人民监察委员会组织条例》	十七条	1950 年 10 月 24 日政务院公布	失效
《监察部组织简则》	十七条	1955 年 11 月 2 日国务院公布	失效
《国务院秘书厅组织简则》	六条	1955 年 11 月 19 日国务院公布	失效
《国务院计量局组织简则》	六条	1955 年 11 月 19 日国务院公布	失效
《国务院法制局组织简则》	十五条	1955 年 11 月 19 日国务院公布	失效
《国务院人事局组织简则》	十二条	1955 年 11 月 19 日国务院公布	失效
《国务院档案局组织简则》	十三条	1955 年 11 月 19 日国务院公布	失效
《国务院专家工作局组织简则》	十五条	1955 年 11 月 19 日国务院公布	失效
《国务院机关事务管理局组织简则》	十五条	1955 年 11 月 19 日国务院公布	失效
《国务院国家计划委员会暂行工作条例》	十二条	1955 年 11 月 19 日国务院公布	失效
《国务院体育运动委员会组织简则》	十三条	1955 年 11 月 19 日国务院公布	失效
《国务院劳动部组织简则》	十五条	1955 年 11 月 19 日国务院公布	失效
《国务院专家局组织简则》	十五条	1955 年 11 月 19 日国务院公布	失效
《国务院参事室组织简则》	九条	1987 年 5 月 16 日国务院批准	失效

资料来源:《中华人民共和国法律法规全书》(第十卷),中国民主法制出版社 1994 年版;《中华人民共和国常用法律大全》,法律出版社 2005 年版;《中国法规》(行政法类——第一卷),中国法制出版社 2002 年版;《国务院公报》2009 年第 32 号。

4. 政府部门派出机构组织法

派出机构是地方政府职能部门为实现对某一行政事务或某区域内行政事务的管理而设立的行政组织。[①] 政府部门派出机构组织法，主要有《工商行政管理所条例》、《公安派出所组织条例》等。（见表1.8）

表 1.8　政府部门派出机构组织法

名称	条款数	发（公）布时间与机关	是否有效
《公安派出所组织条例》	七条	1954 年 12 月 31 日中华人民共和国主席公布	失效
《工商行政管理所条例》	十九条	1991 年 4 月 22 日国家工商行政管理局发布	有效

资料来源：《中华人民共和国法律法规全书》（第三卷），中国民主法制出版社 1994 年版；《中华人民共和国法律法规全书》（第五卷），中国民主法制出版社 1994 年版；2009 年 6 月 27 日十一届全国人大常委会第九次会议《关于废止部分法律的决定》。

第六节　中国行政组织立法

一、中国行政组织立法沿革及特点

新中国成立后，我国行政组织立法经历了三个阶段，并表现出不同的特点。

（一）第一阶段：新中国成立初期至 1954 年

根据当时起临时《宪法》作用的《中国人民政治协商会议共同纲领》，1949 年 9 月 27 日中国人民政治协商会议第一届全体会议通过《中央人民政府组织法》，规定由当时行使国家政权的最高机关中央人民政府委员会组织的政务院，是国家政务的最高执行机关。政务院对中央人民政府委员会负责，并报告工作。在中央人民政府委员会休会期间，对中央人民政府主席负责，并报告工作。在 1949 年至

① 袁圣明：《派出机构的若干问题》，《行政法学研究》2001 年第 3 期。

1950年间，我国制定或颁布了一系列的政府组织通则或部门组织条例。政府组织通则有《政务院及其所属各机关组织通则》、《大行政区人民政府委员会组织通则》、《省人民政府组织通则》、《大城市区人民政府组织通则》、《县人民政府组织通则》、《乡人民政府组织通则》和《区人民政府及区公所组织通则》等；部门组织条例有《政务院人民监察委员会试行组织条例》、《海关总署试行组织条例》、《省、市劳动局暂行组织条例》、《各级人民政府民族事务委员会试行组织条例》等。

这一时期政府组织立法的特点，一是由于全国人大没有召开，政府组织立法采用适合于当时情况的过渡性措施，由中国人民政治协商会议和政务院承担；二是没有制定独立的中央行政机关的组织法，中央人民政府是全国政权机关的统称，其分类和性质都于今不同；三是按照不同地方特点分门别类地制定地方组织通则，建立了比较完善的地方政府组织法律框架，且有的部门组织条例开始制定。

(二)第二阶段:1954年至1979年

1954年《宪法》颁布后，又陆续制定了一系列的行政组织法或部门组织条例，如《国务院组织法》，《地方各级人民代表大会和地方各级人民委员会组织法》，国家计划委员会、监察部、劳动部、国家体育委员会、国家计量局、国务院法制局、国务院专家工作局、国务院机关事务管理局等部门的组织条例或组织简则；又如《地方各级人民委员会计划委员会暂行组织通则》、《公安派出所组织条例》和《城市街道办事处组织条例》等。

这一时期政府组织立法的特点，一是由于制定了《宪法》，政府组织立法采用《宪法》规定的方式，由全国人大和国务院承担；二是中央与地方各级人民政府均仅仅是各该级行政机关，其分类和性质比较明确；三是制定了统一的《国务院组织法》，并改变新中国成立初期分门别类地制定地方组织通则的模式，制定了统一综合的《地方组织法》；四是许多国务院部门制定了部门组织条例或组织简则。

(三)第三阶段:1979 年至今

改革开放以来,1979 年,全国人大制定并颁布了《地方各级人民代表大会和地方各级人民政府组织法》,以后又先后于 1982 年、1986 年、1995 年和 2004 年对该法进行了四次修正。1982 年《宪法》公布施行后,国务院重新制定了《国务院组织法》。1997 年 8 月 3 日,国务院公布了我国关于机构编制的第一部专门行政法规《国务院行政机构设置和编制管理条例》;2006 年 10 月 13 日国务院公布了《公安机关组织管理条例》;2007 年 2 月 24 日国务院公布了《地方各级人民政府机构设置和编制管理条例》;《国家安全机关组织管理条例》自 2008 年 11 月 1 日起实施。

这期间,由于国务院经历了 1982 年、1988 年、1993 年、1998 年、2003 年和 2008 年六次机构改革,先后由全国人大通过了关于国务院机构改革的决定,如 2008 年 3 月 15 日十一届全国人大一次会议通过的《关于国务院机构改革方案的决定》;国务院也制定了一系列关于国务院机构设置的其他规范性文件,如 2008 年 3 月 21 日国务院公布的《国务院关于机构设置的通知》、《国务院关于部委管理的国家局设置的通知》、《国务院关于议事协调机构设置的通知》等。

2003 年 3 月国务院制定并于 2004 年 6 月和 10 月两次修改了《国务院工作规则》;2008 年 3 月 21 日通过新的《国务院工作规则》。新的《规则》共分十一章五十六条,分别为总则、组成人员职责、全面履行政府职能、实行科学民主决策、坚持依法行政、推进政务公开、健全监督制度、加强廉政建设、会议制度、公文审批和纪律和作风。新的《规则》内容更加科学、完善和规范,要求更加明确、具体和严格,体现了全面履行政府职能、坚持科学行政、民主行政、依法行政和政务公开的要求。《规则》用专章对这几个方面作了规定。

对国务院各部门主要职责、内设机构和人员编制,主要由中央机构编制委员会办公室拟订、国务院常务会议通过的国务院各部门的《主要职责、内设机构和人员编制规定》规定。此外,海南、山西、广东、安徽等地方也先后制定了各自的地方性机构编制法规或规章。

这一时期行政组织立法的特点，一是在精简机构的同时，行政组织立法开始受到关注。如1981年12月五届全国人大四次会议审议通过的《政府工作报告》指出："在精简机构的同时，要用行政立法明确规定国务院和地方各级政府的各部门的职责权限，以及各个行政机构内部的各个组织和工作人员的职责范围"。二是由于颁布了1982年《宪法》，行政组织立法采用《宪法》规定的方式，主要由全国人大、国务院承担，《地方组织法》修改较为频繁，而且相继制定了《国务院行政机构设置和编制管理条例》和《地方各级人民政府机构设置和编制管理条例》，但《国务院组织法》未作修正；此外，还制定和修改了《国务院工作规则》；三是适应机构改革的需要，特别是按照决策、执行和监督既相互协调又相互制约的要求，完善了部门主要职责、内设机构和人员编制规定，在合理配置职能、理顺职责关系、强化部门责任、完善机构设置、建立部门协调配合机制等方面取得重要进展；四是部门行政机关组织法定化取得进展，如制定了《公安机关组织管理条例》。

二、行政组织立法的不足

综观我国行政组织立法的产生和发展状况，客观地说，不同时期的行政组织立法对巩固人民政权和机构改革的成果，建立健全行政管理的法律机制，逐步实现国家机构组织、职能、编制和工作程序的科学化、法定化，起到了应有作用。

但也应当指出，行政组织立法存在一些问题，如体系不完善、内容简单、效力层次低、行政权限的规定太粗、缺乏法律责任、无专门的行政机关编制法等；[①]更有学者认为，行政组织法的主要问题，一是目标模式不明确；二是主体模式不合理；三是程序模式不民主；四是载体模式不科学，并认为最直接的原因有三个方面：一是行政法治意识

---

① 郑传坤：《行政法》，法律出版社2007年版，第67～68页。

淡漠;二是行政组织立法艰难;三是不重视行政组织法研究。[①]

还有学者指出了行政组织法律制度供给的不足:(1)行政组织法立法的零散和条文的粗疏;(2)虽然"三定规定"对于遏制行政机关的无序膨胀起到了很大程度上的作用,但是由于其仅仅是政府内部的规定,法律效力等级不高,而且根据"三定"改革的成果并没有予以制度化和法律化;(3)已有的行政组织立法既没有对"行政组织法定"原则予以确认,也没有对公民权利保障和救济的条款予以规定,更没有对违反行政组织法的机构和人员进行责任追究的规定,以致行政组织的机构设置和人员编制出现了某种程度上的混乱;(4)更为严重的是,已有的法律和法规也并没有得到很好的执行,甚至有时候会遭到公然违背。[②]

在笔者看来,总的来看,行政组织立法存在的不足,主要体现在以下几方面。

(一)行政组织立法不够健全

行政组织涉及整个国家行政组织体系,包括行政机关和行政机构的纵的系统和横的结合。它们各有不同地位和层级,也有各自不同的职责和任务,需要不同层次、种类的法律规范予以调整。但我国现有的行政组织立法与建立完备立法框架的要求尚有差距。

1. 国务院及其行政机构的立法方面

(1)国务院的组织立法方面,除了《国务院组织法》外,缺乏有关国务院机构设置和编制管理的其他法律;(2)国务院及地方政府所属部门、机构的立法方面,除了《公安机关组织管理条例》、《国家安全机关组织管理条例》和《政府参事工作条例》外,尚无其他的部门或机构的行政法规;1987 年《国务院参事室组织简则》废止后,没有其他的国务院部门或机构的专门组织法规。

---

① 应松年、薛刚凌:《行政组织法研究》,法律出版社 2002 年版,第 7 页。

② 沈开举、程雪阳:《改革开放三十年与新中国行政组织法发展的反思》,《北大法律信息网》,http://article.chinalawinfo.com/Article_Detail.asp? ArticleId=45019

2. 地方政府及其机构的立法方面

除了《地方组织法》外，缺乏对地方各级人民政府及其工作部门的主要职责、内设机构和人员编制的其他法律、法规。

3. 地方政府派出机关或部门派出机构的立法方面

除了《工商行政管理所条例》外，缺乏地方政府派出机关或部门派出机构其他法规。已经实施50多年的《城市街道办事处组织条例》、《公安派出所组织条例》也已经废止。

4. 中央与地方政府及地方各级政府职权和组织关系的立法方面

(1)《宪法》缺乏明确规定。1982年《宪法》规定了中央与地方政府的组织形式和中央与地方国家机构职权划分的总原则，但没有明确划分中央政府与地方政府的权力，也缺乏有关中央政府与地方政府职权划分的法律，使有关中央政府与地方政府组织的职权划分和调整缺乏严格的依据。

(2)上下隶属管理关系缺乏法律调整。根据《地方组织法》第六十六条的规定，"省、自治区、直辖市的人民政府的各工作部门受人民政府统一领导，并且依照法律或者行政法规的规定受国务院主管部门的业务指导或者领导。自治州、县、自治县、市、市辖区的人民政府的各工作部门受人民政府统一领导，并且依照法律或者行政法规的规定受上级人民政府主管部门业务指导或者领导"。但目前还没有相应的法律或行政法规。

(二)已有的行政组织立法不够完善

1.《国务院组织法》的内容过于原则、粗疏

例如，现行的《国务院组织法》共十一条，其中涉及国务院职权的规定仅有一条，而且这一条只规定了"国务院行使《宪法》第八十九条规定的职权"。

另外，根据《国务院组织法》，国务院会议分为常务会议和全体会议，国务院工作中的重大问题，必须经过国务院常务会议或全体会议讨论决定，但全体会议和常务会议的任务分工、与会人员的范围、开

会频次等没有在《国务院组织法》中明确规定;尽管2003年以来的《国务院工作规则》中有相关规定,但《国务院工作规则》仅仅是规范性文件,而且一般仅仅适用于一届任期内。

2.《地方组织法》的内容有的已经过时,且过于庞杂

例如,《地方组织法》将地方各级人民代表大会和地方各级人民政府合而为一,内容上显得条文过多。

又如,《地方组织法》第六十八条关于"省、自治区的人民政府在必要的时候,经国务院批准,可以设立若干派出机关"和"县、自治县的人民政府在必要的时候,经省、自治区、直辖市人民政府批准,可以设立若干区公所,作为它的派出机关"的规定,已明显地与实际情况相距甚远,特别是随着改革开放的不断深化和农村改革、发展的深入进行,绝大多数地方已撤销了行政公署和区公所的设置[①]。现行的《地方组织法》中仍然保留着这一机关设置的规定,明显与行政区划变更和农村的实际不相符,需要与时俱进地进行修正。

3. 立法层次低,缺乏应有的权威性和法律效力

例如,对国务院各部门主要职责、内设机构和人员编制,主要由中央机构编制委员会办公室拟订、国务院常务会议通过、国务院办公厅下发的国务院各部门的《主要职责、内设机构和人员编制规定》("三定规定")规范,[②]而地方各级政府一般采用"三定规定"或"三定方案"的形式。国务院或地方政府部门的"三定规定"或方案是对国务院或地方政府部门的主要职责、内设机构和人员编制规定的简称,是国务院和地方政府的规范性文件,是各部门履行职能的重要

---

① 截至2008年12月31日,全国共有地区17个、盟3个、区公所10个。

② "三定规定"主要包括六部分内容:一是职责调整,即明确部门取消、划出移交、划入和增加以及加强的职责。二是主要职责,即规定部门的主要职能和相应承担的责任。三是内设机构(一般部门内的司局机构),即确定部门内设机构的设置和具体职责。四是人员编制,即核定部门的机关行政编制数、部门和内设机构的领导职数。五是其他事项,即明确与有关部门的职责分工、部门派出机构和直属事业单位的机构编制事宜等。六是附则,即明确"三定规定"由谁解释和调整的事宜。

依据。但“三定规定”或方案毕竟不是行政法规或规章，而且基本上适用于一届政府任期内，其性质、地位、法律强制性和权威性，有待明确。

又如，对政府部门的主要职责、隶属关系和体制等内容，大量采用规范性文件的形式进行规范，从严格法律意义上看，这些规范性文件在性质上不是法的渊源形式，且缺乏有效的监督条款。如《国务院关于地方税务机构管理体制问题的通知》、《国务院批转〈国家工商行政管理局工商行政管理体制改革方案〉的通知》、《国务院批转〈国家质量技术监督局质量技术监督管理体制改革方案〉的通知》和《国务院关于做好省级以下国土资源管理体制改革有关问题的通知》等。

4. 行政组织立法尚不能完全适应建立市场经济体制、依法治国的需要和政治文明建设、政府机构改革的要求

例如，现行的《国务院组织法》是 1982 年制定的，未能充分反映市场经济、民主政治发展对政府职能的要求和政府机构改革的运作构架；《地方组织法》虽然修改了多次，但仍存在着一些问题，如按建立市场经济体制的要求，应减少各级地方政府对经济的不必要干预，并按决策、执行和监督相互制约和相互协调的要求对各级政府职能科学分解和合理配置，而该法对地方各级政府的职权规定得极其宽泛，这不利于政府职能的转变。

又如，由于目前我国正处于向市场经济转轨的时期，同时由于地方政府的层级不同，不同层级地方人民政府之间的情况、特点和问题不同，因此，不同层级地方人民政府之间的管理职能的内容和范围，应允许有一定的交叉和分工，而《地方组织法》只是笼统地规定了“县级以上地方各级人民政府”和“乡、民族乡、镇人民政府”行使的职权，使县级以上地方各级人民政府和乡、民族乡、镇人民政府在职权行使上过于笼统，“上下一般粗”，这不符合不同层级政府行政职能配置科学化的发展要求。

三、健全和完善行政组织立法的意义

(一)健全和完善行政组织立法有利于巩固机构改革成果

行政机构改革作为行政管理体制改革的重要内容,一直被列入党和政府工作的重要议程。新中国成立以来,先后进行了多次机构改革,大规模的精简工作在改革开放前分别于1958年和1970年进行了两次,改革开放以后到2008年机构改革以前,又分别于1982年、1985年、1988年、1993年、1998年、2003年进行了六次机构改革。六轮精简工作和机构改革成绩有目共睹,但仍然没有解决职责交叉、权责脱节、层次过多、效率不高等问题,这当中,行政组织体系法制建设滞后、缺乏强有力的约束机制是其主要原因之一。实践证明,如果不加强行政组织立法,则很难解决现有的这些问题。为从根本上巩固来之不易的改革成果,必须加强行政组织立法,构建政府机构改革的法律机制。①

(二)健全和完善行政组织立法有利于规范和保障政府职能转变

机构改革是提高行政效率的有效措施,但机构改革的关键是转变政府职能,尽快建立起适应社会主义市场经济发展需要的政府管理体制和行政运行方式。随着经济体制改革的不断深入,传统行政管理体制和行政运行方式已经成为市场经济发展的阻力。健全和完善政府组织立法,将政府在市场经济条件下的经济调节、社会管理、市场监管和公共服务职能以法律的形式加以确认,有助于推动和保障政府职能向创造良好发展环境、提供优质服务、维护公平正义的根本性转变。

(三)健全和完善行政组织立法有利于促进依法行政、建设法治政府

2004年3月22日国务院公布了《全面推进依法行政实施纲要》,

① 罗豪才:《中国行政与刑事法治世纪展望》,昆仑出版社2001年版,第202～203页。

提出到2014年基本建成法治政府的目标。2006年3月十届全国人大四次会议审议批准的《十一五规划纲要》提出,要合理划分和依法规范中央和地方的职能权限;逐步实现职能、机构和编制的法定化。依法行政,其实质是要实现国家行政管理的法治化,建设法治政府。依法行政首先要求对承担行政职能、实施行政行为的政府机构及其公务员进行规范,做到组织法定、职责权限法定、机构适格。健全和完善行政组织立法,有利于有效规范政府行政行为,监督和防止滥用行政权力,保障行政组织的正常运行和公民的合法权益;有利于法治政府的早日建成。

四、健全和完善政府组织立法的设想

党的十七大提出了"健全组织法制和程序规则"的要求;党的十七届二中全会通过的《关于深化行政管理体制改革的意见》,明确提出要"加快推进机构编制管理的法制化进程"。这些都给行政组织法的健全和完善提出了新的课题。

行政法学界已经就完善行政组织法的必要性达成共识,但对如何完善行政组织法存在各种认识。有学者认为,应当修改《国务院组织法》,完善《地方组织法》。① 另有学者认为,应建立完整的行政组织法体系,确立行政组织法定原则;进一步明确中央与地方的权力分配关系和各行政机构之间的权力配置;确立行政组织的程序,保证行政组织的设立、变更、撤销等程序依法进行;明确滥设行政机构和随意扩编人员的法律责任、完善责任追究制度。②

在笔者看来,健全和完善行政组织立法,是一项复杂的系统工程,需要从多方面进行努力。

(一)加强对行政组织法的研究,掌握现代行政组织法的发展趋势

现代行政法学的研究日新月异,行政组织的立法趋势也异于往

---

① 中国法学会行政法学研究会:《行政管理体制改革的法律问题——中国法学会行政法学研究会2006年年会论文集》,中国政法大学出版社2007年版,第274页。

② 同前引,第285页。

昔。在传统时期:政府行政组织较为单纯;政府行政组织专业分工亦不明晰;行政组织以“官僚化”为普遍形态;对行政组织的立法处于弱势地位;行政组织结构受传统社会结构的影响,行政效率不高。而现代世界各国的行政组织立法具有了新的趋势,主要表现为:民主化;专业化;效率化;标准化。[①] 制定严谨统一的行政组织法对于合理配置政府权力、规范政府行为、保障公民合法权益所起的重要作用已被各国所充分认识,对行政组织法的研究,也逐步引起重视。

但在我国,对行政组织法的研究长期处于弱化状态,法学界没有给予应有的重视。行政法学界20世纪80年代对行政组织法作了初步探讨,但是90年代行政组织法却备受冷落,几乎到了无人问津的地步;[②]可以说,对行政组织法的研究,“是我国行政法学研究中最薄弱的环节之一”。[③] 随着机构改革的需要,近年来行政法学界、宪法学界加强了行政主体、行政组织、行政机关和行政体制改革的研究,但目前的研究状况仍滞后于行政组织立法发展的需要。

在今后相当长的一段时期内,随着行政体制改革不断深入和行政诉讼及复议制度的完善,理论界仍面临许多新的课题:(1)在政企分开、政事分开、政府与社会中介组织分开的原则指导下,如何加快政府职能转变,重新界定行政机关的职能权限,并从体制上合理配置政府及其部门的职能;如何按照行政职能配置科学化的要求,在全面履行职责的基础上,突出各层级政府履行职能的重点,是值得深入研究的新课题。(2)按照统一、精简、效能原则和决策权、执行权、监督权既相互制约又相互协调的要求,应确立哪些原则建立哪些制度,使行政机关设置更加科学,运转更加高效,组织结构更加优化,机构设置更加规范,权责更加明确,需要重点研究。(3)对目前实践中运用很广的法律法规授权、行政委托问题,理论界应及时研究并解决。特别要对委托组织、派出机关和机构的行政主体资格从理论上加以明

---

① 乔育彬:《行政组织法》,中兴大学法商学院图书部1994年版,第54页。

② 应松年、薛刚凌:《行政组织法与依法行政》,《行政法学研究》1998年第1期。

③ 孟志鸿:《中国行政组织法通论》,中国政法大学出版社2001年版,第1页。

确。(4)在组织法的系统建设上,理论界应提出一些现实可行的方案,既要注意行政组织间合理的权限分工,又要保证行政组织内部精简统一、运转高效,即在统一的大组织法指导下逐步完善各部门各地方的组织法。(5)如何加强对西方国家行政组织立法的比较研究,学习和借鉴其有益形式为我所用。

(二)明确行政组织立法的原则

党的十七大和十七届二中全会提出,要进一步转变政府职能,完善政府管理方式和行政运行机制,形成权责一致、分工合理、决策科学、执行顺畅、监督有力的行政管理体制,建设服务型政府、法治政府。为了实现这些目标,需要运用法律、法规推进整体与配套的改革。

一是要正确认识和处理行政组织立法和政府机构改革的关系。加快推进行政机构和编制管理的法治化,必须与深化行政管理体制改革的总体要求相一致,要以改革的深化促进和带动管理的法治化,以管理的法治化保障和支撑改革的不断深入推进。目前,政府机构改革已经完成或正在进行,政府机构如何进行职能转变,也正在探索之中,这些在客观上都给行政组织立法带来一定的难度。政府机构改革的特点是"变",变革原有的机构和体制。行政组织立法的特点是"定",一旦规定下来,各级政府组织都要一体执行。因此,新旧体制转换时期的行政组织立法不可能不带有一定的阶段性、过渡性的特点。这就要求立法工作者要正确处理政府组织立法和政府机构改革的关系,既要坚持政府机构的改革方向,又要为进一步的机构改革留有充分余地;既要保持立法的相对稳定性,又要随着机构改革的深化和形势发展的需要适时修改政府组织法。①

二是全面体现机构改革精神,体现决策、执行和监督既相互协调又相互制约的要求。根据党的十七大、十七届二中全会精神和国务院《全面推进依法行政实施纲要》,今后行政组织立法工作主要有两

① 罗豪才:《中国行政与刑事法治世纪展望》,昆仑出版社 2001 年版,第 218 页。

个方面的任务：一是按照机构改革的精神，相应地修改现行的有关法律、法规中某些不完善的规定；二是行政组织立法必须体现机构改革精神，按照决策、执行和监督既相互协调又相互制约的要求，在依法促进合理配置职能、理顺职责关系、强化部门责任、完善机构设置、建立部门协调配合机制等方面取得重要进展。

（三）明确行政组织立法的基本要求和总体目标

按照深化行政管理体制改革的总体目标，当前和今后一个时期推进机构和编制管理法治化的基本要求是，不断健全组织法制和程序规则，逐步实现机构和编制的法定化；加强对机构和编制的法治化和规范化管理，完善机构编制管理的各项制度和标准，为维护机构编制管理基本秩序提供有效的法制约束；依法管好用活机构和编制资源，为推动建设服务政府、责任政府、法治政府和廉洁政府，提供有力的体制保障。

与深化行政管理体制改革进程相适应，到 2020 年要建立起比较完善的机构编制法律框架，实现政府机构和人员编制向科学化、规范化、法制化的根本转变。具体来说，“今后五年，要着力贯彻十七届二中全会有关‘加强和改进政府立法工作’、‘及时修订相关法律法规’的要求，加紧制定和完善机构编制方面的法规和制度，特别是机构编制管理的程序性规定，为实现机构编制管理的法治化打下制度基础”。①

（四）逐步实现行政机构组织、职能和编制的法定化

组织法定是国家行政机关必须遵循的基本准则。根据《宪法》关于“国务院的组织由法律规定”的要求和《立法法》关于“各级人民政府的产生、组织和职权”属于法律保留事项的规定，应逐步实现行政机构组织、职能和编制的法定化。

行政组织贯彻科学化、法定化原则，就是要在科学配置机构职

① 王东明：《贯彻地方机构编制管理条例　加快推进机构编制管理的法制化》，《人民日报》2008 年 4 月 15 日。

能、合理划分权限、职责基础上，逐步做到行政组织、职能的法定化，行政组织编制的法定化，行政组织工作程序的法定化，并强化对行政组织法律、法规实施的监督检查。

行政组织立法涉及的内容很多，需要建立一套完整的框架，包括《宪法》的有关规定，法律、行政法规和地方性法规、规章等几个层次。

有学者指出，针对现代国家公共行政组织建构的合法性问题，存在着一种传统的行政组织法治主义模式。该模式的要义是，公共行政组织的建构，原则上应当依照民主代议机关制定的法律或者明确授权来进行，并希冀通过“法典化的理想国设计”构建一种金字塔型的、滴水不漏的组织法典体系，实现行政组织法的“形式合法性”，从而解决所有的或某一个方面的公共行政组织问题。①

笔者认为，按照职能、机构、编制法定化的要求，亟待进行以下立法工作，并按现代政府体制的要求和政府机构改革的未来架构，对现有行政组织立法进行完善。

1. 研究修订《国务院组织法》等法律、法规

1982 年《宪法》和 1982 年《国务院组织法》的颁布实施，为国务院机构的组织和活动提供了基本的法律规范。特别是《国务院行政机构设置和编制管理条例》的发布实施，以行政法规形式比较全面地对国务院行政机构的设置原则、条件和程序以及国务院行政机构的分类和各类国务院行政机构的性质，作出法律规范。《地方组织法》的修订和《地方各级人民政府机构设置和编制管理条例》的制定，也使地方政府机构和编制管理向法制化的方向迈开了重要步伐。

但随着机构改革的深入和依法行政的实行，原有的法律规范有的已经不能适应或不能完全适应建设法治政府对政府机构的要求，有的需要进一步配套实施。因此，应当研究《国务院组织法》、《地方组织法》、《国务院行政机构设置和编制管理条例》、《地方各级人民政

① 沈岿：《公共行政组织建构的合法化进路——重新检视行政组织形式法治主义》，《法学研究》2005 年第 4 期。

府机构设置和编制管理条例》等法律、法规的贯彻实施情况和完善措施，进一步健全和完善相应的工作规则和配套办法。

2. 进一步完善机构编制实体性法规

应结合行政管理体制改革的进程，统筹考虑、有序推进部门组织立法，逐步出台部门组织行政法规，条件成熟时上升为法律。在进一步完善"三定规定"的同时，逐步以立法形式对各部门的性质、法律地位、职责权限、内设机构以及领导职数等作出明确规定和具体规范。在制定和实施部门组织单行法的基础上，适时研究制定部门组织基本法。

值得注意的是，2006 年 11 月 1 日国务院第 154 次常务会议通过了《公安机关组织管理条例》，这是我国第一部规范公安机关组织管理的行政法规，也是第一部规范政府部门职能配置、机构设置和人员编制的行政法规。该条例的出台，向"政府职责、机构和编制的法定化"目标迈出了有实质意义的一步。

3. 进一步加强机构编制的依法管理和违法责任追究

正如学者所言："在行政组织领域，如果没有责任追究机制，违法设置机构、擅自增加编制、任意增加人员，在职权行使上互相推诿、互相扯皮、争权越权、滥用权力的现象就无法得到遏制，更不可能在根本上予以消除"。[①] 因此，必须严格执行机构编制有关法律法规，切实做到有法可依、有法必依、执法必严、违法必究。要建立健全机构编制管理与财政预算、组织人事管理的配合机制，加强对机构编制执法情况的监督检查，强化对机构编制违法违规行为的追究力度。

① 姜明安、沈岿：《法治原则与公共行政组织》，《行政法学研究》1998 年第 4 期。

第二章

国家行政机关组织法

第一节　中央或联邦(联邦主体)行政组织基本原理

一、政府组织形式

(一)政府组织形式的概念

政府组织形式,一般是指组成中央政府或联邦(联邦主体)政府的形式。西方国家政府的组织形式,主要有两种:一种是内阁制,另一种是总统制。

内阁制,是西方国家由内阁总揽行政权并对议会负责的一种政府组织形式。

总统制是西方国家中总统为政府首脑同时又为国家元首的一种政府组织形式。其中总统制又有具有内阁制特点的半总统制的形式。

此外,还有瑞士的委员会制,即国家行政权不是集中在国家元首或政府首脑一人手中,而是由议会产生的委员会集体行使的一种政府组织形式。

中国实行人民代表大会制的政权组织形式,中央人民政府即国务院,是最高国家权力机关的执行机关,由全国人民代表大会产生,对全国人大及其常委会负责并报告工作,同时,作为最高国家行政机关,统一领导全国地方各级国家行政机关、国务院各部门的行政工作,并实行总理负责制。

(二)政府组织形式的基本类型

具体而言,现代世界主要国家中央政府或联邦政府的组织形式,主要有:(1)内阁制。包括英国、日本、德国、意大利、希腊、印度、新加坡等国。(2)总统制。包括美国、巴基斯坦、印度尼西亚、阿根廷、墨西哥、巴西、委内瑞拉、埃及等国。(3)半总统制。包括法国、奥地利、芬兰、冰岛、爱尔兰、葡萄牙、赞比亚、坦桑尼亚、俄罗斯等国。(4)瑞士的委员会制。(5)中国的国务院制。

二、主要西方国家中央或联邦政府(内阁)的组成和职权

(一)中央或联邦政府(内阁)的组成

主要西方国家中央或联邦政府(内阁)通常由政府首脑和各部部长组成。由于各国政府组织形式的不同,政府(内阁)组成的范围及方式也不尽相同。

(1)按照英国的《宪法》惯例,通常由在下议院中占多数席位的政党领袖组阁;每次大选后,英王照例授权多数党领袖组阁,并根据其提出的名单任命内阁成员。

内阁是英国中央政府的核心,是实际上的最高国家行政机关。内阁主要由首相挑选的中央政府中一些重要部门的大臣(如外务与联邦事务大臣、国防大臣、财政大臣、内政大臣等)和执政党各派领袖人物组成。内阁成员的数目不是固定不变的,通常由首相根据情况和需要酌情决定,大约 20 名。以是否作为政府部门为标准,内阁成员包括各部门大臣和非部门大臣。首相还在内阁成员中挑选 5～6 人组成内内阁。按照惯例,内阁成员一般同时为议会议员。内阁任期与议会相同,但如遇不信任案情况,往往任期未满即行更换。

(2)法国中央政府由总理、部长、国务秘书和高级专员组成。总理由总统任命、政府其他成员由总理提名,总统任命。法国中央政府设内阁,内阁对国民议会负责。总理领导内阁的活动。政府不设副总理和副部长,政府成员的人数和各部设置的数目,在法律上并无明文规定,由总统根据实际需要决定,可以增加、合并或减少。所有内

阁部长都参加内阁会议。内阁会议由总统主持。总理的命令必要时由负责执行该命令的部长副署。

根据不相容原则，政府成员不得同时担任任何议会议员职务或保留任何全国性职业代表的职务，亦不得参加任何职业性活动。

由菲永（Fillon）任总理的本届法国中央政府，于2007年6月19日组成，2008年3月和2009年6月两次改组。现有成员39名，除总理外，包括18名部长、19名国务秘书（总理府国务秘书和负责某一部事务的国务秘书）和1名高级专员。[①]

（3）根据《德意志联邦共和国基本法》的规定，联邦政府由联邦总理和联邦各部部长组成。内阁成员人数未在基本法中规定，由联邦总理依需要而定，一般为20人左右。

基本法对联邦总理的产生作了详尽的规定。联邦总理候选人由联邦总统与联邦议院中各议会党团协商后提名，一般为联邦议院多数党领袖。联邦总理候选人确定后，由联邦议院全体大会投票选举，过法定半数票者当选。如未过法定半数，则由联邦议院不经总统提名自行选举。如第二轮选举仍未产生总理，则进行第三轮选举，由得票最多者当选。当选人如获得联邦议院过半数选票，则由总统予以任命；如未获得过半数票数，则由总统予以任命或解散联邦议院，重新举行大选。

联邦总理在与联邦议院党团协商后，向总统提交联邦各部部长名单，提请联邦总统予以任命，不需经过联邦议院批准，但要在联邦议院宣誓就职。各部部长在各自范围内独立行使职权，分工负责。

联邦总理是联邦政府首脑，是联邦政府中惟一经联邦议院选举产生的人物。

联邦政府每届任期四年，与联邦议院每届任期相同。正常情况下，每届联邦政府随每届联邦议院的产生而产生，并在下一届联邦议院召开时告终。

---

① http://www.gouvernement.fr/node/45065

(4)美国联邦政府的核心是内阁。《宪法》未直接提及"内阁"一词,也没有对设立哪些内阁部门和多少部门作出规定。按照惯例,内阁包括总统、副总统和15名内阁部长。另外,联邦政府内阁还包括若干内阁级官员。如在奥巴马任总统的这届美国联邦政府,内阁级官员有:白宫办公厅主任、环境保护署长、行政管理和预算局局长、经济顾问委员会主任和美国贸易代表。

(5)根据1947年《日本国宪法》和《内阁法》第二条的规定,内阁是由"内阁总理大臣"和"20人以内的国务大臣"组成的合议制机关。内阁总理大臣不是明治《宪法》所谓的"同辈中的主席",而是《宪法》上的"长官",居于其他国务大臣之上,具有统帅内阁的地位。构成内阁的国务大臣是作为合议制的内阁的成员,同时原则上作为"主管国务大臣"分担国家事务,原则上成为各省的长官。

(二)中央或联邦政府(内阁)的职权

西方国家实行分权原则。尽管各国对分权原则的理解和实践不同,各国中央或联邦中政府(内阁)的职权都有所差别,而且,各国中央或联邦政府职权的范围也不是固定不变的,但是,作为中央或联邦执行机关的政府(内阁),其主要职权,在各国基本上是相似的。概括起来,主要有以下几个方面:(1)执行法律,即中央或联邦政府(内阁)组织实施立法机关制定的法律;(2)编制并向议会(国会)提出预算、决算案,在实行内阁制的国家,内阁还有权提出法律案;(3)掌管所属行政机构,具体领导各部、院、委员会的工作,并任免官员;(4)为实施《宪法》和法律的有关规定而制定政令,行使委任立法权;(5)处理外交事务,如缔结条约、制定和执行外交政策等;(6)掌管军队、警察。此外,在有的国家如日本内阁,还有权规定大赦、特赦、减刑、免除刑罚执行及恢复权利。

1. 英国中央政府的职权

内阁是英国中央政府的核心,是实际上的最高国家行政机关。内阁的主要行政职权有:制定政府的政策并对拟提交议会的问题作最终的决定；负责政策的执行和监督，行使最高国家行政管理权；协调和划定各部的职权范围。此外，内阁还行使“特别”权力，有权宣布国家处于紧急状态，但需经国王批准、国会确认。

首相是内阁的中心人物，但首相的绝大部分职权在法律中没有正式规定。根据惯例，首相拥有非常广泛的权力。主要有：任免内阁成员和其他非阁员大臣，并向英王提交任免名单；领导内阁，决定内阁议事日程，主持内阁会议；用自己的观点归纳内阁会议的讨论，形成内阁决议；代表政府向英王汇报政府工作；在议会中代表政府，为政府的决策辩护；提请英王任命高级法官、主教和其他高级官员；决定政府各部职权的划分，决定部的成立、合并和撤销，对各部业务进行总的指导，解决各部间的争议，等等。

2. 法国中央政府的职权

根据 1958 年《法兰西共和国宪法》第二十条，政府决定并执行国家的政策；政府掌管行政机构和武装力量。关于法国总理的职权，按《宪法》规定，法国总理是政府首脑，领导政府活动，对国防负责，并确保法律执行。总理有权制定规章，并任命文职人员和军职人员等。在特殊情况下，总理可依明示委托，代替总统就一定议程主持内阁会议；在必要时，总理代替总统主持最高国防会议和委员会会议。此外，总理还有权向总统推荐其他政府组成人员的人选、提出立法创议，有权要求参议院同意其总政策声明；总统在行使《宪法》第十六条规定的非常权力时及解散国民议会时，须与总理正式协商或征询其意见；总理还有权建议总统倡议修改《宪法》。总理的命令必要时由负责执行该命令的部长副署。

法国总统虽然从体制上说不属于政府组成人员，但政府的许多职权实际上从属于总统，总统实际上掌握广泛的行政权，包括任命总理及其他政府组成人员和文武官员，主持内阁会议，担任军队统帅，主持最高国防会议和委员会会议，委派驻外大使和特使并接受外国大使和特使等。1958 年《法兰西共和国宪法》原规定总统任期为七年，2000 年 9 月 24 日经全民投票对此规定作了修改，使总统与国民议会和政府任期均为五年。总统由公民直接选举产生。[①]

3. 德国联邦政府的职权

根据《德意志共和国联邦基本法》，德国联邦政府代表联邦执行机关。但基本法没有逐一列出联邦政府的任务，一般而言，联邦政府的主要任务是：(1)与联邦总统一道，领导国家：联邦政府有权拟订法律草案，确定政治发展规划，履行政府的职责；(2)执行法律：联邦政府组织实施联邦议会制定的法律，尽管依据惯例许多联邦法律是由州政府执行的；在联邦议会授权情况下颁布法规命令。

联邦政府的职权主要体现在联邦总理的职权上。根据基本法第六十四条，联邦总理有权组织内阁，联邦各部部长由联邦总统根据总理的提名予以任免。根据基本法第六十五条，总理决定政策方针，并对此负责；各联邦部长在联邦政府总理规定的政策方针内，自主地领导各部门的业务工作，并自负其责。

联邦总理依据内阁通过并经总统批准的《联邦政府工作规则》掌管联邦政府事务，并对联邦议会承担政府责任。

联邦总理主持联邦内阁会议。内阁会议一般每周三开一次会，讨论政府计划，决定政府政策，并审议法律草案、法规命令或联邦预算，如出席人数一半以上，内阁可作出决定。

联邦总理可任命一名联邦部长为副总理。一旦出现防御状态，联邦总理接管(原由联邦国防部长掌管的)武装力量的命令和指挥权。根据基本法第六十八条，联邦总理可通过要求联邦议院对其信任投票的方式寻求联邦议院的支持，如未获得联邦议员多数议员的支持，联邦总理有权提议联邦总统解散联邦议院，但如联邦议院以其议员的多数选出一名新的总理，则这种解散议会的权力将失效。

基本法规定了联邦政府行使职权的三项原则：(1)总理原则。联邦总理决定政策方针，并对此负责；总理依据内阁通过并经总统批准

---

① 法国总统的选举，在第一轮投票中采用绝对多数制；如果第一轮投票没有结果，总统在第二轮投票中根据相对多数制选出。

的《联邦政府工作规则》掌管联邦事务。(2)合议原则。联邦政府总理与各部部长作为一个整体集体决定涉及联邦政府的事项;但联邦各部长之间的争议由联邦政府裁决。(3)职权原则。在联邦政府总理规定的政策方针内,各联邦部长自主地领导各部门的业务工作,并自负其责。[①]

4. 美国联邦政府的职权

根据《美国宪法》第二条第二款,联邦政府内阁的主要作用之一是,“对各行政部门各自职责范围内的任何事项,向总统提出咨询意见”。

美国总统既是国家元首,又是政府首脑,但《宪法》没有直接地使用“国家元首”和“政府首脑”的称号。作为政府首脑,《宪法》中赋予总统的权力比较明确,而且《宪法》第二条第一款第一句话就是“行政权属于美利坚合众国总统”。总统作为政府首脑的职权主要有:(1)任命官员与组织政府。《宪法》规定总统有权任命“大使、其他使节和领事、最高法院法官和任命手续未由本《宪法》另行规定而经法律所设立的所有其他合众国官员”;《宪法》还规定,“国会认为适当时,可以以法律授权总统”任命合众国下级官员,总统“提名并经参议院咨询和同意”后由其任命高级官员。(2)领导和监督政府工作。根据《宪法》,总统“得要求行政各部门的首长就有关他们各自职责的任何事项提出书面意见”,因此,政府各部门的部长应向总统负责。(3)执行法律。《宪法》规定,总统“应负责保证法律得以忠实执行”。总统为了执行法律,可以发布具有法律效力的行政命令。(4)宣布紧急状态。(5)召集内阁会议。(6)赦免权。根据《宪法》第二条第二款的规定,总统“有权对危害合众国的犯罪行为赐予缓刑和赦免,但弹劾案除外”。

美国副总统与总统同时选出,在行政方面享有参加内阁会议、作为国家安全委员会成员和受总统委托进行国事访问等权力。

---

① 〔德〕福兰克·霍夫编:《德国的国家结构与行政组织》,德国巴伐利亚行政学校、联邦内政部联邦行政研究院 2000 年版,第 201～203 页。

5. 日本内阁的职权

日本内阁的权限有:(1)《宪法》规定的权限。根据《日本国宪法》第七十三条,内阁除执行一般行政事务外,执行下列各项事务:诚实执行法律,总理国务;处理外交关系;缔结条约,并在事前或根据情况在事后获得国会的承认;按照法律规定的准则掌管有关官吏的事务;编制并向国会提出预算;为实施《宪法》及法律的规定而制定政令;决定大赦、特赦、减刑、免除刑罚执行及恢复权利。此外,依照《日本国宪法》有关条款,内阁还有决定临时国会的召集、请求紧急召开参议院会议、指名推举最高法院院长、任命最高法院其他法官和下级法院法官、支出国家预算中的预备费、向国会报告国家收支决算情况以及向国会、国民报告有关国家财政状况等权限。(2)法律上的权限。日本《内阁法》第六条和第七条,规定内阁通过内阁会议,有权决定对行政各部的指挥监督方针,裁定主管大臣间的权限争议;根据日本《国家行政组织法》第二条和第十七条,内阁有权统辖行政机关、任免政务次官;根据日本《国家公务员法》第三条和第五条,内阁管辖人事院、任命特定公务员;根据日本《国土利用法》第五条,内阁有权制定各种行政计划等。

根据日本《内阁法》第四条,内阁行使其职权,应通过内阁会议。因此,内阁会议是内阁行使职权的主要方式。

三、主要西方国家中央(联邦)行政组织

(一)英国中央政府的机构设置

1. 内阁及组织机构

英国内阁组织机构主要是内阁办公厅和内阁委员会。

(1)内阁办公厅。内阁办公厅是内阁的常设办事机构,处理内阁日常工作,如安排内阁会议的议事日程,担任会议记录,沟通内阁与政府各部的联系,并编写和分发内阁决议执行情况的定期报告。其主要任务是协助首相工作,并协调政府各部的政策和事务。内阁办公厅设有内阁秘书、公务员管理、战略研究、信息和机关事务等方面

的各种机构。其中,内阁秘书处为首相和内阁委员会服务,由秘书长领导。内阁秘书处的主要任务,是保证及时和有效地履行政府事务,并确保政策性决定的有关情形得到充分考虑。目前设有经济与国内事务秘书组;经济与全球事务秘书组;突发事件处置秘书组;外交与国防事务秘书组;国家安全事务秘书组;情报和安全事务秘书组。①

(2)内阁委员会。为有效开展工作,内阁设置各种委员会,包括内阁委员会、分委员会和专责小组等。内阁会议秘密进行,其内容和议程一般也对外保密。内阁委员会的作用主要有两项:一是减轻内阁负担;二是体现连带责任原则。各部部长不仅对本部门的决策负责,也要对内阁的决策负连带责任。内阁委员会的决策也是内阁的决策。目前有经济、国内事务、经济发展、立法计划、突发事件处置、国家安全、国际关系与发展、公共服务与公共开支、生活机会、安全与情报事务等方面的内阁委员会。此外,还设置分委员会、专责小组。(见表 2.1)

表 2.1 英国内阁委员会(截至 2008 年 11 月)

英文简称	委员会全称
NEC	国家经济理事会
DA	国内事务委员会
DA(BM)	边境与移民分委员会
DA(CE)	社区与平等分委员会
DA(F)	食品分委员会
DA(FCY)	家庭、儿童与青年分委员会
DA(HW)	卫生与福利分委员会
DA(JC)	公平正义与犯罪分委员会
DA(LGR)	地方政府与地区分委员会
DA(PDS)	个人数据安全分委员会
DA(PED)	公共雇用与服务提供分委员会
LC	生活机会委员会
LC(SE)	社会排斥分委员会

① http://www.cabinetoffice.gov.uk/secretariats.aspx

续表

英文简称	委员会全称
LC(TE)	能力与企业分委员会
ED	经济发展委员会
ED(EE)	环境与能源分委员会
ED(HPR)	住房、规划与重建分委员会
ED(OPG)	奥运会与残奥会分委员会
ED(PRA)	监管责任专责小组
ED(PSE)	生产力、技能与就业分委员会
ED(SI)	科学与创新分委员会
CN	宪法委员会
NSID	国家安全、国际关系和发展委员会
NSID(EU)	欧洲分委员会
NSID(NS)	核安全分委员会
NSID(OD)	海外与国防分委员会
NSID(OD)(A)	非洲小组委员会
NSID(OD)(T)	贸易小组委员会
NSID(PSR)	安全保护和抗灾分委员会
NSID(E)	对付极端主义分委员会
CCC	应急处理委员会
CSI	安全与情报事务委员会
L	立法委员会
PSX	公共服务与公共开支委员会
PSX(P)	公共部门开支分委员会
MISC 32	流感预防规划专责小组
MISC 33	邮政网络专责小组
MISC 34	数码共融专责小组
MISC 35	老年人专责小组

资料来源:〔英〕《内阁委员会的组成与任期(2008 年 11 月)》,第 2～3 页,http://www.cabinetoffice.gov.uk/media/cabinetoffice/secretariats/assets/cabinet_committee_081103.pdf

2. 政府部门

英国政府部门可以分为内阁各部与非内阁部门。

(1)内阁各部。内阁各部由大臣领导,大臣属于内阁成员。

英国内阁各部建立和发展复杂且不稳定，名称不尽统一，数目也没有法律的限制。内阁各部的数目取决于各部的职权，也取决于实施这些职权的组织方式。

截止到 2009 年 11 月，英国内阁各部有：社区与地方政府部，财政部，司法部，能源与气候变化部，内政部，外交与联邦事务部，国防部，交通部，创新、大学与技能部，政府平等部，卫生部，环境、食品与农村事务部，国际发展部，北爱尔兰事务部，工作与养老金部，商业、企业与行政改革部，文化、传媒与体育部，儿童、学校与家庭部，苏格兰事务部，威尔士事务部等。[①]

(2)非内阁部门。非内阁部门由非内阁成员的资深人士领导。主要有：英国慈善委员会、皇家检控署、国家减债委员会、林业委员会、政府精算署、食品标准局、税务海关总署、皇家土地登记局、教育标准局、公平贸易局、煤气与电力市场管理局、国家政府学院、国家统计局、铁路局、水务办公室、邮政委员会、公共工程贷款委员会、反严重欺诈局、英国国家贸易投资局等。[②]

3. 执行局

执行局履行政府部门和权力下放机构的执行职能，是具有独立法人资格的公法人，不负责政策的决定。执行局的领导是首席执行官，负责执行日常工作，直接对主管大臣负责，并由主管大臣对议会负责。如英国车辆认证局、高速公路管理局、英国边境管理局、皇家造币局、海洋渔业管理局、英国护照局、英国债务管理办公室等。[③]

4. 英国中央政府机构设置的特点

英国中央政府机构设置的特点主要有：其一，以君主的名义，内

---

① 〔英〕首相府编：《部门责任列表：含执行局和非内阁部门》(2009 年)(附表一：内阁部长名单)，第 1 页，http://www.cabinetoffice.gov.uk/media/212617/lmr2009.pdf

② 〔英〕首相府编：《部门责任列表：含执行局和非内阁部门》(2009 年)(附表六：非内阁部门)，第 91 页，http://www.cabinetoffice.gov.uk/media/212617/lmr2009.pdf

③ 〔英〕首相府编：《部门责任列表：含执行局和非内阁部门》(2009 年)(附表四：执行局)，第 66 页，http://www.cabinetoffice.gov.uk/media/212617/lmr2009.pdf

阁掌实权的方式进行统治。其二，实行严格的行政法制，中央政府机构的职责、权限出自《宪法》惯例、制定法及其他法律形式，行政机构必须遵守，否则其行为无效。其三，受英国不成文法体系所影响，英国没有统一的中央政府职能、组织方面的法律，但对中央政府部门的职能、机构、活动，却采用部门组织法的形式，部门组织法比较完善。其四，行政机构相对精干，除内阁办公厅和委员会外，内阁部门一般在 20 个左右。其五，中央政府设立执行局履行政府部门和权力下放机构的执行职能，使执行与决策适度分离，又相互协调。

(二)法国中央政府的机构设置

法国中央政府主要有总统府、总理府及总理直属机构、中央各部等。

1. 总统府

总统府是协助总统处理政务的办事机构。由于法国总统实际上发挥着政府首脑的作用，因此，总统府可以视为行政机构组成部分。总统府下设总统府办公厅、军事参谋部等机构，并设正副秘书长、参谋长、总统顾问、总统府办公厅主任、外交顾问、总统特别助理、技术顾问、教育文化顾问等工作人员。

2. 总理府及总理直属机构

总理府实际上是法国政府的办事机构，下设总理办公厅、总秘书处和军事办公室等。总理直属机构有计划总署、原子能局、国家行政学院、社会经济委员会等。

3. 中央各部

中央各部是公共事务管理的职能部门。经过多次变化和改组，数目和职能不尽一致。

截至 2009 年 6 月 23 日，由菲永(Fillon)任总理的法国中央政府，设有生态、能源与可持续发展部，司法与自由部，外交与欧洲事务部，经济、工业与就业部，内政、海外事务与地方政府部，劳动、社会事务、家庭、团结和城市部，预算、账目、公务员事务和国家改革部，国民教育部，高等教育与研究部，国防部，卫生与体育部，粮食、农业与渔业部，文化与传媒部，移民、融合、国民认同与共同发展部和农村空间与领土整治部等。[①]

此外，中央政府还设 19 名国务秘书（从属于总理或部长），分别负责与议会关系、交通等事务，并设 1 名高级专员负责团结救济消除贫困事务和青年事务。另外，中央政府在大区和省等领土单位设有派出机构。大区长和省长由总理提名，总统任命，领导派出机构，代表国家利益，监督行政，并使法律得到遵守。

4. 法国中央政府机构设置的特点

法国中央政府机构设置的特点主要有：其一，中央政府的职权比较简化，主要掌管内政、外交、人事和经济发展规划，有关内政、外交的许多权力实际上由总统直接掌握，总理权力有限，政府活动既对国民议会负责，又对总统负责，总统是实际上的政府首脑；其二，中央政府部门设置多为综合，除有关国家主权类的部门所包含的职能比较单一外，其他经济类、社会事务类、教育文化类等部门的职能较多；其三，为提高办事效率，中央政府部门在大区和省设立了许多派出机构，处理中央政府部门在领土单位的事务；其四，中央政府各部层次较多，机构较大，人员编制较多；其五，由于《宪法》和法律未对机构设置的数目作明确规定，机构设置、名称等由总统和总理审定，因而变更比较频繁。[②]（见图 2.1）

（三）德国联邦政府的机构设置

德国联邦政府的主要有总理府、联邦政府各部。

1. 总理府

总理府是协助总理处理政务的办事机构。其主要职责是：负责协助联邦总理处理日常具体工作，向联邦总理汇报政策实施情况和各部工作情况，具体拟订联邦总理的决定并监督实施，协调各部工

① http://www.gouvernement.fr/sites/default/files/fichiers_joints/Composition_du_Gouvernement.pdf

② 张正钊、韩大元：《比较行政法》，中国人民大学出版社 1998 年版，第 167～168 页。

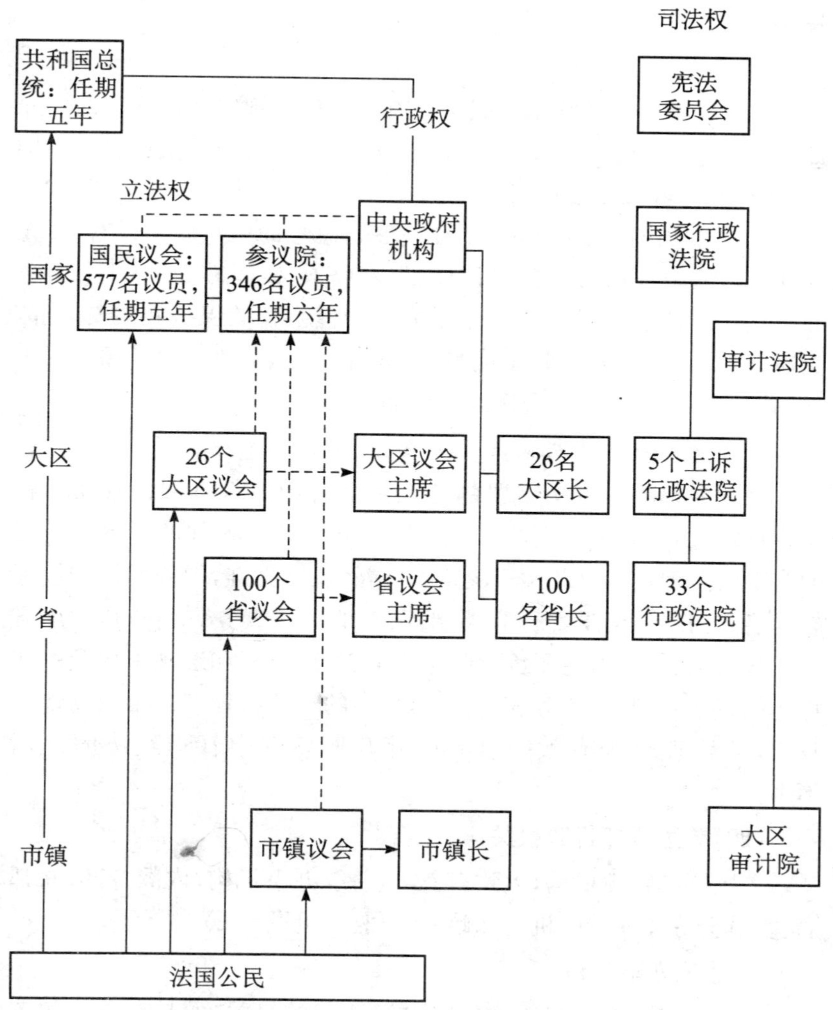

图 2.1 法国政治体制与行政组织

资料来源：欧洲委员会编：《地方与地区民主的结构和运行：法国》，欧洲委员会出版社 1998 年法文版，第 11 页；《法兰西第五共和国宪法修正案》。

作,筹备内阁会议等。并设联邦总理府国务部长、传媒和文化国务部长、联邦情报事务专员、新州事务专员等。

2. 联邦政府各部

基本法和其他法律未对联邦政府各部作出规定。由联邦政府总理根据基本法授予的组织权,按需设立,不需经议会立法或批准。因此,各届政府各部不尽相同。

截至 2009 年 11 月,由默克尔任联邦总理的联邦政府设有 14 个部:财政部,内政部,外交部,国防部,经济技术部,劳工与社会事务部,司法部,粮食、农业与消费者保护部,环境、自然保护和核安全部,交通、建筑、城市事务部,家庭事务、老年公民、妇女与青年部,卫生部,教育与研究部,经济合作与发展部。[①]

3. 德国联邦政府机构设置的特点

德国联邦政府机构设置的特点主要有:其一,机构设置非常精干,一些部的管理范围十分广泛;其二,联邦政府各部的设置和数量的多少由总理根据财政预算决定,不需经议会批准,但部的机构设置较为稳定;其三,由于实行联邦制,联邦的具体事务可委托州和地方政府执行,联邦政府主要负责制定政策、法律监督和宏观指导及一些特定的直接管理(如税务、海关等),大量的行政管理权交给州与地方政府,使管理更为有效;其四,联邦政府各部中管理经济的部门不多。[②]

(四)美国联邦行政机关

美国联邦行政机构,大致有三类:总统办事机构;内阁各部;联邦局、委员会等独立行政机构和政府公司。(见图 2.2)

1. 总统办事机构

总统办事机构,不是一个法定的、统一的机关,而是对总统的若

① http://www.bundesregierung.de/Webs/Breg/EN/Federal-Government/Ministries /ministries.html

② 张正钊、韩大元:《比较行政法》中国人民大学出版社 1998 年版,第 164 页。

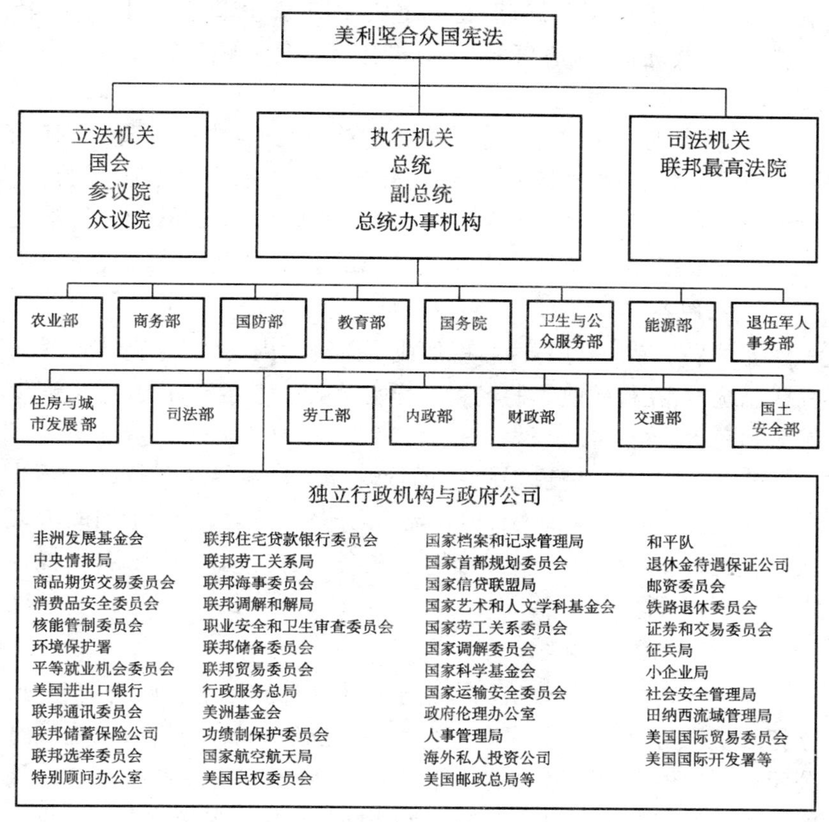

图 2.2　美国联邦政治体制与行政组织

资料来源：http://bensguide.gpo.gov/files/gov_chart.pdf。

干参谋机构和办事机构的统称，它们相互之间是独立的。其主要职责是协助总统履行职责，帮助总统获得信息，致力于研究和解决国内外的重要问题，提出可供考虑的方案。总统办事机构的设立，使总统能够摆脱繁杂的日常事务，加强对行政部门的控制和管理。

总统办事机构主要有两类：一是白宫办公厅。它是总统办事机构的核心，也是整个联邦行政机构的中枢，负责处理总统的日常事务，与国会和其他行政机构、社会组织进行联系、磋商，拟订有关政策。白宫办公厅设总统顾问，正副主任，国家安全事务助理，内政、新闻秘书，公共联络、立法事务、政府事务等助理和顾问官员。二是委员会、局和办公室。

目前，奥巴马任总统的总统办事机构，除白宫办公厅外，还有经济顾问委员会、环境质量委员会、政策发展委员会、国家安全委员会、行政办公室、行政管理和预算局、国家毒品管制政策办公室、科学技术政策办公室、美国贸易代表办公室、副总统办公室。①

2. 内阁各部

美国从华盛顿政府开始，就形成了总统的内阁，富兰克林·罗斯福任总统时，在行政改革的名义下开始设立总统办事机构，后又逐步扩大和完备。

美国《宪法》没有直接规定内阁这一机构，按照惯例和《宪法》的间接规定，内阁一般由总统、副总统和内阁各部部长及若干内阁级官员组成。内阁机构成员一般不固定，由各届政府的总统决定。目前，内阁有 15 个部。

3. 独立行政机构与政府公司

在美国，有一些行政机构独立于总统，称为“独立行政机构”。独立行政机构与政府公司，主要有两类：一是联邦局、委员会；二是政府公司。它们根据国会通过的法律成立，主要处理内阁各部事务以外的事务。除了执行事务外，有的机构还依法拥有制定规则、裁决等权。

4. 美国联邦政府机构设置的特点

美国的机构分类标准与我国不同，不应简单类比。② 美国联邦政府机构设置的特点，主要有：其一，联邦政府机构庞大，但内阁部门精干，只有十几个，综合性强，大量的事务由独立行政机构承担；其二，内阁各部和独立行政机构的事务比较具体，大多在州与地方设有分

---

① http://bensguide.gpo.gov/files/gov_chart.pdf

② 于安：《国际视野中的大部门设置》，《瞭望新闻周刊》2008 年第 9 期。

支机构，负责执行联邦的事务；其三，美国行政法重在行政程序，对行政组织专门的直接规范不多。[①]

(五)日本中央政府的机构设置

1. 内阁辅佐机构

(1)内阁官房。以内阁官房长官为领导的内阁官房直属于内阁，是日本总理大臣的辅佐机构(相当于办公厅)。根据日本《内阁法》第十二条，内阁官房负责：内阁会议事项的整理和内阁的日常工作；综合调整内阁会议的重要事项和保持行政各部门的政策统一；掌管收集、调查内阁制定重要政策的情报工作。

(2)内阁法制局。负责的事项有：对政府提出的法案、政令的审查立案，并审查条约；向内阁、内阁总理大臣和各省大臣陈述法律性意见以及调查研究等。内阁法制局可就政府提出的法律、政令案进行实质性的审查(预备审查)，并提出有关法律问题的意见和拟定政府统一的见解等，在法律立案过程和政策实施过程中起重要作用。

(3)人事院。掌管的事项有：改善工资待遇及其他工作条件，改善人事行政；在职务晋升、考核、任免、职员职务身份上的变动和惩戒等方面，确保和保护国家公务员在人事行政中的公正待遇及其利益；除有调查、传唤证人、要求他人提供文件、提出改善人事行政或有关待遇的劝告等行政权限外，还有制定人事院规则、发布人事院指令等准立法权限，以及就针对违反职员所作的不利益处分进行审查等准司法权限，同时享有预算上的特权。

2. 内阁统辖下的行政组织

根据《国家行政组织法》第三条，作为行政组织依法设置的国家行政机构主要有府、省、委员会和厅。(见图 2.3)

(1)府和省。府和省是日本的基本国家行政组织，是作为内阁领导下的负责行政事务的机关而设置的。

经过 2001 年 1 月改革和 2007 年 1 月改革后，日本现有的行政

① 张正钊、韩大元：《比较行政法》，中国人民大学出版社 1998 年版，第 166～167 页。

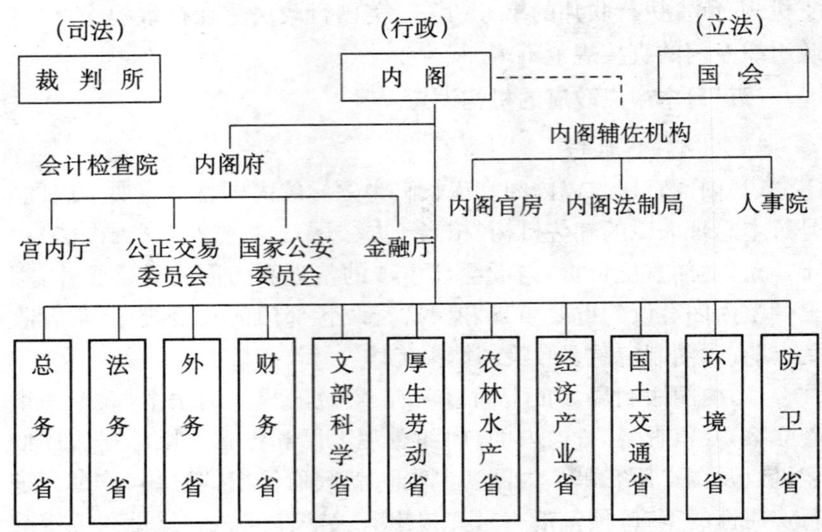

图 2.3　日本中央政府组织

资料来源:日本中央政府网站:http://www. kantei. go. jp/jp/link/server_j. html

省是:总务省、法务省、外务省、财务省、文部科学省、厚生劳动省、农林水产省、经济产业省、国土交通省、环境省和防卫省;府即内阁府,其所属机构是:宫内厅、公正交易委员会、国家公安委员会和金融厅。①

内阁府长官为内阁总理大臣,各省长官为各省大臣,各省大臣作为主管大臣,享有一般性权限,如统管其机关事务、监督职员工作、就主管行政事务请求内阁会议制定或改废有关法律政令、就有关行政事务制定有关内阁府令和省令、就主管行政事务发布告示、训令或通知以及在其主管事务范围内对地方公共团体长官进行的国家行政事务行使指挥监督权等;此外,还享有行政作用法授予的个别权限。

在府和厅,为执行其掌管事务,设置官房及局作为府和厅的内部部局;在官房及局内,如有必要还可设置部。

---

① http://www. kantei. go. jp/jp/link/server_j. html

在各省，设有政务次官和事务次官。在内阁府和各省，如有特别必要时，可设置“总括其掌管的部分事项之职”（“总括整理”职）。

(2)委员会和厅（外局）

根据《国家行政组织法》第三条，在府或省，可以设置委员会和厅，作为外局（相对于府和省的内局而言）。如有特别必要时，在法律规定大臣担任其长官的委员会和厅内，也可设置委员会和厅。

委员会（或行政委员会）是合议制行政机关，其长官为委员长，有的由大臣担任（如国家公安委员会）。委员会（或行政委员会）的设置，目的在于确保中立性（如总务省设置的中央选举管理会），或为调整利害关系（如总务省设置的公害等调整委员会），或要求审慎履行程序（如公正交易委员会、人事院）。委员会设在内阁和各省大臣的所辖之下，原则上独立行使其职权，不受上级机关指挥和监督，委员会除行政权外，还享有准司法权和准立法权（规则制定权）。委员会依其事务的性质，由具有专门知识者、国民各界代表和政治中立者等组成。

如根据修订后的《地方自治法》，在总务省内设立了一个新的机构——国家地方争讼处理委员会。当中央与地方公共团体之间发生争讼时，国家地方争讼处理委员会站在公平、中立的立场上对争讼进行调查、调停等。①

厅对大量的固定事务（国税厅、社会保险厅、特许厅）、审判事务（海难审判厅）、业务性事务（林野厅、气象厅、公安调查厅、海上保安厅）等不宜在本省内部局处理的事务，在某种程度上依其职务性质，可以独立处理。各厅设于府、省大臣的统辖之下，但其中，有的厅实际上具有相当于省的作用，因此，由大臣担任其长官。厅的内部组织几乎与府、省相同。

根据《国家行政组织法》、《国家公务员法》和《警察法》，外局长官被授予统揽事务和统督职员的工作，请求主管大臣制定内阁府令、省

---

① 〔日〕财团法人自治体国际化协会编：《日本的地方制度》2006 年版，第 7 页。

令，制定规则及其他特别命令，发布告示、训令、通知等一般性权限。此外，还享有行政处分、调停、裁定、审判等权限。

外局的内部组织基本上与府、省的内部组织相同。

(3)附属机关

一是审议会等“合议制机关”。根据《国家行政组织法》第八条，在法律规定的事务管辖范围内，府、省、委员会、厅，为妥当处理事务，可以设置合议制机关，以便调查审议有关重要事项、行政不服审查事项及其他适宜由有学识经验者通过合议处理的事务。如内阁府设置的国民生活审议会、税制调查会等；许多省、厅设置的独立行政法人评价委员会、环境省根据《环境基本法》设置的中央环境审议会、经济产业省根据《中小企业基本法》设置的中小企业政策审议会等。

二是设施等机关。根据《国家行政组织法》第八条，在法律规定的事务管辖范围内，依法律或法令的规定，可在府、省、委员会、厅内设置试验研究机关、检查鉴定机关、文教研修设施、医疗康复设施、矫正收容设施及作业设施。如外务省研修所、文部科学省国立教育政策研究所等。

三是特别机关。根据《国家行政组织法》第八条，府、省、委员会、厅，在“特别必要时”，除设置上述“审议会等合议制机关”和“设施等机关”外，还可在“法律规定的事务管辖范围内，依法设置特别机关”。如法务省根据《检察厅法》和《法务省法》设置的最高检察厅、高等检察厅、地方检察厅和区检察厅等。

(4)地方支部分局(中央政府部门派出机关)

根据《国家行政组织法》第九条，府、省、委员会、厅，可在其管辖的区域内，设置地方支部分局，作为中央在地方的行政机关，以分管其事务。但根据《地方自治法》，中央在地方设置行政机关需要得到国会的承认，且其设置、运行费用由国家负担。

许多省、厅在地方设置了派出机构(支部分局)，如法务省在全国若干城市设有 8 个法务局、42 个地方法务局；财务省在北海道等地方设有 11 个财务局(部)；农林水产省在地方设有 7 个地方农政局；经济产业省在地方设有 9 个经济产业局等。[①]

3. 日本中央政府机构设置的特点

日本中央政府机构设置的特点，主要有：其一，适应国家经济发展的需要，政府较广泛地干预经济事务，具有经济职能的行政机构较多，但内阁部门比较精干，并有严格的规定；其二，实现国家机构设置的法定化，按《宪法》原则制定了《内阁法》、《国家行政组织法》、《各省厅设置法》和《会计检查院法》；其三，适应社会发展需要，适时调整行政机构的设置和职能，改革国家行政组织，使之更加合理；其四，中央设置总务省（原为自治省），对地方进行宏观指导；大多数省厅在地方设置派出机构和人员，处理中央部门在地方的事务。[②]

第二节　国务院

一、国务院的性质和地位

（一）国务院的性质和地位的演变和发展

新中国成立初期，根据 1949 年 9 月 27 日全国政协第一届全体会议通过的《中央人民政府组织法》，由当时行使国家政权的最高机关中央人民政府委员会组织的政务院，是国家政务的最高执行机关。政务院对中央人民政府委员会负责，并报告工作。在中央人民政府委员会休会期间，对中央人民政府主席负责，并报告工作。1954 年《宪法》取消政务院，设立国务院，并规定，国务院即中央人民政府，是最高国家权力机关的执行机关，是最高国家行政机关。

（二）国务院的性质和地位的现行《宪法》表述

1982 年《宪法》的规定与 1954 年《宪法》的规定完全一致："中华人民共和国国务院，即中央人民政府，是最高国家权力机关的执行机

① http://www.kantei.go.jp/jp/link/server_j.html

② 张正钊、韩大元：《比较行政法》，中国人民大学出版社 1998 年版，第 162～163 页。

关，是最高国家行政机关”；“国务院对全国人民代表大会负责并报告工作；在全国人民代表大会闭会期间，对全国人民代表大会常务委员会负责并报告工作”。从而明确了国务院的性质和国务院在国家机构体系中的地位。

(1)国务院即中央人民政府，是相对于地方各级人民政府而言的。作为一个统一的多民族国家，与联邦制国家中联邦与各联邦主体的关系不同，我国的国家整体与部分的关系是中央与地方的关系。在全国，中央人民政府只有一个，即国务院才是中央人民政府，它对外以中国政府名义进行活动，对内则同地方各级人民政府组成国家行政机关体系。

(2)国务院是最高国家权力机关的执行机关，即国务院是最高国家权力机关全国人民代表大会及其常设机关全国人大常委会的执行机关。作为最高国家权力机关的执行机关，国务院不能违反最高国家权力机关制定的法律、通过的决议去处理国家行政事务，也不能行使《宪法》和法律未作规定或授予的职权。

(3)国务院是最高国家行政机关，表明国务院除了具有最高国家权力机关执行机关的性质外，还具有行政机关的性质以及国务院在国家行政机关体系中的最高地位。①

---

① 对政务院到国务院的变化，有不同意见。大多数人如董必武《中华人民共和国中央人民政府组织法草拟的经过及其基本内容》中所说的那样，认为政务院是国家政务的最高执行机关，也是“最高行政机关”。但有的意见认为，中国从1949年到1954年9月间，是在广义上使用“政府”一词。当时的中央人民政府是指对外代表中华人民共和国、对内领导国家政权的中央人民政府委员会，以及由它组织并从属于它的四大机构（政务院、人民革命军事委员会、最高人民法院和最高人民检察署），政务院只是中央人民政府的一个机关，不能等同于中央人民政府。1954年设国务院后才开始从狭义上使用“政府”的概念。参见浦兴祖：《中华人民共和国政治制度》，上海人民出版社1999年版，第344～345页。还有人认为，中央人民政府委员会“既是最高国家权力机构，又是最高国家行政机构”。在中央人民政府委员会之下设置政务院，“是一种两层制的中央政府体制”，而国务院是最高国家权力机关的执行机关，是最高国家行政机关，“这是一种一层制的中央政府体制”。参见黄寒冰：《政务院与国务院》，《中国机构》1999年第2期。笔者倾向于第一种观点。

二、国务院的组成和职权

（一）中央人民政府的组成

中央人民政府的组成经历了变化的过程。

新中国成立初期，国家政务的最高执行机关政务院由中央人民政府委员会任命总理1人、副总理若干人、秘书长和政务委员若干人组成。政务委员得兼任各委员会的主任委员和各部部长。

1954年《宪法》取消了政务委员，规定国务院由总理、副总理若干人、各部部长、各委员会主任和秘书长组成。与新中国成立初期政务院的组成人员比较可见，除不设政务委员外，还把各部部长和各委员会主任也列为国务院组成人员。1975年《宪法》和1978年《宪法》取消了秘书长一职，国务院组成人员不再包括秘书长。

1982年3月8日五届全国人大常委会第二十二次会议通过的《关于国务院机构改革问题的决议》和1982年《宪法》规定增设国务委员，1982年《宪法》并恢复了1954年《宪法》中关于秘书长作为国务院组成人员的规定，还增设了审计长一职。

根据《宪法》、《国务院组织法》和《国务院工作规则》，国务院由总理、副总理若干人、国务委员若干人、各部部长、各委员会主任、审计长、中国人民银行行长和秘书长组成。国务院总理的人选由国家主席提名，全国人民代表大会决定，国家主席任免；国务院副总理、国务委员、各部部长、各委员会主任、审计长、秘书长的人选，由国务院总理提名，全国人民代表大会决定，国家主席任免；在全国人民代表大会闭会期间，根据国务院总理提名，全国人大常委会决定，国家主席可任免部长、委员会主任、审计长、秘书长。国务委员的职位相当于国务院副总理级，是国务院常务会议组成人员。国务委员受总理委托，负责某些方面的工作或专项任务，并且可以代表国务院进行外事活动。国务院秘书长在总理的领导下，负责处理国务院的日常工作。

国务院每届任期与全国人民代表大会每届任期相同，为五年。总理、副总理、国务委员连续任职不得超过两届。

(二)中央人民政府的职权

根据现行《宪法》,国务院的职权共18项,包括《宪法》列举的17项职权以及全国人大及其常委会授予的其他职权。

《宪法》列举规定的国务院职权有:

1. 行政法规或行政措施制定权

国务院有权根据《宪法》和法律,规定行政措施,制定行政法规,发布决定和命令。

《立法法》第五十六条规定了国务院制定行政法规的范围,即,"(一)为执行法律的规定需要制定行政法规的事项;(二)《宪法》第八十九条规定的国务院行政管理职权的事项"。行政法规常用的名称有,条例、规定、办法、暂行条例、暂行规定等。

2. 提出议案权

国务院有权向全国人民代表大会或全国人大常委会提出议案,包括法律案和其他议案。关于法律案,根据《立法法》第十二条、第二十四条,国务院可以向全国人民代表大会提出法律案,由主席团决定列入会议议程;国务院可以向常务委员会提出法律案,由委员长会议决定列入常务委员会会议议程,或者先交有关的专门委员会审议、提出报告,再决定列入常务委员会会议议程。关于其他议案,如1992年3月16日国务院《关于提请审议兴建长江三峡工程的议案》。

3. 全国性行政工作的组织领导权

国务院有权规定各部和各委员会的任务和职责,统一领导各部和各委员会的工作,并且领导不属于各部和各委员会的全国性的行政工作;统一领导全国地方各级国家行政机关的工作,规定中央和省、自治区、直辖市的国家行政机关的职权的具体划分;编制和执行国民经济和社会发展计划和国家预算;批准省、自治区、直辖市的区域划分,批准自治州、县、自治县、市的建置和区域划分;决定省、自治区、直辖市的范围内部分地区进入紧急状态;审定行政机构的编制,依照法律规定任免、培训、考核和奖惩行政人员。

4. 各行业、各部门行政工作的领导和管理权

国务院有权领导和管理经济、城乡建设、教育、科学、文化、卫生、体育、计划生育、民政、公安、司法行政、监察、对外事务、国防建设事业和民族事务等工作。

5. 正当和合法权益保护权

国务院保障少数民族的平等权利和民族自治地方的自治权利，保护华侨的正当权利和利益，保护归侨和侨眷的合法权利和利益。

6. 对国务院行政机构或其他行政机关的监督权

国务院有权改变或撤销各部、各委员会发布的不适当的命令、指示和规章，有权改变或撤销地方各级国家行政机关的不适当的决定和命令。

全国人大及其常委会授予国务院的其他职权，如1981年6月10日五届全国人大常委会第十九次会议通过的《关于加强法律解释工作的决议》中的授权等。

另外，根据《立法法》第九条的规定，应当制定法律的事项尚未制定法律的，全国人大及其常委会有权作出决定，授权国务院可以根据实际需要，对其中的部分事项先制定行政法规，但是有关犯罪和刑罚、对公民政治权利的剥夺和限制人身自由的强制措施和处罚、司法制度等事项除外。

三、国务院的领导体制和会议制度

（一）国务院领导体制

1. 国务院领导体制的变化

国务院的领导体制经历了一个变化的过程。新中国成立初期的政务院从总体上看，属于集体讨论决定和集体负责的领导体制，但政务院也略具首长制的因素，如政务院总理主持政务院全院事宜，副总理和秘书长协助总理执行职务；总理负责召集政务会议，单独签署或由总理签署并由有关各委员会、部、会、院、署、行的负责人副署有关

决议和命令。

按照1954年《宪法》和《国务院组织法》，国务院也实行集体讨论和决定、集体负责的领导体制，如国务院组成人员包括总理、副总理、各部部长、各委员会主任、秘书长。但国务院带有较多首长制的因素，如《宪法》规定总理领导国务院的工作，副总理协助总理工作，总理主持国务院会议；由国务院总理提名副总理、各部部长、各委员会主任和秘书长的人选等。1975年《宪法》规定全国人大根据中共中央的提议任免国务院总理和国务院组成人员，未对国务院领导体制作出规定。1978年《宪法》恢复了1954年《宪法》的有关规定，如总理主持国务院工作，副总理协助总理工作等，但实际上主要实行集体负责制。

1982年修改《宪法》时，彭真在代表《宪法》修改委员会所作的报告中认为，国务院实行总理负责制，体现了这样的精神：人民代表机关制定法律、决定重大问题时，必须充分讨论、民主决定；而在它们的贯彻执行上，必须实行严格的责任制，以求提高工作效率。因此，1982年《宪法》和《国务院组织法》都规定："国务院实行总理负责制"，明确了国务院的领导体制是个人负责制而非集体负责制。2003年及其后的《国务院工作规则》对总理负责制的有关内容也作了规定。

总理负责制表现为：(1)国务院其他组成人员的人选，由总理提名，全国人大决定；在全国人大闭会期间，由全国人大常委会决定(副总理和国务委员除外)，国家主席任命。(2)国务院各部、各委员会的设立、撤销或合并，经总理提出，由全国人大决定；在全国人大闭会期间，由全国人大常委会决定。(3)总理领导国务院的工作，副总理、国务委员协助总理工作。(4)国务院工作中的重大问题，要经过全体会议或常务会议讨论决定，但总理起决定性作用。[①] (5)总理召集和主

① 有学者认为，这里的"决定"与1954年《国务院组织法》规定的"国务院发布的决议和命令，必须经国务院全体会议或者常务会议通过"不同：前者是在讨论基础上，由总理听取各方面意见后，作最后的决定；后者必须经过表决，按少数服从多数原则决定。参见肖蔚云：《我国现行宪法的诞生》，北京大学出版社1986年版。实践中，国务院全体会议或常务会议没有法定人数的要求，也从一个侧面说明了这一点。

持全体会议和常务会议，会议纪要由总理签发。(6)国务院发布的决定、命令和行政法规，向全国人大或全国人大常委会提出的议案，任免人员，由总理签署。

2. 国务院总理负责制的意义和特征

《宪法》和《国务院组织法》确立总理负责制，具有重要意义：(1)国务院总理的人选由国家主席提名，经全国人大决定，国家主席任命。基于国家主席的特殊地位，国家主席的提名和任命程序，意味着总理受命于国家组织中央人民政府，并承担总理国家行政事务的职责。实行国务院总理负责制，符合国家体制。[①] (2)国务院肩负组织实施改革开放和现代化建设事业的重大任务，统一领导着全国性的行政工作及各部、各委员会和地方各级人民政府的工作，全面领导和管理着国家的经济、财政、教育、科学、文化、卫生、体育、计划生育、民政、公安、外交、城乡建设、民族事务等工作，在客观形势瞬息万变、改革开放和现代化建设事业不断发展、对内对外事务纷繁复杂的情况下，如果不是明确个人的权责，加强总理的权威，在民主基础上强调高度集中，国务院将不可能全面履行政府职能，完成艰巨的任务。

但国务院总理负责制，又是建立在发挥集体作用基础之上的，其主要特征是：(1)从国务院组成看，国务院由总理、副总理、国务委员、各部部长、各委员会主任、人民银行行长、审计长和秘书长集体组成；(2)从总理与副总理、国务委员的工作职责关系上看，副总理、国务委员按分工负责处理分管工作，受总理委托，负责其他方面的工作或专项任务，并且可代表国务院进行外事活动；(3)从工作方式上看，决定国务院工作中的重大问题，要经国务院全体会议或常务会议集体议事、充分讨论；(4)从国务院的责任看，是国务院而不是总理个人对全国人大及其常委会负责并报告工作，全国人大有权罢免总理，也有权罢免国务院其他成员，即副总理、国务委员、各部部长、各委员会主任、人民银行行长、审计长、秘书长；(5)从国务院对地方政府的关系

① 许崇德：《国务院的组织》，《中国法制报》1983年2月4日。

看，国务院统一领导全国地方各级国家行政机关的工作，地方各级人民政府都服从国务院。

（二）国务院会议制度

国务院会议大致分为国务院内部会议和全国性工作会议两类。这里的会议制度主要是指前者。

1. 国务院会议制度的发展

新中国成立初期的政务院从总体上看，主要通过召开政务会议形式行使职权，开展领导工作（政务会议每周举行一次；总理根据需要或有 1/3 以上的政务委员的请求，得提前或延期召开会议）。1954 年《宪法》规定“总理主持国务院会议”，未就国务院会议的具体形式作出规定。根据 1954 年《国务院组织法》，国务院会议分为全体会议和常务会议。全体会议由总理、副总理、各部部长、各委员会主任、秘书长组成，每月举行一次，必要时由总理临时召集；常务会议由总理、副总理、秘书长组成。国务院发布的决议和命令，必须经全体会议或常务会议通过。1975 年《宪法》和 1978 年《宪法》未对国务院会议形式作任何规定。

根据 1982 年《宪法》和《国务院组织法》，总理、副总理、国务委员、秘书长组成国务院常务会议；总理召集和主持常务会议和全体会议；全体会议由国务院全体成员组成；国务院工作中的重大问题，必须经国务院常务会议或全体会议讨论决定。

2003 年 3 月 21 日，十届全国人大一次会议产生的国务院召开的第一次全体会议，通过了《国务院工作规则》。该规则对包括会议制度在内的国务院工作的有关事项作了规范。其中规定，国民经济和社会发展计划及国家预算，宏观调控和改革开放的重大政策措施，国家和社会管理重要事务、法律议案和行政法规等，由国务院全体会议或常务会议讨论和决定。

2. 国务院会议制度的意义

在总理负责制下，辅之以国务院常务会议或全体会议的形式，其意义在于：(1)从性质上看，国务院不仅是最高国家权力机关的执行机关，而且是最高国家行政机关。为了保证国务院重大决策的科学化，要实行一定形式的合议制民主程序，而国务院全体会议和常务会议制度，有助于集思广益，形成正确的决策。(2)国务院作为中央人民政府，要贯彻国家机构实行的民主集中制，国务院工作中的重大问题经全体会议或常务会议讨论决定，是发挥集体作用的重要形式。(3)国务院常务会议是国务院行使职权的重要方式。如《关于国务院机构改革问题的报告》中指出的：为了“加强集中统一领导，提高工作效率，由国务院总理、副总理、国务委员和秘书长组成国务院常务会议。国务院常务会议是国务院的日常领导工作机构，在总理主持下，负责对国务院职权范围内的各项重要工作进行领导和决策”。①

3. 国务院全体会议

国务院全体会议由国务院全体成员，即总理、副总理、国务委员、各部部长、各委员会主任、人民银行行长、审计长、秘书长组成，由总理召集和主持。其主要任务是：(1)讨论决定国务院工作中的重大事项；(2)部署国务院的重要工作。② 全体会议一般每半年召开一次。根据需要可安排有关部门、单位负责人列席会议。

从 2003 年 3 月 18 日温家宝任总理的国务院组成到 2009 年 11 月底，国务院共召开了 14 次全体会议。全体会议的召开时间，根据需要而定，“一般每半年召开一次”不一定意味着上、下半年各开一次，也没有硬性要求每年召开两次。③ 已形成惯例的是：(1)第一次全体会议，主要讨论领导人员分工、机构设置等重大事项；(2)每年一月一般要召开全体会议，讨论即将提请全国人大会议审议的《政府工作报告(征求意见稿)》。

---

① 《关于国务院机构改革问题的报告》(1982 年 3 月 8 日五届全国人大常委会第二十二次会议上)，《人民日报》1982 年 3 月 9 日。

② 按照原先的《国务院工作规则》，全体会议还要“通报国内外形势”，2008 年新的《国务院工作规则》不再规定。

③ 有的年份如 2003 年，两次会议都在上半年召开(因为突如其来的“非典”)；有的年份如 2005 年，上半年就开了三次(主要是因为董建华的请辞而引发香港特别行政区行政长官的变动)；2006 年和 2008 年都只召开了一次全体会议。

4. 国务院常务会议

国务院常务会议由总理、副总理、国务委员、秘书长组成，由总理召集和主持。其主要任务是：(1)讨论决定国务院工作中的重要事项；(2)讨论法律草案、审议行政法规草案；(3)通报和讨论其他重要事项。常务会议一般每周召开一次。根据需要可安排有关部门、单位负责人列席会议。另外，按照《国务院行政机构设置和编制管理条例》，国务院组成部门的设立、撤销或合并的方案，在由国务院总理提请全国人大或其常委会决定前，要经常务会议讨论通过。

从 2008 年 3 月 21 日到 2009 年 11 月底，本届国务院共召开了 87 次常务会议，议题主要涉及国家发展、改革、稳定和政府自身建设等方面的重要问题，反映出国务院把全面履行政府职能，特别是促进经济社会发展、改善宏观调控、做好公共服务、关注民生、应对突发事件等列入国务院工作的重要议程。这也表明，为了履行《宪法》赋予的各种职权，通过定期召开常务会议讨论决定工作中的重要问题，已成为国务院行使职权的重要方式。

统计资料显示，从 2003 年 3 月 19 日到 2008 年 2 月 29 日的 60 个月内，平均每个月召开常务会议 3.2 次，表明随着国务院职能的全面履行，需要提请常务会议讨论决定的国务院工作中的重要问题日益增多，因此，2008 年 3 月 21 日，十一届全国人大一次会议产生的国务院召开的第一次全体会议通过的《国务院工作规则》，将原先的“一般每月召开三次”，改为“一般每周召开一次”，并取消“如有需要可临时召开”的规定。

国务院常务会议的召开，也根据需要而定，“一般每周召开一次”不一定意味着每周必须召开一次，如有特殊情况也可不召开。[①] 已形成惯例的是：(1)常务会议实行例会制，一般在周三召开；(2)会议讨论、研究的其他事项的具体内容当时一般不公布。

---

① 如 2008 年 5 月就没有每周召开(因为突如其来的汶川等地的大地震)；有时甚至一天开了两次(2008 年下半年有时连续召开，主要是为了落实中央关于扩大内需、促进经济平稳较快增长的决策部署)。

国务院常务会议与全体会议相比，主要有如下区别：(1)组成人员不同。各部部长、各委员会主任、中国人民银行行长、审计长不参加常务会议；(2)主要任务不同。常务会议讨论决定的是国务院工作中的“重要事项”而不是全体会议的“重大事项”；(3)会议频率不同。常务会议一般每周召开一次，全体会议一般每半年召开一次。

5. 国务院其他会议形式

在法定的全体会议和常务会议外，国务院也曾不定期召开过总理办公会议，研究、处理一些与国计民生有关的重大决策，如青藏铁路建设方案等。但2003年3月后，国务院再没有采取总理办公会议的形式。从严格法律意义上看，取消国务院总理办公会议能更好符合《宪法》的规定和依法行政的要求。[①]

另外，还有国务院专题会议、国务院与党中央一起召开的会议，如2009年2月5日国务院召开专题会议，对农业抗旱保苗及森林草原防火等工作作出进一步安排部署；2008年6月13日，中共中央、国务院召开的省区市和中央部门主要负责同志会议(提出做好抗震救灾和恢复重建、推动经济社会又好又快发展、筹办奥运会等工作的总体要求和主要任务)。但这些会议主要不是讨论决定重大问题而是对外部署全国性的工作。

(三)健全国务院领导体制和会议制度的相关程序和规则

为了保证在民主讨论基础上国务院决策的科学化，应健全国务院领导体制和会议制度的相关程序和规则，并进一步依法规范相关制度。

1. 健全国务院决策的研究、咨询机制

为提高国务院决策的科学化水平，对国务院研究决定的重大问

---

① 有意见认为，总理办公会议只是加强沟通的碰头会，长期以来，形成法外的另一种决策形式，实际上是不符合《宪法》和《国务院组织法》的，因为总理办公会议不具备法律上的决策功能。由于会议不定期召开，参加人员不固定，议题也具有一定的随意性，作出的决策难免出现随意性、盲目性。因此，取消总理办公会议，有利于淡化决策的人治色彩。参见郭高中：《解读取消总理办公会议》，《瞭望东方周刊》2004年第8期。

题，应经过深入调查研究，并经专家或专门研究、咨询机构等进行必要性、可行性和合法性论证。必要时，国务院可以直接听取专家或专门机构的咨询意见，并分析、采纳正确的意见，充分发挥专家或专门机构在国务院决策中的参谋、咨询作用。

为协助政府首脑进行决策，许多国家都建立了决策研究、咨询机制，如美国总统的办事机构、英国内阁办公厅下设的内阁秘书处和各种委员会、分委员会和专责小组，不仅是办事机构，也具有重要的决策研究、咨询功能。在日本，根据《国家行政组织法》，在法律规定的事务管辖范围内，内阁府为妥当处理事务，可设置合议制机关，以便调查审议有关重要事项及适宜由有学识经验者通过合议处理的事务。在我国香港、澳门特别行政区，设行政会（议）协助行政长官决策，除人事任免、纪律制裁和紧急情况下采取的措施外，行政长官在作出重要决策、向立法会提交法案、制定附属法规和解散立法会前，须征询行政会（议）的意见。这些国家或地区的做法值得借鉴。①

2. 整合国务院有关机构、单位的研究、咨询职责

根据“三定规定”，国务院有些机构、单位被赋予为国务院决策提供建议和咨询的职责。

如国务院办公厅“研究国务院各部门和省级人民政府请示国务院的事项，提出审核意见，报国务院领导同志审批”；财政部“分析预测宏观经济形势，提出运用财税政策实施宏观调控和综合平衡社会财力的建议”；国务院研究室“对改革开放和经济与社会发展中的重要课题进行调查研究，提出政策性建议”，“对全国经济形势跟踪研究，为国务院决策提供建议和咨询”；国务院发展研究中心“研究国民经济、社会发展和改革开放中的全局性、综合性、战略性、长期性问题，为国务院提供政策建议和咨询意见”；国家行政学院“围绕政府工作中的重大问题开展科学研究，向国务院提出政策咨询意见和建

① 实际上，国务院十分注意直接听取专家或专门机构的咨询意见，如 2008 年 11 月 20 日和 25 日，国务院总理温家宝在中南海主持召开经济专家和企业界人士座谈会，听取对经济形势和宏观经济政策的看法和建议。

议”；国务院参事室“围绕党和政府的中心工作，调查研究，提出意见和建议，对重要法律法规草案及其他重要文件草案提出意见和建议”；国务院法制办“研究行政诉讼、行政复议、行政赔偿、行政处罚、行政许可、行政收费、行政执行等涉及政府行为共同规范的法律、行政法规实施以及行政执法中带有普遍性的问题，向国务院提出完善制度和解决问题的意见”等。

应整合国务院有关机构、单位的研究、咨询职责，对涉及国务院工作中重大事项的研究，做到既不重复又不遗漏，而且要分工协作，形成工作合力。

3. 健全国务院重大决策的公众参与机制

根据《宪法》，国务院是最高国家权力机关的执行机关，对全国人大及其常委会负责并报告工作，但《宪法》同时规定，人民依照法律规定，通过各种途径和形式，管理国家事务，管理经济和文化事业，管理社会事务。因此，国务院在作出重大问题的决定前，要通过多种形式，听取民主党派、人民团体、社会公众、学者、人大代表、政协委员的意见和建议；涉及重大公共利益和人民群众切身利益的，还应采取召开听证会、座谈会、公布预案等方式，向社会公开征求意见。[①] 这样做，有利于广开言路，集思广益，使社会各界更加全面地了解国务院重大决策的总体思路，形成共识，也有利于在全社会的共同努力和督促下，保证国务院有关决策的贯彻实施。

4. 完善国务院重大决策的协调配合机制

一是要科学划分、合理界定国务院与国务院各部门、与各省级地方人民政府的决策权。国务院各部门工作中涉及国务院全局的重大

---

① 实际上，国务院多次就重大问题征求各方面的意见。如国务院总理温家宝 2008 年 4 月 11 日、15 日分别主持召开深化医药卫生体制改革工作座谈会，听取医务工作者和基层群众的意见；又如，国务院总理温家宝 2008 年 9 月 10 日主持召开国务院常务会议，审议《关于深化医药卫生体制改革的意见》，决定再次向社会公开征求意见；2009 年 2 月 6 日至 13 日，国务院总理温家宝在中南海主持召开五次座谈会，征求对即将提请十一届全国人大二次会议审议的《政府工作报告》(征求意见稿)的意见。

方针、政策、计划和重大行政措施，应向国务院请示，由国务院决定或报告国务院；属于全国性和跨省（自治区、直辖市）的事务，由国务院决定；属于面向本行政区域的地方性事务，由省级政府决定；属于中央和地方的共同事务，要区别不同情况，明确各自的决策范围。

二是要健全国务院各部门之间、国务院与省级地方政府之间的协调配合机制。国务院各部门提请国务院研究决定的重大事项，涉及相关部门的，应当主动征求意见，充分协商，努力达成共识；涉及地方的，应当事先听取意见。

5. 国务院领导体制和会议制度的进一步依法规范

现行《宪法》的有关规定、《国务院组织法》和《国务院工作规则》，构成国务院领导体制和会议制度的基本规范，但《国务院组织法》实施了 27 年，有些规定需要完善，《国务院工作规则》也仅仅是国务院工作的行政性制度安排。按照十七大提出的“健全组织法制和程序规则，保证国家机关按照法定权限和程序行使权力、履行职责”的要求，应适时修改《国务院组织法》，将《国务院工作规则》中的相关内容充实进去。[①]

例如，按《国务院工作规则》的规定，“副总理、国务委员按分工负责处理分管工作，受总理委托，负责其他方面的工作或者专项任务”，这与《国务院组织法》中“国务委员受总理委托，负责某些方面的工作或者专项任务”的表述不完全相同，也可以认为是对《国务院组织法》的发展。应通过修改《国务院组织法》，进一步明确副总理、国务委员的职责区分及其与总理的工作职责关系。

另外，还要健全国务院对重大问题决策的规则，制定《国务院会

---

① 1998 年国务院机构改革时，国务院领导就提出要修改《国务院组织法》，将国务院机构设置、职能法定化。1999 年 7 月 31 日国务院第六次常务会议审议并原则通过了《国务院组织法》（修订草案）。会议决定，《国务院组织法》（修订草案）经进一步修改后提交全国人大常委会审议。但有不同意见认为，《宪法》规定国务院可以自己决定部门职权划分，如果法定化以后，国务院要改革就要改组织法。最后，《国务院组织法》（修订草案）没能提交全国人大常委会审议修改。

议规则》,对国务院会议的形式、主要任务、基本程序等作具体规定。

第三节 国务院行政机构

一、国务院行政机构的范围和分类

(一)国务院行政机构的范围

对国务院行政机构的范围,法学界主要有以下几种表述。

一种是将国务院行政机构分为国务院办公厅、组成部门、直属机构、办事机构、国务院组成部门管理的国家局、议事协调机构六类。其依据是 1997 年《国务院行政机构设置和编制管理条例》的有关规定。[①]

另一种是将国务院行政机构分为办公厅、组成部门、直属机构和办事机构四类。其依据是《宪法》和《国务院组织法》的有关规定。[②]

另外,也有将国务院直属事业单位作为国务院机构的。[③]

根据《国务院行政机构设置和编制管理条例》中的有关规定,国务院行政机构分为六类,但实际上,国务院在以后的机构改革中还设立了直属特设机构和其他机构。

(二)国务院行政机构的分类

根据不同标准,国务院行政机构从理论上可作不同分类。

1. 横向分类

根据国务院行政机构的横向结构的不同,国务院行政机构可以大致分为办公机构、组成部门、直属特设机构、直属机构、办事机构、议事协调机构和国务院其他机构。

国务院办公机构,即国务院办公厅,是国务院依《国务院组织法》的规定设立的协助国务院领导处理国务院日常工作的行政机构。

---

① 许崇德:《宪法》(第二版),中国人民大学出版社 2004 年版,第 246～247 页。

② 蒋碧昆:《宪法学》(修订版),中国政法大学出版社 1997 年版,第 322～323 页。

③ 杨海坤:《宪法学基本论》,中国人事出版社 2002 年版,第 282 页。

国务院组成部门是依法分别履行国务院基本的行政管理职能的行政机构。

国务院直属特设机构，即经国务院授权代表国家履行出资人职责的直属国务院的特设机构——国有资产监督管理委员会。

国务院直属机构是主管国务院某项专门业务、具有独立的行政管理职能的行政机构。

国务院办事机构是协助国务院总理办理专门事项、不具有独立的行政管理职能的行政机构。

国务院议事协调机构是承担跨国务院行政机构的重要业务工作的组织协调任务的行政机构。议事协调机构一般不设实体办事机构，议定事项由有关职能部门分别负责办理。

2. 纵向分类

根据与国务院行政机构纵向关系的不同，国务院行政机构可以大致分为有部门管理关系的行政机构、有业务指导关系的行政机构和有领导关系的行政机构。

有部门管理关系的行政机构，是指对主管特定业务的、行使行政管理职能的国务院行政机构（即国家局）有管理关系的国务院组成部门。

有业务指导关系的行政机构，对省级地方人民政府工作部门是业务指导关系，同时省级地方人民政府工作部门受本级人民政府领导。这类行政机构在国务院行政机构中占较大比例。

有领导关系的行政机构，又可分为双重领导关系和垂直领导关系两大类。

双重领导关系下的国务院行政机构，对省级地方人民政府工作部门是领导关系；同时，省级地方人民政府工作部门还要受本级人民政府统一领导。在双重领导关系中一般要明确以一方领导为主。这类行政机构在国务院行政机构中占较小比例。

垂直领导关系下的国务院行政机构，直接领导这类行政机构设在地方的分支机构或派出机构；省级地方政府对国务院这类行政机构设在地方的分支机构或派出机构没有管理关系，但有工作协助和法律、政策执行的监督关系。这类行政机构在国务院行政机构中也占较小比例。

二、国务院机构设置

（一）国务院行政机构设置

按照1954年《国务院组织法》的规定，国务院设立各部和各委员会、直属机构（主办各项专门业务）、办公机构（协助总理分别掌管国务院所属各部门的工作）和秘书厅（秘书长领导）。而根据现行《宪法》和《国务院组织法》以及1997年《国务院行政机构设置和编制管理条例》的规定，经过国务院机构改革，国务院共设置以下的行政机构。

1. 国务院办公厅

国务院办公厅由秘书长领导，并设副秘书长若干人，协助秘书长工作。国务院秘书长受总理领导。

2. 国务院组成部门

国务院组成部门包括：

（1）各部，如外交部、国防部、教育部、科学技术部、公安部、国家安全部、监察部、民政部、司法部、财政部等。

（2）各委员会，如国家发展和改革委员会、国家人口和计划生育委员会等。

（3）中国人民银行，是在国务院领导下，制定和执行货币政策，防范和化解金融风险，维护金融稳定的中央银行。[①]

---

① 1983年9月17日，国务院作出决定，由中国人民银行专门行使中央银行的职能，并具体规定了人民银行的10项职责。从1984年1月1日起，中国人民银行开始专门行使中央银行的职能，集中力量研究和实施全国金融的宏观决策，加强信贷总量的控制和金融机构的资金调节，以保持货币稳定。因此，1982年《宪法》和《国务院组织法》未直接规定中国人民银行属于国务院组成部门，但根据《宪法》、《中国人民银行法》和《国务院工作规则》，中国人民银行无疑属于国务院组成部门。

(4)审计署,是在国务院总理领导下主管全国审计工作的行政机构。审计长是审计署的行政长官。根据《宪法》,审计署对国务院各部门和地方各级政府的财政收支,对国家的财政金融机构和企业事业组织的财务收支,进行审计监督。审计署在总理领导下,依照法律规定独立行使审计监督权,不受其他行政机关、社会团体和个人的干涉。

根据1998年3月6日罗干在九届全国人大一次会议上作的《关于国务院机构改革方案的说明》,国务院组成部门可以分为:(1)宏观调控部门,如国家发展和改革委员会、财政部和中国人民银行;(2)专业经济管理部门,如铁道部、农业部、水利部等;(3)教育科技文化、社会保障和资源管理部门,如科学技术部、教育部和国土资源部等;(4)国家政务部门,如外交部、国防部、文化部、卫生部、国家民族事务委员会、司法部、公安部、国家安全部、民政部、监察部和审计署等。

国务院各部与各委员会都是国务院组成部门,但有以下区别:(1)组成人员不同;(2)会议规则不同;(3)主要职责不同。

国务院组成部门的设立、撤销或合并由国务院机构编制管理机关提出方案,经国务院常务会议讨论通过后,由国务院总理提请全国人民代表大会决定;在全国人民代表大会闭会期间,提请全国人大常委会决定。

3. 国务院直属特设机构

即根据2003年3月10日第十届全国人民代表大会第一次会议通过的《关于国务院机构改革方案的决定》设立的国务院国有资产监督管理委员会。国务院国有资产监督管理委员会作为国务院国有资产监督管理机构,根据国务院的授权,代表国务院对国家出资的中央企业履行出资人职责。

4. 国务院直属机构

国务院直属机构,如中华人民共和国海关总署、国家税务总局、国家安全生产监督管理总局、国家统计局等。

5. 国务院办事机构

国务院办事机构，如国务院法制办公室、国务院研究室等。

6. 国务院组成部门管理的国家局

国务院组成部门管理的国家局由国务院组成部门管理，主管特定业务，行使一定的行政管理职能。如国家粮食局、国家烟草专卖局、国家外国专家局、国家海洋局、国家测绘局、国家邮政局、国家外汇管理局等。

国务院直属机构、国务院办事机构、国务院组成部门管理的国家局的设立、撤销或合并由国务院机构编制管理机关提出方案，报国务院决定。

目前，规范国务院组成部门管理的国家局与主管部委关系的，主要有两个文件：一是《国务院关于部委管理的国家局与主管部委关系问题的通知》；[①]二是国务院行政机构的《主要职责、内设机构和人员编制规定》（“三定规定”）。如关于国家能源局与国家发展和改革委员会的有关职责关系，国务院办公厅《关于印发〈国家发展和改革委员会主要职责、内设机构和人员编制规定〉的通知》对两者关系作了

---

① 该通知的主要内容：(1)国家局是负责国家某方面工作的行政管理机关，具有相对的独立性。主管部委主要通过部长（主任）或部长（主任）召开会议的形式，对国家局工作中的重大方针政策、工作部署等事项实施管理，由主管部委部长（主任）对国务院负责。(2)国家局原则上不直接向国务院请示工作。国家局在工作中有需要请示国务院的事项，应由主管部委向国务院呈文；遇有紧急情况，国家局需直接向国务院请示时，应同时报告主管部委。(3)国家局可以根据法律和国务院的行政法规、决定、命令，在权限内拟定部门规章、指示、命令，经主管部委审议通过后，由主管部委或主管部委授权国家局对外发布（2000 年《立法法》明确部门管理的国家局无权制定或发布部门规章。参见 2001 年 3 月 5 日国务院法制办公室秘书行政司《对文化部办公厅〈关于报请解释国家文物局有无规章制定发布权的函〉的复函》）。国家局使用带国徽的印章，印章规格按国务院办公厅规定办理。(4)国务院下发的有关文件、电报直接发给国家局，国务院召开的有关会议通知国家局参加。

规定。①

7. 国务院议事协调机构

其中,有的国务院议事协调机构主要是依据法律或行政法规设立的,如国务院根据《学位条例》第七条设立的学位委员会、根据《反垄断法》第九条设立的反垄断委员会、根据《防震减灾法》第六条设立的国家抗震救灾总指挥部、根据《禁毒法》第五条设立的国家禁毒委员会、根据《进出口关税条例》第四条设立的关税税则委员会、根据《食品安全法》第六条设立的国家食品安全委员会等。

有的国务院议事协调机构仅仅是根据《国务院关于议事协调机构设置的通知》设置的,如国家科技教育领导小组、国务院妇女儿童工作委员会等。

也有个别国务院议事协调机构是根据 2008 年 3 月经全国人大审议批准的《国务院机构改革方案》设置的,如国家能源委员会。②

国务院议事协调机构一般不设实体办事机构,议定事项由有关的行政机构按各自的职责负责办理。国务院议事协调机构的设立、撤销或合并,由国务院机构编制管理机关提出方案,报国务院决定。③

另外,国务院设立了 14 个直属事业单位:新华通讯社、中国科学

① 该通知的主要内容:(1)国家能源局拟订的能源发展战略、重大规划、产业政策和提出的能源体制改革建议,由国家发展和改革委员会审定或审核后报国务院。(2)国家能源局按规定权限核准、审核国家规划内和年度计划规模内能源投资项目,其中重大项目报国家发展和改革委员会核准,或经国家发展和改革委员会审核后报国务院核准。能源的中央财政性建设资金投资,由国家能源局汇总提出安排建议,报国家发展和改革委员会审定后下达。(3)国家能源局拟订的石油战略储备规划和石油战略储备设施项目,提出的国家石油战略储备收储、动用建议,经国家发展和改革委员会审核后,报国务院审批。(4)国家能源局提出调整能源产品价格的建议,报国家发展和改革委员会审批或审核后报国务院审批;国家发展和改革委员会调整涉及能源产品的价格,应征求国家能源局意见。(5)核电自主化工作,在国家发展和改革委员会指导下,由国家能源局组织实施。

② 根据该方案,设立高层次议事协调机构国家能源委员会,加强能源管理机构,组建国家能源局。国家能源委员会办公室的工作由国家能源局承担。

③ 国务院的其他机构,如国务院新闻办公室、国务院台湾事务办公室等,与中共中央直属机构"一个机构、两块牌子"。

院、中国社会科学院、中国工程院、国务院发展研究中心、国家行政学院、中国地震局、中国气象局、中国银行业监督管理委员会、中国证券监督管理委员会、中国保险监督管理委员会、国家电力监管委员会、国家自然科学基金委员会、全国社会保障基金理事会。

(二)国务院行政机构的内设机构

国务院行政机构设立后,需要对职能进行调整的,由国务院机构编制管理机关提出方案,报国务院决定。

根据 1997 年《国务院行政机构设置和编制管理条例》,国务院办公厅、国务院组成部门、国务院直属机构、国务院办事机构在职能分解的基础上设立司、处两级内设机构;国务院组成部门管理的国家局根据工作需要可以设立司、处两级内设机构,也可以只设立处级内设机构。但实际上,国务院组成部门管理的国家局都设立了司、处两级内设机构,没有只设处级内设机构的。

国务院行政机构的司级内设机构的增设、撤销或者合并,经国务院机构编制管理机关审核方案,报国务院批准。国务院行政机构的处级内设机构的设立、撤销或者合并,由国务院行政机构根据国家有关规定决定,按年度报国务院机构编制管理机关备案。

增设国务院行政机构的司级内设机构的方案,应当包括下列事项:(1)增设机构的必要性;(2)增设机构的名称和职能;(3)与业务相近的司级内设机构职能的划分。撤销或者合并前款所列机构的方案,应当包括下列事项:(1)撤销或者合并机构的理由;(2)撤销或者合并机构后职能的消失、转移情况;(3)撤销或者合并机构后编制的调整。

(三)国务院(中央人民政府)派出机关和国务院有关部门派出机构

新中国成立初期,全国划分为东北、华北、华东、中南、西南和西北六大行政区。根据《大行政区人民政府委员会组织通则》的规定,大行政区人民政府委员会或军政委员会是各该区所辖省(市)高一级的地方政权机关,并为中央政府政务院领导地方政府的代表机关,行使领导所属各省、市、县地方政府的工作，并在政法、财经、文教、人民监察等方面设立一系列的机构。1952 年 11 月 15 日，中央人民政府委员会第十九次会议通过决定，将大行政区人民政府或军政委员会一律改为行政委员会，仅作为代表中央政府在各该地区进行领导与监督地方政府的机关，不再是一级地方政府。1954 年 6 月 19 日，中央人民政府委员会决定撤销六大区一级行政机构，同时合并部分省市，将沈阳等 11 个直辖市改为省辖市。

目前，从形式上看，国务院即中央政府在地方设立的派出机关只有两个：中央人民政府驻香港特别行政区联络办公室和中央人民政府驻澳门特别行政区联络办公室。

国务院行政机构（组成部门、直属机构、组成部门等管理的国家局）设立在地方的分支机构或派出机构，有农业部渔政渔港监督管理机构、水利部流域管理机构、财政部派驻地方的财政监察专员办事处、审计署审计特派员办事处、外交部驻特别行政区特派员公署、中国民用航空局设立的地区管理局和民航安全监督管理办公室、中国人民银行分支机构等。[①]

（四）国务院有关地方政府的部门

与英国的社区与地方政府部，法国的内政、海外事务与地方政府部、日本的总务省和美国有的州政府的政府间关系委员会不同，在我国，目前中央政府即国务院中没有设立地方政府事务的主管部门。根据《宪法》和《地方组织法》的有关规定，国务院统一领导全国地方各级国家行政机关的工作，规定中央和省、自治区、直辖市的国家行政机关的职权的具体划分；国务院主管部门依照法律和行政法规的规定，在业务上指导或领导省、自治区、直辖市人民政府的各工作部门，并有权依照法律和国务院的行政法规、决定、命令，在本部门权限

① 此外，国务院具有公共事务管理职能的事业单位，在地方也有分支机构或派出机构，如中国银行业监督管理委员会的派出机构地方银监局、中国证券监督管理委员会的派出机构地方证监局、中国保险监督管理委员会的派出机构地方保监局、国家电力监管委员会的派出机构地方电监局等。

内,发布命令、指示和规章,在全国范围内实施。因此。国务院及其主管部门是地方政府和工作部门的上级机构。

但在国务院机构中,设立了若干有关地方机构组织的部门,如中央机构编制委员会。

中央机构编制委员会是国务院领导下的负责全国行政管理体制和机构改革以及机构编制管理工作的常设议事协调机构,其办公室是中央机构编制委员会的常设正部级办事机构,在中央机构编制委员会领导下负责全国行政管理体制和机构改革以及机构编制的日常管理工作。其主要职能中,与地方政府有关的有:“研究拟定行政管理体制和机构改革的总体方案,审核国务院省级机构改革方案,指导、协调地方各级行政管理机制和机构改革以及机构编制管理工作”;“协调国务院各部门与地方政府之间的职责分工”;“审核省级政府工作部门设置、人员编制和省以下地方各级机关人员编制总额”;“监督检查各级政府行政管理体制和机构改革以及机构编制的执行情况”等。

其他机构,如民政部、国家民族事务委员会、国务院港澳事务办公室等,也有相应的处理中央与地方事务的职能。

第四节　国务院行政机构的职权和行政主体资格

一、国务院行政机构的职权的依据

国务院机构的职能权限,即国务院机构履行的职能和所应具有的权力。国务院机构职能权限的依据,指的是国务院机构取得职能权限在《宪法》或法律上的渊源形式。

实践中,国务院机构的职能权限,主要通过四种形式取得:一是《宪法》规定;二是通过法律获得;三是通过行政法规获得;四是通过中央机构编制委员会报国务院批准的《主要职责、内设机构和人员编制规定》获得。

(一)通过《宪法》规定获得职能权限

通过《宪法》获得职能权限，主要有两条。

一是《宪法》第九十条规定各部、各委员会根据法律和国务院的行政法规、决定、命令，在本部门的权限内，发布命令、指示和规章。

二是根据《宪法》第九十一条，国务院设立审计机关，对国务院各部门和地方各级政府的财政收支，对国家的财政金融机构和企业事业组织的财务收支，进行审计监督。审计机关在国务院总理领导下，依照法律规定独立行使审计监督权，不受其他行政机关、社会团体和个人的干涉。

(二)通过法律获得职能权限

有两种情况，一是通过通用法律。如根据《行政处罚法》，国务院部、委员会制定的规章可以在法律、行政法规规定的给予行政处罚的行为、种类和幅度的范围内作出具体规定。尚未制定法律、行政法规的，前款规定的国务院部、委员会制定的规章对违反行政管理秩序的行为，可以设定警告或一定数量罚款的行政处罚。

另一种情况是通过专门法律获得的。

国务院机构的大多数职能权限是通过专门法律的原则规定获得的。如 1997 年《行政监察法》第七条规定，“国务院监察机关主管全国的监察工作”。又如，根据《税收征收管理法》第五条，国务院税务主管部门主管全国税收征收管理工作。

也有少数国务院行政机构的职能权限在专门法律中作了比较具体的规定。

如根据 1995 年《中国人民银行法》的规定，中国人民银行在国务院领导下，制定和实施货币政策，对金融业实施监督管理。中国人民银行履行依法制定和执行货币政策，发行人民币、管理人民币流通，按照规定审批、监督管理金融机构，按照规定监督管理金融市场，发布有关金融监督管理和业务的命令和规章，持有、管理、经营国家外汇储备、黄金储备，经理国库，维护支付、清算系统的正常运行，负责金融业的统计、调查、分析和预测，作为国家的中央银行从事有关的国际金融活动和国务院规定的其他职责。中国人民银行为执行货币政策,可以依法从事金融业务活动。

(三)通过行政法规获得职能权限

通过行政法规对国务院行政机构授权,可以基于以下两种原因。

(1)国家的某些法律规定比较原则,使国务院机构行使职权时不便操作,于是以行政法规使之更具体化。这实质上是法律与行政法规或行政命令的双重授权。如2005年《治安管理处罚法》第七条,国务院公安部门负责全国的治安管理工作。治安案件的管辖由国务院公安部门规定。而根据2006年《公安机关组织管理条例》第三条,公安部在国务院领导下,主管全国的公安工作,是全国公安工作的领导、指挥机关。

又如,根据2008年《企业国有资产法》第十一条,国务院国有资产监督管理机构,根据国务院的授权,代表国务院对国家出资企业履行出资人职责;而根据《企业国有资产监督管理暂行条例》第十二条,国务院国有资产监督管理机构是代表国务院履行出资人职责、负责监督管理企业国有资产的直属特设机构。

(2)某些法律尚未制定,发生法律不能适应形势发展需要的情形,因此以行政法规授予国务院行政机构职能权限,以弥补法律不足。如根据2000年《电信条例》第三条,国务院信息产业主管部门依照本条例的规定对全国电信业实施监督管理。

(四)通过中央机构编制委员会报国务院批准的《主要职责、内设机构和人员编制规定》("三定规定")获得

如根据国务院办公厅2008年7月10日《关于印发环境保护部主要职责、内设机构和人员编制规定的通知》,环境保护部的主要职责是:负责建立健全环境保护基本制度;负责重大环境问题的统筹协调和监督管理;承担落实国家减排目标的责任;负责提出环境保护领域固定资产投资规模和方向、国家财政性资金安排的意见;承担从源头上预防、控制环境污染和环境破坏的责任;负责环境污染防治的监督管理;指导、协调、监督生态保护工作;负责核安全和辐射安全的监督管理;负责环境监测和信息发布;开展环境保护科技工作;开展环境保护国际合作交流；组织、指导和协调环境保护宣传教育工作；承办国务院交办的其他事项。

二、国务院及其行政机构的行政主体资格

(一)国务院的行政主体资格

国务院是最高国家权力机关的执行机关，是最高国家行政机关，不仅由《宪法》规定了其领导和管理经济、城乡建设、教育、科学、文化、卫生、体育、计划生育、民政、公安、司法行政、监察、对外事务、国防建设事业和民族事务等工作，而且有的法律还规定了国务院可以独立作出行政行为或作出裁决。

如根据《核出口管制条例》第十一条，对国家安全、社会公共利益或者外交政策有重要影响的核出口，……必要时，应当报国务院审批。而根据《行政许可法》，行政许可由具有行政许可权的行政机关在其法定职权范围内实施；国务院实施行政许可的程序，适用有关法律、行政法规的规定。因此，国务院具有行政许可权，可以作出具体行政许可行为。

国务院还有权裁决有关争议，如根据《行政复议法》第十四条的规定，对国务院部门或者省、自治区、直辖市人民政府的具体行政行为不服的，向作出该具体行政行为的省部级行政机关申请行政复议；对行政复议决定不服的，可以申请国务院最终裁决。① 又如，根据

① 根据 2001 年 5 月 14 日国务院办公厅《关于国务院行政复议案件处理程序若干问题的通知》，向国务院提出的行政复议申请，不符合法定条件，依法不应当受理的，授权国务院法制办公室依法处理；符合法定条件，依法应当受理的，授权国务院法制办公室按照下列程序办理：(1)经国务院法制办公室审查，依法应当维持省部级行政机关原行政复议决定以及认定抽象行政行为合法的，一般不再报请国务院审批，由国务院法制办公室依法办理；但是，影响重大的，应当报请国务院审批。(2)经国务院法制办公室审查，依法应当撤销、变更省部级行政机关原级行政复议决定或者认定抽象行政行为不合法的，由国务院法制办公室与有关行政机关协商。经协商达成一致意见，有关行政机关同意自行改正的，一般不再报请国务院审批；意见不一致，有关行政机关不同意改正的，由国务院法制办公室报请国务院审批。(3)对只涉及行政复议案件程序的事项，一般由国务院法制办公室依法处理；但是，涉及重大、敏感案件的程序问题，应当及时请示国务院。

1989年《行政区域边界争议处理条例》第十一条，省、自治区、直辖市之间的边界争议，由有关省、自治区、直辖市人民政府协商解决；经协商未达成协议的，双方应当将各自的解决方案并附边界线地形图，报国务院处理。国务院受理的省、自治区、直辖市之间的边界争议，由民政部会同国务院有关部门调解；经调解未达成协议的，由民政部会同国务院有关部门提出解决方案，报国务院决定。

国务院具有行政主体资格，能够作出具体行政行为或裁决，但国务院承担责任的方式与其他行政机关或机构不同。国务院是最高国家权力机关的执行机关和最高国家行政机关，对全国人民代表大会负责并报告工作；在全国人民代表大会闭会期间，对全国人大常委会负责并报告工作。国务院尽管是行政主体，有权裁决不服省部级行政机关行政复议决定的争议，但不在行政复议中作为被申请人；在法律上虽然国务院可以作为行政诉讼的被告，但实际操作中很可能不会立案。

(二)具有行政主体资格的国务院行政机构

按照行政主体是能够对外作出具体行政行为并独立承担法律责任的观点，国务院行政机构中，具有行政主体资格的有：

1. 组成部门

组成部门根据《宪法》、相关单行法履行国务院基本行政管理职能，具有独立行政主体资格，可以作为行政复议被申请人、行政诉讼被告和行政赔偿义务人。如2001年律师乔占祥就春运铁路客票上浮对铁道部申请行政复议案。[①]

---

① 有观点认为，从《宪法》的规定看，国务院各组成部门不具有行政主体资格，其行为后果由国务院最终承担，更符合《宪法》对国务院各组成部门的规定。参见钱建华：《行政主体资格与行政诉讼被告资格的探讨》，《法制日报》(理论专刊)(2004年4月29日)。笔者认为这种观点值得商榷，因为国务院各组成部门的行政主体资格的取得，除了《宪法》规定外，更多的是有关法律、行政法规的规定。国务院各组成部门的行政主体资格的取得，有明确的法律或行政法规依据。

2. 具有行政管理职能的直属机构

大多数国务院直属机构主管国务院的某项专门业务，具有独立的行政管理职能。根据相关法律、行政法规，具有行政管理职能的直属机构可以制定部门规章，独立行使管理职能，具有独立行政主体资格，可以作为行政复议被申请人、行政诉讼被告和行政赔偿义务人。如 2004 年内蒙古金穗工业食品公司诉国家工商行政管理总局行政答复案。

3. 组成部门管理的国家局

组成部门管理的国家局根据相关法律、行政法规具有行政管理职能，具有独立行政主体资格，可以作为行政复议被申请人、行政诉讼被告和行政赔偿义务人。如 2004 年山东荣成海达造船公司诉国家海洋局行政处罚决定案。

4. 经过法律、法规授权具有一定行政职能的议事协调机构或其常设办事机构

一般情况下，议事协调机构承担跨国务院行政机构的重要业务工作的组织协调任务。但根据有关法律、行政法规，有的议事协调机构具有一定行政职能，因此，具有行政主体资格。如根据《学位条例》，国务院设立学位委员会，负责领导全国学位授予工作。根据国务院办公厅《关于印发〈教育部主要职责、内设机构和人员编制规定〉的通知》，国务院学位委员会办公室（教育部学位管理与研究生教育司）作为国务院学位委员会的日常办事机构，组织实施《学位条例》。但这里要注意，有时是具有一定行政职能的议事协调机构而不是议事协调机构的日常办事机构具有行政主体资格。如根据 1998 年 3 月 6 日国家教育委员会发布的《教育行政处罚暂行实施办法》第三十二条，教育行政部门的职能机构查处教育行政违法案件需要给予处罚的，应当以其所属的教育行政部门的名义作出处罚决定。类似的案件如 2004 年湖北考生郭萌不服考试违纪处罚决定书状告国务院学位委员会案等。

但有些法定的层次较高的国务院议事协调机构的常设办事机构，不是一般的办事机构，本身就是国务院行政机构，具有行政主体资格，如根据《国家能源局主要职责、内设机构和人员编制规定》，国家能源局承担国家能源委员会具体工作；又如，根据国务院办公厅《关于印发〈商务部主要职责、内设机构和人员编制规定〉的通知》，商务部承担《反垄断法》规定的国务院反垄断委员会具体工作。再如，根据国务院办公厅《关于印发〈水利部主要职责、内设机构和人员编制规定〉的通知》，水利部承担国家防汛抗旱总指挥部的具体工作。[①]

(三)不具有行政主体资格的国务院行政机构

国务院行政机构中，不具有行政主体资格的有：

1. 国务院办公厅

根据《国务院组织法》，国务院办公厅协助国务院领导处理国务院日常工作；根据有关法律、行政法规，国务院办公厅也有一定行政职能，[②]但国务院办公厅无权制定规章，也不直接对相对人作出具体行政行为，不具有独立行政主体资格。

2. 国家信访局

根据2008年7月10日国务院办公厅《关于印发国务院办公厅主要职责内设机构和人员编制规定的通知》，国务院办公厅管理国家信访局。由于国家信访局不是国务院组成部门管理的国家局，而且根据《信访条例》等相关行政法规，国家信访局不能作出具体行政行为，不具有独立行政管理职能，因而不具有独立行政主体资格。

2005年最高人民法院《关于不服信访工作机构依据信访条例处理信访事项的行为提起行政诉讼人民法院是否受理的复函》指出：信

---

① 根据《抗旱条例》第六条，国家防汛抗旱总指挥部负责组织、领导全国的抗旱工作；国务院水行政主管部门负责全国抗旱的指导、监督、管理工作，承担国家防汛抗旱总指挥部的具体工作，国家防汛抗旱总指挥部的其他成员单位按照各自职责，负责有关抗旱工作。

② 如根据《政府信息公开条例》，国务院办公厅是全国政府信息公开工作的主管部门，负责推进、指导、协调、监督全国的政府信息公开工作。

访工作机构是各级人民政府或政府工作部门授权负责信访工作的专门机构，其依据《信访条例》作出的登记、受理、交办、转送、承办、协调处理、督促检查、指导信访事项等行为，对信访人不具有强制力，对信访人的实体权利义务不产生实质影响。信访人对信访工作机构依据《信访条例》处理信访事项的行为或者不履行《信访条例》规定的职责不服提起行政诉讼的，人民法院不予受理。[①]

3. 不具有行政管理职能的直属机构

如国务院参事室（主要任务是围绕党和政府的中心工作，调查研究，提出意见和建议；对重要法律法规草案及其他重要文件草案提出

---

① 对不服信访工作机构依据《信访条例》处理信访事项的行为提起行政诉讼，人民法院是否受理，有两种意见。第一种意见认为，当事人因不服信访机构作出的行政处理意见或者不再受理决定而提起的行政诉讼，人民法院应当不予受理。理由是：（1）信访机构的主体资格比较特殊，难于分辨其行为是行政行为还是非行政行为。（2）信访机构作出的行政处理意见或者不再受理决定，不具有行政诉讼的可诉性。（3）人民法院对此类案件进行实体审理时难度大。第二种意见认为，当事人因不服信访部门作出的行政处理意见或者不再受理决定而提起的行政诉讼，人民法院应当受理。理由是：（1）《信访条例》是一部行政法规，已明确人民政府所属职能部门和部分人民政府行使信访管理的职权和分工。（2）信访机构代表本级人民政府专门从事信访工作的机构或人员，依照《信访条例》有关规定作出的处理意见或者不再受理决定为行政行为。信访机构是国家行政管理部门，通过处理信访活动，与行政相对人——信访人之间发生行政法律关系。（3）信访机构实施的行为是可诉行政行为。（4）《信访条例》中“不再受理”的规定不能视为最终处理决定，人民法院可以依法进行审查。笔者同意第一种观点，并认为：（1）从信访机构的法律地位看。《信访条例》第五条将负责信访工作的行政机关称为信访工作机构，可见，信访工作机构代表其所在的本级政府或者政府工作部门处理信访事项，不是独立的行政机关，其处理信访事项的活动后果应当归属于其所在的政府或者政府工作部门。从这个意义上讲，信访工作机构不能作为行政诉讼的被告。（2）从信访工作机构的权限看，根据《信访条例》第六条的规定，信访工作机构履行的职责包括受理、交办、转送、承办、协调处理、督促检查、指导信访事项等。可见，信访机构不直接替代有权处理信访事项的行政机关作出处理决定，也无权直接改变有关行政机关作出的行政处理决定，信访工作机构处理信访事项的行为不是具体行政行为。（3）从信访机构处理信访事项的行为性质分析。《信访条例》是规定信访渠道的程序性法规，信访机构处理信访事项的行为属于程序性行为，不对信访人的实体权利产生实际影响，因而不具有可诉性。当然，如果信访工作机构超越《信访条例》规定的职权，对信访事项作出新的处理决定，改变了原行政行为，符合受理条件的，人民法院应予受理。

意见和建议等)、国务院机关事务管理局(主要是负责中央国家机关事务的管理、保障、服务工作)等,无权制定规章,也不具有独立行政管理职能,因此,不具有行政主体资格。

4. 国务院办事机构

其主要职责是协助国务院总理办理专门事项,不具有独立的行政管理职能,既无权制定规章,也不直接对相对人作出具体行政行为,因此不具有行政主体资格。

5. 国务院国有资产监督管理委员会的主体资格问题

国务院国有资产监督管理委员会根据国务院的授权,代表国务院对国家出资企业履行出资人职责。根据2003年《企业国有资产监督管理暂行条例》第七条,国有资产监督管理机构不行使政府的社会公共管理职能,因此,国务院国有资产监督管理委员会不具有独立行政主体资格,一般不作为行政复议被申请人、行政诉讼被告和行政赔偿义务人。但笔者认为,如果对相对人作出具体行政行为,或者超越职权,它也可以作为行政复议被申请人、行政诉讼被告和行政赔偿义务人。如2005年哈尔滨市丰田纯牌零件特约经销中心、哈尔滨市广进汽车配件经销中心、哈尔滨广丰汽车维修有限公司不服国务院国有资产监督管理委员会的《产权界定意见函》提起行政诉讼案,就是一个典型的案例。①

---

① 2005年,哈尔滨市丰田纯牌零件特约经销中心、哈尔滨市广进汽车配件经销中心、哈尔滨广丰汽车维修有限公司这三家公司都因国资委的《产权界定意见函》,无端地掉进一场财产权民事争议案中。《产权界定意见函》主要证据是一家不存在的会计师事务所的虚假《审计报告》和一家律师事务所的《法律意见书》。律师事务所是根据一方的委托,依照虚假的审计报告而出具的法律意见。国资委根据这两个证据,即认定丰田中心的财产为另一家企业所有。哈尔滨市的两级法院依据《产权界定意见函》作出民事判决。两级法院的民事判决均认为,争议的两家企业资产纠纷已经有《产权界定意见函》所确定,如果不服国资委的《产权界定意见函》,应该通过行政诉讼程序解决。为此,丰田中心依据民事判决书的认定,2005年3月向北京市第一中级人民法院提出行政诉讼,要求撤销国务院国有资产监督管理委员会的《产权界定意见函》。北京市第一中级人民法院受理后没有经过审理程序即作出不予以受理的行政裁定(〔2005〕一中行初字第195号)。法院认为:当事人

三、国务院行政机构的内设机构和国务院规定的承担具体执法职责的机构的行政主体资格

（一）国务院行政机构的内设机构的行政主体资格

从理论上说，国务院行政机构的内设机构作为内部组织，一般不能以自己的名义实施行政行为，且不能以自己的名义承担由此而引起的法律责任，只有在法律、法规有明确授权的情况下，才可直接以自己的名义实施行政管理行为，才具有授权性行政主体的资格。但与地方各级人民政府工作部门的内设机构不同，目前笔者尚未见到国务院行政机构的内设机构，得到法律、法规的明确授权而成为行政主体的情形。如根据 2005 年《道路交通安全法》第五条，国务院公安部门负责全国道路交通安全管理工作；县级以上地方各级人民政府公安机关交通管理部门负责本行政区域内的道路交通安全管理工作。在这里，虽然公安部设立了内设机构交通管理局，但根据公安部"三定规定"，交通管理局并没有独立的行政管理职能，因而，公安部交通管理局不具有行政主体资格。

向人民法院提起行政诉讼，应当符合行政诉讼的受理条件，本案被起诉人是国资委，根据《企业国有资产监督管理暂行条例》第十二条关于"国务院国有资产监督管理机构是代表国务院履行出资人职责，负责监督管理企业国有资产的直属特设机构"，及第七条第二款关于"国有资产监督管理机构不行使政府的社会公共管理职能"的规定，国资委只履行出资人的职责，负责监督管理企业国有资产，并不履行政府的社会公共管理职能，故国资委不具备行政主体资格；国资委作出的国资厅产权函（2003）388 号文只是国资委的一份答复意见，不具有任何行政效力。因此，起诉人的起诉，不属于人民法院行政审判权限范围。但笔者认为，本案中，《产权界定意见函》实际上是一个具体行政行为，即行政确认行为。理由是：（1）国资委有监督管理企业国有资产的职责。根据《企业国有资产监督管理暂行条例》第三十条，国有资产监督管理机构依照国家有关规定，负责企业国有资产的产权界定、产权登记、资产评估监管、清产核资、资产统计、综合评价等基础管理工作。国资委针对原被告双方作出《产权界定意见函》，实际履行的就是针对国有资产进行监管的职权，属于其职权范围。（2）《产权界定意见函》的具体内容实际上是针对国有资产权属的一种确认。（3）《产权界定意见函》具有行政效力。民事诉讼中被哈尔滨两级法院采信，已经表明了该意见的行政效力。因此，国资委作为国有资产监管的部门，可以成为行政诉讼被告。

(二)国务院规定的承担具体执法职责的机构的行政主体资格

有些情况下,法律专门授权国务院规定承担具体执法职责的机构。这些具体的执法机构本身就是国务院行政机构,通过法定形式获得行政主体资格。如根据《反垄断法》,国务院设立反垄断委员会,作为一种高层次的国务院议事协调机构,负责组织、协调、指导反垄断工作,履行研究拟订有关竞争政策,组织调查、评估市场总体竞争状况,发布评估报告,制定、发布反垄断指南,协调反垄断行政执法工作等职责;而根据《反垄断法》第十条,国务院规定的反垄断执法机构依照《反垄断法》的规定,负责反垄断执法工作;国务院反垄断执法机构根据工作需要,可以授权省、自治区、直辖市人民政府相应的机构,依法负责有关反垄断执法工作。目前,《反垄断法》的执法机构为商务部、国家工商行政管理总局、国家发展和改革委员会,实行的是"三足鼎立"的多头执法体制。根据上述三个机构的"三定规定",国家发展和改革委员会主管价格违法和价格垄断行为;商务部负责经营者集中的反垄断审查;国家工商行政管理总局负责除价格垄断行为之外的垄断协议、滥用市场支配地位、滥用行政权力排除限制竞争方面的反垄断执法。①

这里要注意的是,国务院规定的承担具体执法职责的机构与国务院有些议事协调机构的办事机构,都有行政主体资格,但两者不是一个完全相同的概念。如根据国务院办公厅《关于印发〈商务部主要职责、内设机构和人员编制规定〉的通知》,商务部承担《反垄断法》规定的国务院反垄断委员会具体工作。在这里,商务部具有行政主体资格,一方面是高层次议事协调机构国务院反垄断委员会的办事机构,同时又是国务院反垄断执法机构之一。

---

① 国务院办公厅《关于印发国家发展和改革委员会主要职责、内设机构和人员编制规定的通知》、国务院办公厅《关于印发商务部主要职责、内设机构和人员编制规定的通知》和国务院办公厅《关于印发国家工商行政管理总局主要职责、内设机构和人员编制规定的通知》。

四、部门规章授权组织的主体资格

根据有关法律，中央政府部门与地方政府相应机构之间可以部门规章等形式建立授权关系。

如，中国人民银行共设立天津、沈阳、上海、南京、济南、武汉、广州、成都、西安 9 个分行，北京、重庆 2 个营业部等；中国人民银行的分支机构根据中国人民银行的授权，维护本辖区的金融稳定，承办有关业务。

又如，审计特派员办事处根据审计署的授权，依法进行审计工作。

另外，国务院直属事业单位，如中国保监会在全国各省、直辖市、自治区、计划单列市设立的派出机构，根据中国保监会的授权履行辖区内保险业的行政管理职能；中国银监会的派出机构依据中国银监会的授权，在辖内履行对有关银行业金融机构的监管职责。

上述部门规章授权行使行政职权的其他组织，在法定授权范围内或超出法定授权范围作出具体行政行为时，具备行政法上的行政主体资格。

根据《最高人民法院关于执行〈中华人民共和国行政诉讼法〉若干问题的解释》第二十条、第二十一条、第八十六条的规定，行政机关组建并赋予行政管理职能但不具有独立承担法律责任能力的机构，以自己的名义作出具体行政行为，当事人不服提起诉讼的，应当以组建该机构的行政机关为被告。行政机关的内设机构或派出机构在没有法律、法规或者规章授权的情况下，以自己的名义作出具体行政行为，当事人不服提起诉讼的，应以该行政机关为被告。法律、法规或者规章授权行使行政职权的行政机关内设机构、派出机构或者其他组织，超出法定授权范围实施行政行为，当事人不服提起诉讼的，应当以实施该行为的机构或者组织为被告。行政机关在没有法律、法规或规章规定的情况下，授权其内设机构、派出机构或者其他组织行使行政职权的，应当视为委托。当事人不服提起诉讼的，应以该行政机关为被告。行政机关根据《行政诉讼法》第六十六条的规定申请执行其具体行政行为，应当具备申请人是作出该具体行政行为的行政机关或法律、法规、规章授权的组织等条件。

综上所述，《最高人民法院关于执行〈中华人民共和国行政诉讼法〉若干问题的解释》的上述条款，在《行政诉讼法》关于“法律、法规授权的组织”的规定的基础上，增加了“规章授权组织”的类型，原因在于，规章特别是部门规章授权在实践中较为普遍，承认规章授权的组织具有行政主体资格和行政诉讼被告资格可避免许多技术上的困难。

第五节 中央政府与地方政府间的关系

一、中央政府与地方政府的职权划分、监督与合作关系

中央政府与地方政府的关系，是行政组织法调整的主要内容，它的实质内容是中央政府与地方政府的职权划分。①

而从更广泛的意义上看，中央政府与地方政府的关系，主要表现为权限划分、监督和合作或协作等方面，另外，地方也可以影响中央。②

（一）国务院与省级地方政府职权的具体划分

中国行政事务十分纷繁复杂，《宪法》没有具体列举哪些行政事务归属中央，哪些归属地方，哪些既可由中央管理也可由地方管理，而是原则规定由国务院“统一领导全国各级国家行政机关的工作，规定中央和省、自治区、直辖市的国家行政机关的职权的具体划分”。另外，根据《地方组织法》的规定，县级以上的地方人民政府管理本行政区域内的经济、教育、科学、文化、卫生、体育事业和财政、民政、公

---

① 袁曙宏：《研究邓小平行政法治理论 加强行政组织法制建设》，《中国法学》1998年第4期。

② 任进：《比较地方政府与制度》（21世纪政治学系列教材），北京大学出版社2008年版，第263页。

安、司法行政、计划生育等行政工作。

国务院具体划分中央与各省、自治区、直辖市的国家行政机关职权时，需要考虑的因素大致有以下几个。

1. 法律的限制性规定

根据《立法法》的规定，有些事项只能制定法律，而不能由国务院制定行政法规；有些事项一般由中央政府行使而不能由地方政府行使。此类事项，如国家主权事项，各级人民政府的产生、组织和职权，民族区域自治制度、特别行政区制度、基层群众自治制度，对非国有财产的征收，基本经济制度以及财政、税收、海关、金融和外贸的基本制度等专属于国家立法事项或国家管理事项。对这些事项，一般情况下，国务院自身不能规定，也不能规定由地方政府行使。如根据《税收征收管理法》第三条，税收的开征、停征以及减税、免税、退税、补税，依照法律的规定执行；法律授权国务院规定的，依照国务院制定的行政法规的规定执行。任何机关、单位和个人不得违反法律、行政法规的规定，擅自作出税收开征、停征以及减税、免税、退税、补税和其他同税收法律、行政法规相抵触的决定。

2. 领导或管理事务涉及的地域范围

凡事务的领导或管理、实施涉及全国或数省、自治区、直辖市者，应由中央负责；凡事务的管理或实施仅涉及某一行政区域的，则应归该行政区域内的地方人民政府负责。这一类事务的职权划分主要以事务占有的空间为依据，如全国性的人口普查、全国性经济区划、大型铁路或公路干线、大电网等的兴建或管理、长江或黄河或其他大江大河的规划和综合整治等，应归属中央负责。如根据有关规定，新建(含增建)铁路，跨省(区、市)或100公里及以上项目由国务院投资主管部门核准，其余项目按隶属关系分别由国务院行业主管部门或省级政府投资主管部门核准；国道主干线、西部开发公路干线、国家高速公路网、跨省(区、市)的项目由国务院投资主管部门核准，其余项目由地方政府投资主管部门核准；跨境、跨海湾、跨大江大河(通航段)的独立公路桥梁、隧道项目，由国务院投资主管部门核准，其余项目由地方政府投资主管部门核准。①

为了便于管理，中央有关部门可以设立派驻地方的机构负责上述事务，如水利部派驻的流域机构长江水利委员会、黄河水利委员会、淮河水利委员会、海河水利委员会、珠江水利委员会、松辽水利委员会、太湖流域管理局，代表水利部行使所在流域的水行政主管职能。

3. 行政机关领导或管理事务的能力

许多涉及国计民生的重要经济事业和重要行政事务的领导或管理，需要一定人力、财力、物力。因此凡事务的举办或管理需要大量人、财、物者，应归属中央负责，凡事务的举办或管理所需人、财、物，地方能够筹措和集中者，则宜归属地方。如大学城、医学城及其他园区性建设项目由国务院投资主管部门核准；国家重点风景名胜区、国家自然保护区、国家重点文物保护单位区域内总投资 5 000 万元及以上旅游开发和资源保护设施，世界自然、文化遗产保护区内总投资 3 000万元及以上项目由国务院投资主管部门核准；F1 赛车场由国务院投资主管部门核准；大型主题公园由国务院核准；其他社会事业项目，按隶属关系由国务院行业主管部门或地方政府投资主管部门核准。②

4. 事务本身的重要性

凡事务在国家生活中有重大影响者，归属中央管理，其余划归地方管理。如根据国家现行规定，《外商投资产业指导目录》中总投资（包括增资）1 亿美元及以上鼓励类、允许类项目由国家发展和改革委员会核准；《外商投资产业指导目录》中总投资（包括增资）5 000 万美元及以上限制类项目由国家发展和改革委员会核准；国家规定的限额以上、限制投资和涉及配额、许可证管理的外商投资企业的设立

① 2004 年 7 月 16 日国务院发布的《国务院关于投资体制改革的决定》的附件：《政府核准的投资项目目录（2004 年本）》。

② 2004 年 7 月 16 日国务院发布的《国务院关于投资体制改革的决定》的附件：《政府核准的投资项目目录（2004 年本）》。

及其变更事项;大型外商投资项目的合同、章程及法律特别规定的重大变更(增资减资、转股、合并)事项,由商务部核准。上述项目之外的外商投资项目由地方政府按照有关法规办理核准。①

又如,根据《土地管理法》第四十五条,征收下列土地的,由国务院批准:(1)基本农田;(2)基本农田以外的耕地超过35公顷的;(3)其他土地超过70公顷的。征收前款规定以外的土地的,由省、自治区、直辖市人民政府批准,并报国务院备案。

5. 不同地方的特点

一是同一类事务在中央与一般地方、民族自治地方、特别行政区之间的职权划分不同。一般地方的国家行政机关有一般地方事务管理权,民族自治地方的自治机关则有除一般地方事务管理权以外的自治权,而特别行政区则享有对特别行政区事务管理的高度自治权。如在对财政事务的管理上,依照《地方组织法》的规定,地方各级人民政府行使管理本行政区域内的财政事务的职权;依照《民族区域自治法》的规定,民族自治地方的自治机关有管理地方财政的自治权。凡是依照国家财政体制属于民族自治地方的财政收入,都应当由民族自治地方的自治机关自主地安排使用;而根据《香港特别行政区基本法》、《澳门特别行政区基本法》的规定,特别行政区保持财政独立,财政收入全部用于自身需要或由特别行政区自行支配,不上缴中央人民政府;中央人民政府不在特别行政区征税。

二是同一类事务在中央与一般地方的不同经济、社会发展水平地区之间的职权划分不同。如国务院批准深圳、厦门、大连、宁波、青岛市实行计划单列。

(二)中央政府与地方政府权限争议的解决

在单一制国家,国家整体与部分的关系,表现为中央与地方的关系。西方单一制国家大多实行地方自治原则,其中央与地方的权限

① 2004年7月16日国务院发布的《国务院关于投资体制改革的决定》的附件:《政府核准的投资项目目录(2004年本)》。

发生争议时的解决途径有两种模式。

一是司法机关或准司法机关模式。如在日本以地方政府为当事人的诉讼，都必须服从司法机关的判决。机关诉讼等难以作为法律诉讼的事件也可提交司法诉讼；根据修订后的《地方自治法》，在总理府（现内阁府）设立了一个新的机构——国家地方争讼处理委员会。

在法国，1982 年改革以前，国家代表可直接监管地方议会，1982 年以后，改变了国家对地方议会的监督方式，取消监管，代之以行政诉讼的方式，即如认为地方议会有违法或损害国家利益的行为时可向行政法院起诉。

二是专门机关模式。如根据 1947 年并经多次修改的《意大利共和国宪法》第一百二十七条，如大区认为某一共和国法律以及有法律效力的某一法令侵犯其自治权，可于该法律或法令公布之日起 60 日内向《宪法》法院提起合宪性审查。

在我国，中央与地方行政领域权限争议的解决，主要有下列几种途径：

（1）批准或决定。如国务院有权批准省、自治区、直辖市的区域划分，批准自治州、县、自治县、市的建置和区域划分，决定省、自治区、直辖市的范围内部分地区进入紧急状态。

（2）改变或撤销。如国务院有权改变或者撤销不适当的地方政府规章。

（3）裁决。如部门规章与地方政府规章之间对同一事项的规定不一致时，由国务院裁决。

（4）协商。如民族自治地方的建立、撤销、合并或者变动，区域界线的划分，名称的组成，由上级国家机关会同有关地方的国家机关，和有关民族的代表充分协商拟定，按照法律规定的程序报请批准。

（5）解释行政法规、规章或规范性文件。国务院通过解释行政法规条文本身或国务院法制工作机构通过对行政法规具体问题研究答复；规章或规范性文件制定机关（如国务院及各组成部门等）通过对规章或规范性文件的解释，处理涉及中央与地方权限争议的问题。

(三)中央政府对地方政府的领导、指导和监督

依照《宪法》的规定,地方各级人民政府是地方国家权力机关的执行机关,同时也是上级国家行政机关的下级行政机关,并受国务院的统一领导。各级人民政府之间有明确的上下隶属关系。在中国,中央人民政府中没有另行设置地方人民政府的专门主管部门。依照《地方组织法》的规定,中央和地方各级人民政府主管部门之间,存在着法定的领导关系或指导关系。

在中国,中央人民政府及有关部门对地方各级人民政府及其工作部门的领导或指导的方式很多,主要有:

(1)国务院统一领导全国地方各级国家行政机关的工作;有权根据《宪法》和法律,规定行政措施,制定行政法规,发布决定和命令;根据全国人大及其常委会的授权决定,国务院还有权根据实际需要制定暂行条例或暂行规定;有权改变或者撤销地方各级国家行政机关的不适当的决定、命令和规章;有权批准省、自治区、直辖市的区域划分,批准自治州、县、自治县、市的建置和区域划分。

(2)各部、各委员会、中国人民银行、审计署和具有行政管理职能的直属机构以及国务院国有资产监督管理委员会,根据法律和国务院的行政法规、决定、命令,在本部门权限内,制定规章。①

(3)省级和较大的市的人民政府制定的地方政府规章或自治州、自治县的自治条例、单行条例,在报本级人大常委会备案的同时,须报国务院备案,以保证地方政府规章不与国务院行政法规相抵触。

(4)地方各级人民政府执行上级国家行政机关的决定和命令,办理上级国家行政机关交办的事项。

(5)省、自治区、直辖市的人民政府的厅、局、委员会等工作部门的设立、增加、减少或合并,由本级人民政府报请国务院批准;省、自治区的人民政府在必要时可以设立若干派出机构,但须经国务院

---

① 国务院国有资产监督管理委员会根据《企业国有资产监督管理暂行条例》和《企业国有资产法》的授权,可以制定规章。

批准。

(6)民族自治地方的自治机关依照国家的军事制度和实际需要,组织本地方维护社会治安的公安部队,依照国家规定开辟对外贸易口岸,与外国接壤的民族自治地方开展边境贸易,须经国务院批准;自治区对地方的各项开支标准、定员、定额,根据国家规定的原则并结合本地方的实际情况制定的补充规定和具体办法,须报国务院备案。

(7)中央人民政府依法任命特别行政区行政长官和行政机关主要官员;特别行政区根据需要在外国设立官方或半官方的经济和贸易机构,须报中央人民政府备案;等等。

此外,许多专门法律、行政法规、规章、命令、决定和其他规范性文件,对中央人民政府及有关部门对地方各级人民政府及工作部门的领导或指导方式作了具体的规定。应该说,在中国,中央对地方的行政监控是十分广泛的。

(四)中央政府与地方政府的合作

在中国,依照有关法律的规定,中央与地方政府有许多合作或服务的方式:

(1)地方各级人民政府执行上级国家行政机关的决定和命令,办理上级国家行政机关的交办事项。

(2)省、自治区、直辖市的人民政府的各工作部门受人民政府统一领导,并且依照法律或行政法规的规定受国务院主管部门的业务指导或领导。

(3)省、自治区、直辖市、自治州、县、自治县、市、市辖区的人民政府应当协助设立在本行政区域内不属于自己管理的国家机关、企业、事业单位进行工作。

二、地方政府对中央政府的影响

中央与地方关系不是单向的,而是双向运作的关系。它不仅表现为中央对地方的监控,还表现为地方对中央的影响或牵制。由于各国的具体情况不同，地方对中央影响或牵制的方式、途径也不全相同。但总的来看，不外包括正式法定的方面和非正式的方面。

中国在地方对中央的影响或牵制上，有自己的特点。具体说来，也可以分为法定正式和非正式的两方面。主要有：

(1)国务院召开有各省、自治区、直辖市以及计划单列市或副省级城市行政首长参加的全国性会议，就有关重大问题征求意见。

(2)国务院各部门召开有各省、自治区、直辖市人民政府工作部门首长参加的全国性专业会议，就本部门的重大问题听取意见。

(3)国务院经常就有关重要行政法规送审稿或文件草案下发各地，征求意见。

(4)一些由国家立法条件暂不成熟的事项，可以由地方先行一步，为制定全国性的行政法规准备条件、提供经验。有些改革开放方面的做法，可先在一些地方试点，取得经验后，向全国推广。

(5)根据《规章制定程序条例》第三十五条，地方各级人民政府如认为部门规章同法律、行政法规相抵触的，可向国务院书面提出审查的建议，由国务院法制机构研究处理。①

三、垂直管理机构与地方政府关系

(一)垂直管理机构与地方政府关系的界定、依据和利弊分析

新中国成立后，中央政府部门、单位在地方设置了若干派出机构或分支机构。如 1950 年、1956 年先后成立的水利部长江水利委员会、水利部黄河水利委员会等。

改革开放之后，为处理中央政府部门、单位在地方的事务，中央政府部门、单位也在地方设置了一些派出机构或分支机构。如根据《进出口商品检验法》，国家质量监督检验检疫总局，下设出入境检验检疫直属局和出入境检验检疫分支局，实行垂直管理。

① 任进:《比较地方政府与制度》(21 世纪政治学系列教材)，北京大学出版社 2008 年版，第 294～295 页。

由于中央政府部门、单位与其派出机关或分支机关是垂直领导关系，而地方政府对设立在本行政区域内的这些部门、单位没有管理关系，因此这类中央政府部门、单位的派出机关或分支机关，叫做“垂直管理机构”，亦称“条管机构”。

垂直管理机构的设置、人员编制、财务、物资供应等均由上级政府部门直接管理；有的垂直管理机构的党组织关系在地方，由地方党委领导。

垂直管理机构主要是由中央政府部门、单位垂直管理的该部门、单位的分支机构或派出机构。1997 年开始实行地方税务机构省以下垂直领导以后，垂直管理机构也包含省（自治区、直辖市）政府部门垂直管理的分支机构或派出机构。中央政府部门垂直管理的机构由中央政府部门直接领导，尽管该机构设在地方并从事带有一定地方性的工作；省（自治区、直辖市）政府部门垂直管理的机构由省政府工作部门直接领导。

与中央或上级政府部门与地方政府及其部门之间的关系一样，中央或上级政府部门及其垂直管理机构与地方政府之间的关系，也被形象地称为“条条块块关系”，它历来是中央或上级与地方关系中的重要内容之一。

根据《地方组织法》、有关法律、行政法规[①]和国务院各机构及单位的《主要职责、内设机构和人员编制规定》（“三定规定”），我国上下级政府及其部门、机构之间的“条块关系”，主要存在五种情形：

（1）作为地方政府的工作部门，受本级政府统一领导，并且受国务院或上级政府主管部门业务指导。如教育、民政等部门。

（2）作为地方政府的工作部门，受本级政府统一领导，并且受国务院或上级政府主管部门业务领导。如审计、行政监察、公安、统计、

---

① 如《审计法》、《行政监察法》、《烟草专卖法》、《统计法实施细则》、《海关法》、《中国人民银行法》、《银行业监督管理法》、《保险法》、《证券法》、《外汇管理条例》、《公安机关组织管理条例》、《水法》、《防洪法》、《民用航空法》、《进出口商品检验法》、《海域使用管理法》、《电信条例》、《渔业法》和《土地管理法》等。

烟草专卖等部门。这类工作部门通常称为“双重领导部门”。其中有些以地方政府领导为主，有些以上级主管部门业务领导为主。

(3)作为主管部门的派出机构或分支机构，受主管部门的垂直领导。如海关、金融、国家税务、外汇管理、证券监管、保险监管、民航地区管理、流域管理、出入境检验检疫等等机构或单位。

(4)实行半垂直领导体制，即中央政府主管部门对省级政府工作部门有业务指导关系，省级政府对工作部门也有领导关系，但省以下实行垂直管理，省以下地方政府对这些机构、单位没有领导关系，如工商行政管理、地方税务、质量技术监督等机构。

(5)实行特殊领导体制。如根据《土地管理法》第五条关于“县级以上地方人民政府土地行政主管部门的设置及其职责，由省、自治区、直辖市人民政府根据国务院有关规定确定”的规定和《国务院关于做好省级以下国土资源管理体制改革有关问题的通知》，市(州、盟)、县(市、旗)国土资源主管部门是同级人民政府的工作部门，其机构编制仍由同级人民政府管理；市辖区国土资源主管部门的机构编制上收到市人民政府管理，改为国土资源管理分局，为市国土资源主管部门的派出机构；乡(镇)国土资源管理所的机构编制上收到县(市、旗)人民政府管理，县(市、旗)可以根据实际情况和工作需要，按乡(镇)或区域设置国土资源管理所，为县(市，旗)国土资源主管部门的派出机构；省级人民政府及其国土资源主管部门要切实加强对省级以下各级人民政府及其国土资源主管部门执行和遵守国土资源管理法律法规情况的监督检查。

其中，属于上述(3)、(4)情形的机构、单位，以及(5)情形中的一部分机构，就是所谓的“垂直管理机构”，即指设立在本行政区域内不属于同级政府管理的有实施法律、法规职责的行政机构或单位。

垂直管理机构对分支机构或派出机构实行垂直管理，主要是由有关法律、法规授权。如根据《中国人民银行法》第十三条，中国人民银行根据履行职责的需要设立分支机构，作为中国人民银行的派出机构，并对分支机构实行统一领导和管理。

类似的还有，海关总署下设广东分署、天津特派办、上海特派办，协助总署指导和监督辖区内各直属海关的业务建设和队伍建设等方面工作，海关总署直属海关和隶属海关，承担关区内的各项海关业务工作；[①]工业和信息化部对各省、自治区、直辖市设置的通信管理局实行垂直管理；[②]国家外汇管理局在各省、自治区、直辖市、副省级城市设立分局、外汇管理部，[③]等等。

也有的根据国务院批准的《主要职责、内设机构和人员编制规定》（“三定规定”）。如商务部在大连等16个地方派驻的特派员办事处；国家海洋局派出北海分局、东海分局和南海分局，履行所管辖海域有关海洋监督管理职责；国家统计局在全国下设的调查总队、调查队；[④]财政部在各省、自治区（不含西藏）、直辖市以及计划单列市设立财政监察专员办事处；环境保护部设立的区域环境督查中心和核与辐射安全监督站；国家安全生产监督管理总局领导设在地方的煤矿安全监察局、煤矿安全监察分局，由国家煤矿安全监察局负责业务管理。[⑤]

---

① 根据《海关法》第三条，国务院设立海关总署，统一管理全国海关。国家在对外开放的口岸和海关监管业务集中的地点设立海关。海关的隶属关系，不受行政区划的限制。海关依法独立行使职权，向海关总署负责。

② 根据《电信条例》第三条，国务院信息产业主管部门依照本条例的规定对全国电信业实施监督管理。省、自治区、直辖市电信管理机构在国务院信息产业主管部门的领导下，依照本条例的规定对本行政区域内的电信业实施监督管理。

③ 即在省、自治区、直辖市设立分局；在北京、重庆设立外汇管理部；在深圳市、大连市、青岛市、厦门市、宁波市设立分局。国家外汇管理局还在有一定外汇业务量、符合条件的部分地区（市）、县（市）分别设立了国家外汇管理局中心支局、支局。国家外汇管理局的分支机构与当地的中国人民银行分支机构合署办公。

④ 国家统计局各级调查队是国家统计局的派出机构，国家统计局对各级调查队实行垂直管理，国家统计局授权省级调查总队管理省以下各级调查队。各级调查队承担国家统计局布置的各项常规性统计调查、统计快速反应调查、经济社会重大问题专项调查以及指导地方调查队业务等工作。

⑤ “三定规定”主要包括六部分内容：职责调整；主要职责；内设机构；人员编制；其他事项（即明确与有关部门的职责分工、部门派出机构和直属事业单位的机构编制事宜等）；附则。垂直管理机构的设置，一般在“其他事项”中规定。

目前，我国大多数地方政府部门，实行接受本级人民政府统一领导、上级主管部门业务指导的管理体制；有些政府部门实行中央主管部门负责业务方面的“事权”，而地方政府管理“人、财、物”，即地方政府和上级主管部门“双重领导”的体制。

中央政府部门乃至省级地方政府部门在一些专业性强、需要在纵向上统一执法的领域逐步实行垂直管理，有利于增强中央宏观调控能力，消除地方保护主义，也有利于资源的统一配置、人员调动和资金配备，整合行政执法资源；对省以下保持垂直管理机构在人事与财务上的独立，使省级以下的机构摆脱下级地方政府的各种干预，也加强了部门执法监管的权威性、统一性。

但随着垂直管理机构的增多，也带来了一定的负面效应。一是在垂直管理体制下，地方政府对垂直管理机构的监督弱化；二是垂直管理机构增多、权限扩大，造成架空地方政府管理、地方政府组织功能残缺；三是垂直管理机构的人、财、物虽然不受制于地方，但很多工作的协调落实还需要地方政府去牵头，垂直管理本身仍难以完全摆脱地方干扰。另外，垂直管理机构增多也可能忽视当地发展实际，加剧“政出多门、部门打架”等现象。[①] 个别本属于地方政府的事务不适当地垂直管理，也使地方政府的权责脱节、地方事务的内在联系被人为分割。

因此，垂直管理机构与地方政府的关系，亟待理顺。

（二）垂直管理机构与地方政府的基本关系

垂直管理机构与地方政府的关系，主要体现在权限分工、互相监督和分工协助等方面。

1. 权限分工关系

根据我国《宪法》，国务院行使领导和管理经济工作和城乡建设、教育、科学、文化、卫生、体育和计划生育、民政、公安、司法行政和监察等工作以及国防建设事业、民族事务，管理对外事务，审定行政机

① 陈泽伟：《冷观政府垂直管理》，《瞭望新闻周刊》2006 年 11 月 13 日。

构的编制等职权，并有权决定中央政府与省级地方政府的职权的具体划分；而根据《地方组织法》的规定，县级以上的地方政府管理本行政区域内的经济、教育、科学、文化、卫生、体育事业、环境和资源保护、城乡建设事业和财政、民政、公安、民族事务、司法行政、监察、计划生育等行政工作。

具体而言，外交、国防等涉及国家主权的事项，金融、海关、国家税务、外汇管理等关系国民经济命脉的事项，以及海洋、流域管理、民航地区管理等跨行政区域的全国性事务，由中央政府直接管理，同时依据需要设立派驻机构或分支机构实行管理或依法授权地方政府的相应部门管理；①教育、科学、文化、卫生、体育事业、环境和资源保护、城乡建设事业和财政、民政、民族事务、司法行政、计划生育、食品安全等行政工作等，则由中央政府与地方政府共同负责、分级管理；税收等权限，采取中央政府与地方政府划分权限和重叠行使相结合的办法；审计、行政监察、统计、公安等部门则仍实行中央与地方双重领导，业务上以中央有关部门领导或地方政府领导为主的体制。

2. 法律、政策遵守和执行的监督关系

主要是地方政府监督垂直管理机构。根据《地方组织法》第六十七条，自治区、直辖市、自治州、县、自治县、市、市辖区的人民政府，对设立在本行政区域内不属于自己管理的国家机关、企业、事业单位，应监督它们遵守和执行法律和政策。

也有的是垂直管理机构接受委托具体组织实施监督地方政府的职责。如国务院设立并授权国家土地总督察，对各省、自治区、直辖市，以及计划单列市人民政府土地利用和管理情况进行监督检查，落实耕地保护目标责任制，监督国家土地调控政策的实施。国家土地总督察对国务院负责，委托国土资源部组织实施国家土地督察制度，向地方派驻国家土地督察局。

---

① 如依据《反垄断法》第五条，国务院反垄断执法机构依法负责反垄断执法工作；根据工作需要，国务院反垄断执法机构可授权省、自治区、直辖市政府相应的机构，依法负责有关反垄断执法工作。

3. 工作协助关系

根据《地方组织法》第六十七条，省、自治区、直辖市、自治州、县、自治县、市、市辖区的人民政府应协助设立在本行政区域内不属于自己管理的国家机关、企业、事业单位进行工作。

相关法律或行政法规也有规定。如根据《银行业监督管理法》第十三条，银行业监督管理机构在处置银行业金融机构风险、查处有关金融违法行为等监督管理活动中，地方政府应予以配合和协助。另据《税收征收管理法》第五条，地方各级人民政府应依法加强对本行政区域内税收征收管理工作的领导或协调，支持税务机关依法执行职务，依照法定税率计算税额，依法征收税款。

(三)垂直管理机构与地方政府关系的进一步理顺

垂直管理体制一定程度上解决了中央或上级政府与地方政府的职能分配和事务管辖的问题。但“条块”矛盾也随着垂直管理机构的增加而增多。

以药品监管为例。从 2000 年 6 月开始，药监系统实行机构改革，省级以下药监系统由地方政府分级管理变为垂直管理，以期摆脱地方政府的干扰，实施独立的药品监管。但由于种种复杂的原因，独立、高效的药品监管并未实现。

再以食品安全监管为例。2004 年《国务院关于进一步加强食品安全工作的决定》强化了地方政府对食品安全监管的责任，要求“地方各级人民政府对当地食品安全负总责，统一领导、协调本地区的食品安全监管和整治工作”。由于食品安全监管链条比较长，不仅涉及各级政府的卫生、农业、质量监督、工商行政管理、食品药品监督管理等业务部门，也是地方政府的重大职责，地方政府本身有统一负责、领导、组织、协调食品安全的责任。但实际上，涉及食品安全的生产、销售、消费等主要环节的质量监督、工商行政管理、食品药品监督管理机构在省以下都是垂直管理的，不仅省以下本级地方政府的食品安全的总体责任没有体现；政府卫生行政等部门的组织指导、监督和沟通、协调作用也发挥得不够。因此，“问题奶粉”案件的主要政府责任人，不仅有国务院质量监督、卫生行政、工商行政管理、农业等机构的领导，也有地方政府及部门的主要领导。

从食品药品监管体制的回归、改革和地方政府统一负责、领导、组织、协调食品安全责任的加强，可以看出，尽管食品药品监督管理机构实行省级以下垂直管理体制以来，在打破地方保护、建立统一市场、加强执法队伍建设、规范行政行为等方面起到了积极作用，但也与地方各级政府在食品药品安全监管方面负总责的要求不相适应。实际上，食品药品安全与本级地方政府关系很密切，本身就是地方政府的重大职能和责任。为进一步强化和落实地方各级政府食品药品安全监督管理的责任，严格市场监管，确保食品药品安全，保障人民群众生命健康，国务院决定将食品药品监管机构由省级以下垂直管理改为由地方政府分级管理、业务接受上级主管部门和同级卫生部门的组织指导和监督。2009 年 2 月十一届全国人大常委会第七次会议通过的《食品安全法》，对食品安全管理体制进一步予以确认。①

（四）垂直管理机构与地方政府关系之依法规范

十七大报告提出“加快行政管理体制改革，建设服务型政府”的政府改革新目标，其中明确指出要“规范垂直管理部门和地方政府的关系”。因此，垂直管理机构和地方政府关系，亟待规范。

1. 合理划分与科学配置政府间职责权限

垂直管理机构与地方政府的关系，“本质上是政府间职责权限的

---

① 参见：国务院办公厅《关于调整省级以下食品药品监督管理体制有关问题的通知》；根据《食品安全法》的规定，县级以上地方政府统一负责、领导、组织、协调本行政区域的食品安全监督管理工作，建立健全食品安全全程监督管理的工作机制；统一领导、指挥食品安全突发事件应对工作；完善、落实食品安全监督管理责任制，对食品安全监督管理部门进行评议、考核。县级以上地方政府依法确定本级卫生行政、农业行政、质量监督、工商行政管理、食品药品监督管理部门的食品安全监督管理职责；有关部门在各自职责范围内负责本行政区域的食品安全监督管理工作；上级政府所属部门在下级行政区域设置的机构应当在所在地政府的统一组织、协调下，依法做好食品安全监督管理工作。同时要求，县级以上卫生行政、农业行政、质量监督、工商行政管理、食品药品监督管理部门应加强沟通、密切配合，按照各自职责分工，依法行使职权，承担责任。

关系”。[①] 而规范垂直管理机构与地方政府的职权关系，关键要看管辖的事务的性质。

一般来说，凡事务的领导或管理、实施涉及全国或数省、自治区、直辖市者，应由中央政府机构及其派出机构负责；凡事务的管理或实施仅涉及某一行政区域的，则应归该行政区域内的地方政府负责。这一类事务的职权划分主要以事务占有的空间为依据，如根据《水法》第十二条，国家对水资源实行流域管理与行政区域管理相结合的管理体制：国务院水行政主管部门在国家确定的重要江河、湖泊设立的流域管理机构，在所管辖的范围内行使法律、行政法规规定的和国务院水行政主管部门授予的水资源管理和监督职责。县级以上地方政府水行政主管部门按照规定的权限，负责本行政区域内水资源的统一管理和监督工作。

其次，对上级主管部门管辖更经济、更便利的事务，应由中央或上级主管部门管理；属于面向本行政区域的地方性事务，或对当事人更便利，由地方政府属地管理为主；属于中央或上级与地方政府共同管理的事务，要区别不同情况，明确各自的管理范围，分清主次责任。如金融主要是中央政府事务，中国人民银行设立天津、沈阳、上海、南京、济南、武汉、广州、成都、西安 9 个分行和北京、重庆 2 个营业部以及为数众多的中心支行、支行，根据总行授权，维护本辖区的金融稳定，承办有关业务；而审计属于中央与地方政府共同管理的事务，对审计署管辖的在地方的事务，审计特派员办事处根据审计署的授权，依法进行审计工作；而地方政府设审计厅（局）负责有关地方审计事务。

另外，对应当由中央政府管辖，但需要在地方执行的事务，从便利管理的原则出发，既可以设置派出机构或分支机构进行管理，也可以依法授权地方政府的相应部门管理，如反垄断执法工作由国务院

---

① 熊文钊、曹旭东：《中国垂直管理加力，条块矛盾增多待制度化解》，载《瞭望新闻周刊》2007 年 12 月 11 日。

规定的反垄断执法机构(国家发展和改革委员会、商务部、国家工商行政管理总局)负责,根据工作需要,国务院反垄断执法机构可授权省、自治区、直辖市政府相应的机构,依法负责有关反垄断执法工作。这是一个比较新的做法。①

由于各地情况可能存在差异性,可以赋予省级地方一定的自主权。如《行政复议法》只规定了"对海关、金融、国税、外汇管理等实行垂直领导的行政机关和国家安全机关的具体行政行为不服的,向上一级主管部门申请行政复议",而对工商行政管理、技术监督、地方税务等实行省以下垂直管理机构的具体行政行为不服的复议管辖问题,在该法中没有明确,造成行政复议管辖的不统一。对此,《行政复议法实施条例》第二十四条规定:"申请人对经国务院批准实行省以下垂直领导的部门作出的具体行政行为不服的,可以选择向该部门的本级人民政府或者上一级主管部门申请行政复议;省、自治区、直辖市另有规定的,依照省、自治区、直辖市的规定办理"。

为了提高管理科学化、法治化的水平,要按照精简、统一、效能的原则,结合实际需要和具体情况,特别是按照合理配置行政职能的要求,从体制上重新理顺上下级政府之间的职责关系,并据此确定是设置分支机构或派出机构管理,还是由地方政府部门依法或依授权进行管理;其次,在目前中央和地方事务尚难分清的情况下,实行垂直管理要进行科学论证,逐步推进;对应当属于地方管理的事项,应整合管理职能,落实地方责任,完善体制机制,提高监管水平;第三,要在目前"三定规定"基础上,逐步过渡到通过法律、法规来规范垂直管理部门与其派出机构或分支机构的授权关系。

2. 建立健全垂直管理机构与地方政府间的协调配合机制

按照 2008 年 8 月 20 日中共中央、国务院《关于地方政府机构改革的意见》的要求,应建立健全垂直管理机构与地方政府间的协调配合机制。

---

① 任进:《规范垂直管理机构与地方政府的关系》,《国家行政学院学报》2009 年第 3 期。

垂直管理机构与地方政府应密切配合，各负其责，形成合力，并在管辖事项或权限范围、执法依据适用、案件移送、信息共享等方面建立健全衔接和配合机制：一是建立必要的联席会议机制，主要解决本行政区域内日常、专项和重大联合执法的具体问题；二是垂直管理机构或地方政府之间就有关问题经协调达成一致意见的，应制作书面的协调意见，报送同级政府和上一级主管部门备案；三是垂直管理机构或地方政府相关部门查处违法行为时，发现不属于本机构或部门主管或管辖的事项，应及时移送有管辖权的机构或部门处理；四是垂直管理机构或地方政府相关部门应确定具体工作机构，负责协调工作的日常联系，定期通报情况。

3. 依法确立垂直管理机构与地方政府间的公务协助和委托关系

根据行政法理论，除法令另有规定外，行政机关可将本行政机关职权范围内的事务委托其他机关办理；各级行政机关之间发生的委托关系，不以同级机关为限，如不属于同级机关，也得委托。①

根据《行政许可法》第二十四条，行政机关在其法定职权范围内，依照法律、法规、规章的规定，可以委托其他行政机关实施行政许可；委托行政机关对受委托行政机关实施行政许可的行为应当负责监督，并对该行为的后果承担法律责任；受委托行政机关在委托范围内，以委托行政机关名义实施行政许可；不得再委托其他组织或者个人实施行政许可。

此外，还需依法确立垂直管理机构与地方政府之间的公务协助关系。如垂直管理机构或地方政府相关部门执法时，需要相关机构或部门就专业和技术问题提供协助或进行其他协助的，相关机构或部门应按照各自职责予以配合。

4. 建立中央垂直管理机构与地方政府间的相互监督机制和争议协商和裁决机制

地方政府对设立在本行政区域内的垂直管理机构，应在遵守和

---

① 乔育彬：《行政组织法》，中兴大学法商学院图书部 1994 年版，第 85 页。

执行相关法律和政策方面加强监督；而在垂直管理机构管辖的事务范围内，地方政府或部门应在垂直管理部门或机构的法律监督中承担相应的职责。

为解决相互推诿或争权的情况，应建立垂直管理机构与地方政府之间争议的协商和裁决机制。垂直管理机构或地方政府之间如发生争议，且有关争议经协调达不成一致意见的，应报送共同上级决定。如果是部门规章与地方政府规章之间就同一事项规定不一致时，由国务院裁决；地方各级政府如认为部门规章同法律、行政法规相抵触的，可向国务院书面提出审查的建议，由国务院法制机构研究处理。在提请国务院裁决前，垂直管理机构与地方政府应进行协商，解决争议。

第六节　国务院机构的科学设置和法定化

一、国务院机构的调整

(一)国务院机构改革

国务院机构改革是深化行政管理体制改革的重要组成部分。改革开放以来，到2008年机构改革前，国务院共进行了五次机构改革，促进了职能转变，精简了机构，逐步取消了专业经济部门，加强经济监督部门和社会管理职能部门。

但是，面对新形势新任务，现行国务院的机构还存在一些不相适应的方面。主要是国务院有的部门职能配置和机构设置还不尽合理，部门职责交叉、权责脱节等问题仍然存在，有些部门间的协调配合不够等。因此，必须深化国务院机构改革。

按照党的十七届二中全会提出的实现“三个根本性转变”和到2020年形成“权责一致、分工合理、决策科学、执行顺畅、监督有力的行政管理体制”的要求，根据《国务院机构改革方案》，[①]2008年国务

① 《国务院机构改革方案》于2008年3月15日经十一届全国人大一次会议审议批准。

院机构改革的主要任务是，围绕转变政府职能和理顺部门职责关系，探索实行职能有机统一的大部门体制，①合理配置宏观调控部门职能，加强能源环境管理机构，整合完善工业和信息化、交通运输行业管理体制，以改善民生为重点，加强与整合社会管理和公共服务部门。

2008年国务院机构改革的主要内容：

(1)合理配置宏观调控部门职能。要求国家发展和改革委员会进一步转变职能，减少微观管理事务和具体审批事项，集中精力抓好宏观调控；要求财政部改革完善预算和税政管理，健全中央和地方财力与事权相匹配的体制，完善公共财政体系；要求中国人民银行进一步健全货币政策体系，加强与金融监管部门的统筹协调，维护国家金融安全；要求国家发展和改革委员会、财政部、中国人民银行等部门建立健全协调机制，形成更加完善的宏观调控体系。

(2)加强能源管理机构。设立高层次议事协调机构国家能源委员会。组建国家能源局，由国家发展和改革委员会管理。

(3)组建工业和信息化部。将国家发展和改革委员会的工业行业管理有关职责、国防科学技术工业委员会核电管理以外的职责、信息产业部和国务院信息化工作办公室的职责，整合划入工业和信息化部。组建国家国防科技工业局，由工业和信息化部管理。国家烟草专卖局改由工业和信息化部管理。

(4)组建交通运输部。将交通部、中国民用航空总局的职责，建设部的指导城市客运职责，整合划入交通运输部。组建国家民用航空局，由交通运输部管理。国家邮政局改由交通运输部管理。

---

① 实行大部制，主要是按照统一、精简、效能原则和决策权、执行权、监督权既相互制约又相互协调的要求，围绕转变职能和理顺职责关系，把政府相同或较相近的职能加以整合，归入一个部门为主管理，其他有关部门协调配合；或者把职能相同或较相近的机构归并成一个较大的部门。大部制是国外市场化程度比较高的国家普遍实行的一种政府管理模式。这些国家的大部制在公共管理变革中有了新的发展，如决策权与执行权的适度分离等。2003年我国政府机构改革中，将国内贸易与对外贸易职能和机构进行整合，组建商务部，可以看作是大部制改革的一个有益尝试。

(5)组建人力资源和社会保障部。将人事部、劳动和社会保障部的职责整合划入人力资源和社会保障部。组建国家公务员局,由人力资源和社会保障部管理。

(6)组建环境保护部。

(7)组建住房和城乡建设部。

(8)国家食品药品监督管理局改由卫生部管理。明确卫生部承担食品安全综合协调、组织查处食品安全重大事故的责任。

这次国务院改革涉及调整变动的机构共 15 个,正部级机构减少 4 个。

这次国务院机构改革是在以往改革基础上的继续和深化,围绕转变政府职能和理顺职责关系,在合理配置职能、优化组织结构方面迈出重要步伐。主要有以下特点:

一是加强和改善宏观调控以及重要领域的管理,促进科学发展。合理配置宏观调控部门的职能,形成科学、权威、高效的宏观调控体系;完善工业和信息化管理体制,加快走新型工业化道路;加强能源管理机构,保障能源安全;改进交通运输管理,加快形成综合交通运输体系;加大环境保护力度,促进环境友好型社会建设等,为促进经济又好又快地发展创造良好条件。

二是着眼于保障和改善民生,加强社会管理和公共服务部门建设。加强人力资源管理,建立健全从就业到养老的服务和保障体系;加快建立住房保障体系,统筹城乡建设;理顺食品药品监管体制,进一步落实食品综合监督责任等,切实解决人民群众最关心、最直接、最现实的利益问题。

三是探索实行职能有机统一的大部门体制。对一些职能相近的部门实行综合设置,整合完善重要行业管理体制,加强与整合社会管理和公共服务部门,结合职能部门的调整和整合对议事协调机构及其办事机构进行精简和规范。

2008 年新一届国务院成立后,还设置了国务院直属特设机构、直属机构、办事机构、议事协调机构、部委管理的国家局和直属事业单位。[①]

(二)国务院机构改革的深入和进一步调整

1. 对有的机构还要根据形势任务的发展变化适时进行调整

国务院机构改革坚持积极稳妥、循序渐进的方针，做到长远目标与阶段性目标相结合、全面推进与重点突破相结合，处理好改革发展稳定的关系。随着行政管理体制改革的深入，国务院机构还将进一步调整。对有的机构适当过渡，今后对有的机构还可以根据形势任务的发展变化适时进行调整。

2. 对国务院直属事业单位的改革

截至 2009 年 11 月底，国务院设有新华通讯社等 14 个事业单位；国务院许多部门也设置了直属事业单位。其中，有些经法律、法规授权，主要承担社会事务管理职责。

按照政事分开、事企分开和管办分离的原则，应对直属事业单位进行分类改革。主要承担行政职能的，逐步转为行政机构或将行政职能划归行政机构；主要从事公益服务的，强化公益属性。还要抓紧研究提出事业单位分类改革的指导意见及配套措施，确保各项改革相互衔接，协同推进。

3. 合理设置议事协调机构

按照要求，要撤销与职能部门工作交叉重复的议事协调机构及其办事机构，任务交由职能部门承担，如撤销西部开发办、振兴东北办，具体工作由国家发改委承担；临时性工作任务基本完成的议事协调机构的办事机构，应当予以撤销，如国务院三峡办，工作任务完成后要撤销。议事协调机构日常事务能够依托现有部门工作机构的，一般不应设实体性办事机构，如国家减灾委，具体工作由民政部承担。要进一步规范议事协调机构的工作任务和程序，将工作重点放

① 参见:《国务院关于机构设置的通知》、《国务院关于部委管理的国家局设置的通知》和《国务院关于议事协调机构设置的通知》。

在议大事、抓协调上，不代替职能部门工作。[①] 经过改革，只保留一个国务院议事协调机构的实体性办事机构，即国务院扶贫开发工作领导小组办公室。

4. 建立健全部门间协调配合机制

有关部门作出涉及其他部门工作的重要决定时，应当主动征求意见，努力达成共识；建立形式灵活便捷的部门联席会议机制，协调协商有关问题；建立部门信息共享机制，及时交流沟通情况。[②] 在此基础上，可以考虑设置综合性的议事协调机构。

（三）关于组建国务院总理府的设想

按照坚持积极稳妥、循序渐进方针，做到长远目标与阶段性目标相结合、全面推进与重点突破相结合，处理好改革发展稳定的关系的原则，应随着国务院机构改革的深入，研究考虑组建国务院总理府。

从 1949 年开始，中央人民政府委员会组织的政务院设政治法律、财政经济、文化教育等委员会，负责指导所属各部、会、院、署、行的工作，并设人民监察委员会负责监察政府机关和公务人员履行职责。1954 年后，国务院设办公机构协助总理分别掌管国务院所属各部门的工作，并设秘书厅由秘书长领导。当时国务院办公机构有八个（即以政法、文教、重工业、轻工业、财贸、交通、农林、对私人工商业改造为序的第一至第八办公室），各办公室主任协助总理领导有关部门的工作，实际上是国务院和各部、委员会之间的中间层次。这些办公机构在“文化大革命”前已被陆续撤销。

目前，国务院机构设置有国务院办公厅、组成部门、直属特设机构、直属机构、办事机构、组成部门管理的国家局、议事协调机构和直

---

① 以往国务院机构改革方案中，使用“议事协调机构和临时机构”的提法，这是不符合《国务院行政机构设置和编制管理条例》规定的，现在不再提“临时机构”，而是明确临时性工作任务基本完成的议事协调机构，应当予以撤销。

② 实际上，建立健全部门间协调配合机制，不是现在才提出来的，以前国务院早有要求，如 2004 年“国九条”就要求，各部门在出台涉及资本市场的政策措施时，要充分考虑资本市场的敏感性、复杂性和特殊性，并建立信息共享、沟通便捷、职责明确的协调配合机制。

属事业单位等。根据现行《国务院组织法》，国务院办公厅与1954年《国务院组织法》规定的国务院办公机构在“协助总理”这一点上基本相同，但国务院办公厅还不是协助国务院总理领导各部、委员会工作的机构，尽管它有权“研究国务院各部门请示国务院的事项，提出审核意见，报国务院领导同志审批”，并“督促检查国务院各部门对国务院决定事项及国务院领导同志指示的贯彻落实情况，及时向国务院领导同志报告”。实际上，国务院各机构按照规定履行各自职责，部门分割，且决策、执行合一，容易各行其是，没有形成精简、统一、效能的政府管理方式、行政运行机制和部门协调配合机制；特别是在国务院常务会议已经成为国务院领导和决策的主要方式以及国务院已经成立食品安全、能源、反垄断委员会等高层次的议事协调机构以后，国务院机构设置已经不能满足国务院在民主、科学基础上讨论决定国务院重大事项的需要，也难以承担督促检查国务院决定的贯彻执行的任务。有必要在认真研究基础上，考虑组建国务院总理府。

总理府下设国务院办公厅和各种咨询委员会。

(1)国务院办公厅。现在国务院办公厅由原来的国务院秘书厅演变而来，是国务院的常设办事机构，协助国务院领导(总理、副总理、国务委员)处理国务院日常工作，如安排国务院会议的议事日程，沟通国务院与其他机关的联系，并督促检查国务院决定的执行情况等。实际上，国务院办公厅主要是处理原国务院秘书厅的工作，建议在“国务院办公厅”设立“国务院秘书局”，仍然协助国务院领导(总理、副总理、国务委员)处理国务院日常工作。同时，按《国务院工作规则》关于“副总理、国务委员按分工负责处理分管工作，受总理委托，负责其他方面的工作或者专项任务”的规定，分设若干方面的各种内设机构，分别协助国务院副总理、国务委员处理国务院各部、委员会的有关工作。

(2)咨询委员会。为有效开展工作，也为提高国务院决策的科学化水平，国务院应设置各种咨询委员会。委员会的作用主要有两项：一是为国务院常务会议决策提供方案或意见；二是调查审议有关重要事项及适宜由专家通过合议处理的事务。为此，应改变主要由某些部门进行决策、咨询和组织协调的做法，整合国务院有关机构、单位的研究、咨询力量和各议事协调机构的组织协调职责，加强对涉及国务院工作中重大事项的审议、研究和组织协调。

二、国务院机构的依法规范

新中国成立以来，国家十分重视国务院组织建设，先后制定并实施了一系列有关国务院机构的产生、组织和职权方面的法律、法令，但随着形势的发展，这些法律和法令都已废止或者修改。1982 年《宪法》和 1982 年《国务院组织法》的颁布实施，为国务院机构的组织和活动提供了基本的法律规范。特别是 1997 年《国务院行政机构设置和编制管理条例》的发布实施，首次以行政法规形式比较全面地对国务院行政机构的设置原则、条件和程序以及国务院行政机构的分类和各类国务院行政机构的性质，作出法律规范。

但是随着国务院机构改革的深入和依法行政原则的实行，原有的国务院机构的法律规范有的已经不能适应或者不能完全适应行政法治对国务院机构的要求。有学者指出《国务院组织法》存在的主要问题：(1)对国务院的性质界定不明确；(2)对国务院的组成规定不详；(3)没有规定国务院的基本职能；(4)《宪法》有关国务院职权的规定需要具体落实。① 因此，应当进一步加强有关国务院行政组织机构体系的法制建设。②

为了巩固国务院机构改革成果，促进国家行政管理法治化目标的实现，有必要进一步规范国务院行政机构的产生、组织和职权。为

① 张越：《修正〈国务院组织法〉片论》，《行政法学研究》1999 年第 1 期。

② 实际上，自上世纪 80 年代始，社会上就有制定《机构编制法》的呼声。进入 21 世纪后，每年的“两会”，都有关于机构编制管理立法的议案或提案。如 2006 年 3 月十届全国人大四次会议上，全国人大代表厉志海、张秀娟等就建议制定《机构编制法》，规范“国家机关、司法机关、党政机关、政协机关及事业单位的机构和编制”，参与联署的全国人大代表达 124 人。

此，应当适时修改《宪法》、《国务院组织法》和《国务院行政机构设置和编制管理条例》，并在各部门《主要职责、内设机构和人员编制规定》基础上，进行部门组织立法，明确工作职能，完善工作程序。具体而言，主要应当明确或者规范以下内容。

（一）厘清国务院机构、行政机构的范围

根据2008年3月21日国务院公布的《关于机构设置的通知》，国务院机构设置，包括国务院办公厅、组成部门、直属特设机构、直属机构、办事机构、直属事业单位，而根据1997年《国务院行政机构设置和编制管理条例》，国务院行政机构分为国务院办公厅、组成部门、直属机构，办事机构、国务院组成部门管理的国家局、议事协调机构六类。而且，2008年3月21日国务院《关于部委管理的国家局设置的通知》和《关于议事协调机构设置的通知》，是与上述《关于机构设置的通知》分别发布的，可见，国务院公布的《关于机构设置的通知》是不包括部委管理的国家局和议事协调机构的，显然，与《国务院行政机构设置和编制管理条例》规定的国务院行政机构的范围不一致。因此，厘清国务院机构、行政机构的范围，是国务院机构法定化和规范化中首先要解决的问题。

（二）明确国务院行政机构的设置原则

1982年《国务院组织法》和1997年《国务院行政机构设置和编制管理条例》中规定的国务院行政机构的设置原则，主要有：适应国家政治、经济、社会发展需要原则；精简、统一、高效原则。随着国务院机构改革的逐步深入和依法行政原则的实行，应当重视国务院行政机构的法治建设，在修改上述法律、法规时，把依法设置国务院机构也作为机构设置的一项原则，明确规定非因法定事由并经法定程序，国务院机构、职能和人员编制不得擅自更改或变动。

（三）确立国务院行政机构的法律地位

从目前情况看，国务院办公厅、组成部门、直属机构、办事机构的设置有《宪法》或者《国务院组织法》的依据，而国务院组成部门管理的国家局、国务院议事协调机构，则没有严格的法律依据。因此，建议在修改《国务院组织法》和《国务院行政机构设置和编制管理条例》时，确立国务院组成部门管理的国家局、国务院议事协调机构的法律地位，并将2008年《企业国有资产法》关于国务院直属特设机构国有资产监督管理委员会的性质和地位的规定吸收进去。

（四）完善国务院行政机构的设置条件和程序

《宪法》第六十二条关于全国人大职权的条款中规定了全国人大在国务院组成人员产生方面的职权，但未规定全国人大在国务院机构设置方面的职权，而是在第八十六条中规定："国务院的组织由法律规定"。根据《国务院组织法》第八条和第七条、第十一条的规定，国务院各部、各委员会的设立、撤销或合并，由全国人大或其常委会决定；国务院办公厅、直属机构和办事机构的设立由国务院决定。《国务院行政机构设置和编制管理条例》重申了上述有关规定，并增加规定国务院组成部门管理的国家局、国务院议事协调机构的设立、撤销或合并，也由国务院决定。

笔者认为：(1)《宪法》规定了国务院组成人员的产生方式，未规定全国人大在国务院机构设置方面的职权。这一点值得商榷。因为在中国，中央国家行政机关即国务院，它由各部、各委员会（含审计署和中国人民银行）组成，但国务院组成人员不等于国务院组成部门。上述规定不符合《宪法》第三条关于"国家行政机关由人民代表大会产生"的规定。(2)国务院组成部门的设置是国家的重大事项，应由《宪法》在全国人大的职权中加以规定，不应只由法律规定。(3)由国务院以行政法规形式规定国务院行政机构的设置条件和程序，只是一种过渡办法。随着国务院机构改革的逐步完成和依法行政的全面推进，应在《国务院组织法》中规定国务院行政机构的设置条件和程序。

（五）完善国务院部门或机构管理的国家局的隶属关系

根据《国务院行政机构设置和编制管理条例》，只有国务院组成部门才能设置部门管理的国家局，但实际上，目前除了国务院组成部门外，国务院办公厅、国务院直属机构也设置了国家局（如国务院办公厅管理的国家信访局、国家安全生产监督管理总局管理的国家煤矿安全监察局）。因此，应在修改《国务院行政机构设置和编制管理条例》时，明确国务院部门或机构管理的国家局的隶属关系。

另外，国务院部门或机构与其管理的国家局的关系，目前主要是依据 1998 年《国务院关于部委管理的国家局与主管部委关系问题的通知》，属于国务院的规范性文件，应在修改《国务院行政机构设置和编制管理条例》时，将有关内容吸收进去。

（六）依法规范国务院行政机构的职责和权限

目前这方面存在的问题，主要是国务院各类行政机构的职责和权限，多在国务院各类行政机构的《主要职责、内设机构和人员编制规定》（"三定规定"）中规定，这尽管比原先"三定方案"有进步，但由于"三定规定"毕竟不是法律，甚至不是行政法规，加上没有对违反"三定规定"者严格追究法律责任的条款，其效力和权威不够。因此，从严格依法行政的角度看，有必要进一步明确国务院行政机构的职责和权限，并在"三定规定"基础上进行相关部门组织立法，对国务院行政机构的职责和权限作出界定。

（七）建立对国务院直属事业单位的管理规范

国务院直属事业单位尽管不是国务院行政机构，但两者关系密切。其中，相当一部分的国务院直属事业单位是主要承担公共事务管理职能的事业单位。它们经过法律、法规授权（如中国证券监督管理委员会）或者受国务院委托（如全国社会保障基金理事会），具有行政权。

组织法定不仅是国家行政机关必须遵循的基本准则，也是对主要承担公共事务管理职能的事业单位的基本要求。国务院直属事业单位属于国务院机构，根据《宪法》中关于"国务院的组织由法律规定"和《立法法》中关于"各级人民政府的产生、组织和职权"属于法律保留事项的规定，为了加强对国务院直属事业单位的规范和管理，应当在修订《国务院组织法》时，明确其机构设置和编制管理的原则、条件和程序。

具体方案见《中华人民共和国国务院组织法修正草案》（代拟稿）。

第三章
地方行政组织法

第一节　地方行政组织法概说

一、地方政府概说

(一)地方政府的概念

“地方”相对于“中央”而言。一个国家为了便于治理，将其领土划分为不同层次、不同范围的行政区域，这些大小不等的行政区域，即为“地方”。

顾名思义，所谓“地方政府”，即设置在“地方”的各级“政府”。但由于各国政治结构、法律背景和历史文化的不同，在不同国家，对“地方”或“地方政府”的理解也有所不同。

《剑桥百科全书》认为：“地方政府是在《宪法》上属于全国性政府、区域性政府或联邦制政府下的一整套政治机构，它有权在国家有限的领土范围内履行某种职能”。[①]

《国际社会科学百科全书》这样表述地方政府：“地方政府一般可以说是一种公共组织，它有权决定和管理一个较小地域内的有限公共政治，这一地域是某个区域性政府或全国性政府之下的区域。地方政府在政府机构体系中位于底层，全国政府位于最高层，中间部分则为中间政府(州、地区、省)”。[②]

《美国百科全书》的观点也很接近：“地方政府是全国性政府(na-

---

① 《剑桥百科全书》，剑桥大学出版社 2000 年英文版，第 658 页。

② 《国际社会科学百科全书》第 9～10 卷，英国麦克米兰出版公司 1968 年英文版，第 451 页。

tional government)之下的政治机构;在联邦制国家,则是区域性政府(regional government)之下的政治机构”。[①]

按照上述解释,地方政府,是设置于一个较小区域内的国家或州、省、地区之下的政治机构;在联邦制国家,则是指州(省、地区等)以下的县、市等政府。州(省、地区等)作为中间政府,本身不是地方政府。

法国长期实行中央集权,因此法国人的地方自治观念相对较为淡薄。对法国人而言,尤其是在过去,“地方”更多是指国家的行政单位,而非自治的区域。尽管《宪法》规定地方通过设立民选的议会自由地进行管理,且20多年来,法国进行了地方分权的改革,扩大了地方的自治权,2003年修改《宪法》,进一步扩大了地方自治权,但传统的中央集权的影响仍未从根本上改变。

在德国,联邦与邦并不是国家行政的惟一主体,与之同时分担管理任务的还有所谓的“间接国家行政机构”:其一为公共法人;其二为乡镇及乡镇联合体。即地方既是自治单位,又是(间接的)国家行政单位。

中国地方政府源远流长,其间经历了复杂的发展变化。新中国成立以后,我国建立了新型的地方制度。按照《宪法》的规定,“政府”一词专指国家行政机关,只有地方国家行政机关,即地方各级人民政府,才是地方政府。与此相适应,我国学术界通常把地方政府理解为地方国家行政机关,而不包括其他地方国家机关。

《法学词典》对“地方政府”的解释具有代表性:“‘中央政府’的对称。设置于地方各级行政区域内负责行政工作的机关”。[②]

《辞海》对“地方政府”的解释是:“‘中央政府’的对称。设置于地方各级行政区域内负责行政工作的国家机关”。[③]

---

① 《美国百科全书》第17卷,Grolier出版公司1997年英文版,第637页。

② 《法学词典》编辑委员会:《法学词典》(增订版),上海辞书出版社1984年版,第280页。

③ 夏征农:《辞海》(上)(普及本),上海辞书出版社1999年版,第1503页。

上述解释主要是针对我国的地方政府来讲的,显然不包括西方国家地方政府的情形。西方学者大都从广义上使用"地方政府"的概念,按西方学者的理解,地方政府并不专指地方执行机关,也指地方议事机关。

在中国,人们一般从单一制国家中央与地方关系的角度,把"地方政府"表述为"中央政府"的对称。对联邦制国家,多数人认为联邦制国家的组成单位,如州(共和国、省、地区)政府不称"地方政府",只有州(共和国、省、地区)以下的政府,才叫"地方政府"。

(二)地方政府的特征和分类

1. 地方政府的特征

关于地方政府,《世界图书百科全书》认为有下列特征:(1)每一地方政府负有某种重要责任,为其辖区的居民提供福利和某些服务;(2)大多数地方政府由选举产生的官员进行管理;(3)有征收地方税的权力。①

《布莱克韦尔政治学百科全书》中的"地方政府"辞条指出:地方政府"具有如下特点:长期的历史发展,在一国政治结构中处于隶属地位,具有地方参与权、税收权和诸多职责"。②

戴维·威尔逊和克里斯·盖恩在2006年合著的《联合王国地方政府》中,根据英国的情况对地方政府的基本特征作了较全面的概括:

(1)地方政府是地域性的自治组织。地方政府是地方自治机构,有权自主决定地方事务,地方政府不是地方行政机关。

(2)地方政府是法律的产物。在大多数国家特别如英国等单一制国家,由中央政府通过立法决定地方政府的产生,规定地方政府的区域、职责、权限、资格和运行方式。中央政府可以创建地方政府,也

---

① 《世界百科全书》第12卷,世界图书出版公司1992年英文版,第346页。

② 〔英〕戴维·米勒、韦农·波格丹诺编,邓正来等译:《布莱克韦尔政治学百科全书》,中国政法大学出版社1992年版,第421页。

可以废止或撤销某一地方政府。

(3)地方政府享有自治权。有的国家由于有《宪法》的确认和保障,地方政府享有较完全的自治权,有的国家如英国的《宪法》是不成文的,地方政府不受《宪法》保障,不享有完全的自治权。地方政府的自由裁量权也是有限的。

(4)地方政府由当地居民直接选举产生。地方政府由居民直接选举的成员组成,更接近选民,能更好地反映和代表选民的意志。

(5)地方政府提供全方位的服务。地方政府为当地居民提供从摇篮到坟墓(或从 A 到 Z)的服务。地方政府不仅应让当地居民知道他们可以获得什么服务,而且应让他们知道地方政府在什么地方提供服务,与谁联系。

(6)地方政府是具有多重职能的组织。与传统的地方政府的职能不同,现代地方政府提供服务的方式可以是直接的,但更多是间接的,它们不仅直接提供某些传统的服务,而且可对其他组织或机构提供的服务进行调节、监督或加以促进。

(7)地方政府有征税权。地方政府有权向居民征税,地方税是地方政府开支的来源之一,这是区分地方政府与一般行政组织的基本特征,尽管近年来有的地方政府的征税权受到一定限制。①

2. 地方政府的分类

《布莱克韦尔政治学百科全书》的作者认为,地方政府按享有的职权、地位,可分为有充分自主权、地位和独立合法性的地方政府(在这种情况下,地方政府能够与上级政府进行讨价还价)和没有实质性的自主权、相应的地位和独立合法性的地方政府(这种体制下的地方政府没有有效的讨价还价的权力)。② 这是从地方政府与中央或上级政府的关系的角度所作的分类。

---

① 〔英〕戴维·威尔逊、克里斯·盖恩:《联合王国地方政府》,英国麦克米兰出版公司 2006 年英文版,第 31~40 页。

② 〔英〕戴维·米勒、韦农·波格丹诺编,邓正来等译:《布莱克韦尔政治学百科全书》,中国政法大学出版社 1992 年版,第 421 页。

塞缪尔·休姆斯认为,地方政府根据其是否具有代议性,可分为非代议的地方政府、半代议的地方政府和代议性的地方政府。在非代议地方政府中,没有一个代议性的机构;半代议地方政府有一个代议性的机构,但其主要人员是官员或任命的指定人员,或者代议机构没有实际政治权力,仅起咨询或协商作用;代议性地方政府不仅存在一个代议性机构,而且这一机构几乎全部由选举的成员组成,拥有实际政治权力。[①] 这是从地方政府与当地居民关系的角度所作的分类。

在我国学术界,对地方政府分类的研究较少。有学者认为,对地方政府的分类,可以按不同方法进行:(1)按地方政府设置的目的,地方政府可分为一般地域型地方政府、市镇型地方政府、民族区域型地方政府、特殊型地方政府;(2)以地方制度为标准,地方政府可分为行政体地方政府、自治体地方政府、民主集中制地方政府;(3)按行政层级,地方政府可分为:基层地方政府、最高层地方政府和中间层地方政府。[②]

此外,还可以采用以下方法对地方政府加以分类:

(1)根据地方政府的职能,将地方政府分为具有单一职能的地方政府和具有多重职能的地方政府。

具有单一职能的地方政府,只负责本行政区域内某一方面特定的事务,如教育、卫生、救济贫民、消防、警务、供水、污水处理等。这一类型的地方政府,19 世纪中叶在英国曾经十分普遍,如当时的济贫局、卫生局等。现在许多国家也有这种单一职能地方机构,如美国的学校区和像芝加哥运输局这样的特别区机构。

具有多重职能的地方政府,负责本行政区域内许多方面的事务。现在,这两种类型的地方政府仍同时存在于许多国家。其中大多数国家的地方政府具有多重职能。

(2)根据地方政府的层级,将地方政府分为多级制的地方政府与

---

① 塞缪尔·休姆斯:《地方治理和国家权力:地方政府传统和变革的世界性比较》,Harvester Wheatsheaf 出版公司 1991 年英文版,第 203 页。

② 陈嘉陵:《各国地方政府比较研究》,武汉出版社 1991 年版,第 22~27 页。

一级制的地方政府。

多级制地方政府中，各级地方政府负责各辖区的事务，不同层级之间通常互无等级关系。它们可能负责互不相同的事务，也可能共同负责同一事务的不同方面。

在一级制地方政府中，仅有一级地方政府负责本行政区域内的全部事务。在这种情况下，地方政府就有可能负责联邦制国家中联邦主体负责的那些事务。多级制地方政府与一级制地方政府的划分，有助于认识不同层级地方政府之间的职责划分，也有助于了解地方政府的不同层级对地方政府与上级政府的关系和公民参与民主所可能造成的影响。

(3)根据地方政府与地方其他组织的关系程度，将地方政府分为简单型地方政府与复杂型地方政府。

在简单型地方政府中，地方政府独立负责某些职能，在地方政治和决策过程中，不受其他机构，包括中央政府或联邦主体在地方的机构，以及非政府机构或组织的干预，它们多与中央政府或联邦主体和当地选民发生联系。

在复杂型地方政府中，地方政府的政治和决策过程，通常不仅与中央政府或联邦主体政府和当地选民发生联系，还要受地方政党组织、非政府机构、公民团体、工商界利益集团的影响。

尽管纯粹的简单型地方政府在当今地方政治中几乎很少，但是这种区分有助于从横向方面认识地方政治过程中政党组织、公民团体、利益集团和非政府机构的作用和影响，进而了解地方政府的本质。①

二、地方政府的法律地位和作用

(一)地方政府的法律地位

地方政府是一国《宪法》体系的重要组成部分，具有重要的《宪

① 任进：《比较地方政府与制度》(21世纪政治学系列教材)，北京大学出版社2008年版，第10～12页。

法》或法律地位。正如斯蒂芬·L. 埃尔金所言:"关于立宪政府政治结构理论的重要组成部分,必须是关于地方政府的设计"。①

由于各国法律制度和政治制度不完全相同,其地方政府的《宪法》或法律地位也不尽相同。

在英国,地方政府是由议会制定的法律创立的机构。除了《地方政府法》以外,《宪法》没有对地方政府制度作专门的规定和保障。但是,英国签署并批准了《欧洲地方自治宪章》,因此,政府要遵循《欧洲地方自治宪章》规定的地方民主的基本原则。此外,有关地方政府的法律,还有1998年《苏格兰法》、1998年《威尔士法》和1998年《北爱尔兰法》等。

根据2003年3月28日对1958年《法兰西共和国宪法》进行修改的《关于法国国家结构改革的宪法修正案》(2003年第276号宪法性法律),修改后的《法兰西共和国宪法》第七十二条第五款规定:"共和国的领土单位为市镇、省、大区、具有特殊地位的地方区域和本《宪法》第七十四条规定的海外领地。其他领土单位均由法律建立。这些领土单位由选举产生的议会按照法律规定的条件自由地进行管理";"国家和政府在共和国地方领土单位的代表负责维护国家的利益、监督行政并使法律得到遵守"。另外,1958年《法兰西共和国宪法》第七十四条确定了海外领地的性质和地位,明确海外领地是为在共和国的总利益中照顾领地特有利益而设立的特别组织。根据《法兰西共和国宪法》第三十四条的规定,有关地方领土单位议会选举制度的事项,由法律规定;法律还规定有关地方领土单位的行政自主权、权限和财源。这些规定也为法国地方制度提供了《宪法》基础。除了《宪法》规定外,地方制度的有关法律,还有与市镇有关的法律、与省有关的法律和与大区有关的法律等。

在德国,根据《德意志联邦共和国基本法》第二十八条,在州、县

① 〔美〕斯蒂芬·L. 埃尔金等编,周叶谦译:《新宪政论》,生活·读书·新知三联书店1997年版,第165页。

和乡(镇)中,必须设立经由普遍、直接、自由、平等和秘密选举产生的国民代表机关。各乡(镇)在法律规定的限度内自己负责规定一切地方公共事务的权利,必须得到保障。这种代表机构,在乡(镇)一级可由乡(镇)民大会替代之。联合乡(镇)也应按照法律并在法律赋予它们的职能限度内拥有自治的权利。对地方自治的保障也为地方政府的财政责任奠定了基础。地方自治原则还得到州《宪法》的保障,不仅各州根据基本法制定的《宪法》确定了地方自治原则,而且各地方以宪章的形式规定地方自治的基础。此外,还有地方的选举法、地方税收法等,也规定了对地方自治的制度保障。地方自治还得到司法机关的保障。

除了《宪法》和其他国内法的规定外,地方自治也得到国际公约的承认和保护。《世界地方自治宣言》第一条"地方自治的《宪法》基础",要求"地方自治原则应在本国《宪法》或有关国家政府结构的基本立法中得到承认"。第四条规定,如果《宪法》或法律允许中止或解散地方议会或地方执行机关,应符合正当法律程序;地方政府应尽早地依法恢复履行职责。第十一条规定:"地方政府有权获得司法救济,以确保其自治权和符合确认其职能和保护其利益的法律的要求"。《欧洲地方自治宪章》第二条"地方自治的《宪法》和法律基础",也要求"地方自治原则应在本国立法中得到承认,且在《宪法》中得到实施"。

(二)地方政府的作用

由于地方政府只局限于一定的区域,地方事务本身不如全国性事务引人注目,因此对地方政府的关注程度远不如中央政府,但是,这并不意味着地方政府的作用不大,更没有否定地方政府的价值。

地方政府的作用和价值主要体现在民主和效率两方面,具体而言:

1. 地方政府的存在有利于促进自由

英国学者威廉·布莱克斯通曾说过:英国人所享有的自由应归功于其自由的地方制度。早在盎格鲁-撒克逊时代,英国人就已在自己的家乡学得公民的义务和责任，从而奠定了英国人民政治自由的基础。法国托克维尔则断言，在没有地方自治的条件下，一个国家虽可建立一个自由的政府，但它没有自由的精神。[①]

2. 地方政府有利于发扬民主，增进平等

地方政府不仅仅是人民自由的保障，也是对人民进行教育的学校。地方政府由选举产生，这使选民得到民主政治的教育和训练机会，同时也使被选出的人员在地方政府中得以学习政务。

英国政治学家 W. J. M. 麦肯齐指出："设置地方政府的理由，在于地方政府是提供某些服务的有效和便利的方式；在于人们倾向于认为，中央政府需要一种品质，这样的品质可以通过地方自治的形式很好地得到培养"。[②]

3. 地方政府不仅可以促进自由、民主和平等，还有利于公民参与，提高效率和增加福利

汤尼·伯恩从英国的情况具体列举了地方政府的作用：(1)地方政府能够更有效地处理某些重要事务；(2)地方政府具有相对独立性，可以发挥创造性和进行试验；(3)地方政府的存在有助于对公民的政治教育和对公民政治能力的培养，有助于推进民主政治；(4)地方政府的存在有利于防止或对抗中央过分集权和滥用权力；(5)地方政府的存在，是尊重英国人民生活方式和历史传统的表现。[③]

戴维·威尔逊和克里斯·盖恩在 2006 年合著的《联合王国地方政府》中认为，地方政府的作用和价值，一是地方政府可以代表和反映当地居民的意志和需要；二是强调了不同地方的差异性；三是鼓励创新和互相学习；四是较迅速有效地回应当地居民需要，提高行政效

---

① 〔法〕托克维尔著，董果良译：《论美国的民主》(上卷)，商务印书馆 1997 年版，第 67 页。

② L. J. SHARPE, "Theories and Value of Local Government", *Political Studies*, Vol. XVⅢ, No. (1970), pp, 154.

③ Anthony Byrne, *Local Government in Britain* (London: Penguin Books Ltd, 2000), pp. 5 – 8.

率;五是可以增强公民意识和参与意识;六是为公民的政治教育和训练提供场所;七是有利于分散权力。①

三、主要西方国家地方政府组织机构

(一)英国地方政府

在英国,地方政府是指"由地方居民选举产生的、负责管理法律规定属于某一地方的行政职务并具有独立法律地位的行政组织"。②根据法律,英国地方政府包括地方议会及其执行机关。

1. 地方议会

地方政府的核心就是选举产生的地方议会,具有法人资格,郡议会和区议会称为主要的地方政府(principal local authorities);在人口稀少不设议会的教区由教区大会主席和区议会指定的官员组成教区管理人(parish trustees)作为教区代表并具有法人资格。

根据英国法律的规定,地方政府是由普遍、秘密投票选举产生的议员组成的法人。地方政府作为法人的权力包括议事和执行两方面的权力,由全体议员组成的议会或由某些议员组成的委员会或分委员会或其官员行使。

在地方议会委员会按设立的条件分法定必设(statutory)和自行选择(permissive)两大类。有的委员会根据法律规定是必须设立的,如教育、社会服务等委员会,但大多数委员会由地方议会决定其是否设立、构成、职权等。此外,一些较大的委员会根据需要并可在其委员会内部设立分委员会,处理某一方面的具体事务。

2. 执行机关

在地方议会中,除设有各种委员会外,还有由议会根据专业分工设置的各种部门。每个部门由某一领域的专家担任的首席执行官或主任领导,聘用各种通用人才和专门官员。这些部门有的是直接为

---

① 〔英〕戴维·威尔逊、克里斯·盖恩:《联合王国地方政府》,英国麦克米兰出版公司2006年英文版,第31～40页。

② 王名扬:《英国行政法》,中国政法大学出版社1987年版,第50页。

公众提供服务的，如教育、社会事务、休闲、消费者保护等部门；有的是为其他部门提供服务的，如执行主管、财务、人事、建筑设计等部门。

大多数地方议会设有首席执行官，担任议会雇员的领导，并负责议会的运行和政策的协调。

2000 年联合王国议会通过《地方政府法》，修改了原 1972 年的《地方政府法》，对英格兰和威尔士的地方政府机构作了重大改革，加强了执行机关，目的在于提高地方政府决策的效率、透明度和工作责任心，并加强彼此间的监督和审查。根据该法第二十二章的规定，在英格兰和威尔士，地方政府应当依法施行有关建立和运作地方议会"执行机关的制度安排"(executive arrangements)，并使地方议会的某些职能成为执行机关的职责。地方议会(包括英格兰的郡议会、区议会、伦敦各区议会和威尔士的郡议会或郡自治市议会等)必须设立单独的执行机关。[①] (见图 3.1)

---

① 执行机关必须采取以下几种地方治理模式中的一种：(1)市长—内阁制(a directly elected mayor with a cabinet)。在这种体制下，地方议会的执行机关由市长和内阁组成：市长由选民直接选举产生，由市长从议会中任命的两名或两名以上的议员组成内阁。市长—内阁制下执行机关的成员人数不得超过 10 人。这种体制下的地方议会应由直接选出的市长、议会主席和议员组成。(2)领导人—内阁制(an indirectly elected leader with a cabinet)。在这种体制下，地方议会的执行机关由执行机关领导人和内阁组成：执行机关领导人由议会从议员中选出，由执行机关领导人或议会任命两名或两名以上的议员组成内阁。领导人—内阁制下执行机关的成员人数不得超过 10 人。(3)市长—议会经理制(a directly elected mayor with council manager)。在这种体制下，地方议会的执行机关由市长和议会经理组成：市长由选民直接选举产生，由议会任命一名议会的官员作为议会经理，共同组成地方议会的执行机关。这种体制下的地方议会应由直接选出的市长、议会主席和议员组成。(4)由主管大臣发布的规章中规定的任何形式。主管大臣发布的规章可以专门规定执行机关的形式(如执行机关中一些成员或全部成员由选民选举到一定职位；或由选民选出，但不确定一定职位)以及确定用于选举的投票方式。法律规定，打算实行直接选举市长体制的地方议会需要征得公民投票的支持；公民可以就实行选举市长体制要求进行公民投票。法律要求，地方议会执行机关中，不得包括地方议会的主席或副主席。法律还要求，地方议会必须设立一个审查监督委员会(overview and scrutiny committee)，加强彼此间的监督和审查，其构成应当与政党格局相一致。参见任进：《比较地方政府与制度》(21 世纪政治学系列教材)，北京大学出版社 2008 年版，第 44～46 页。

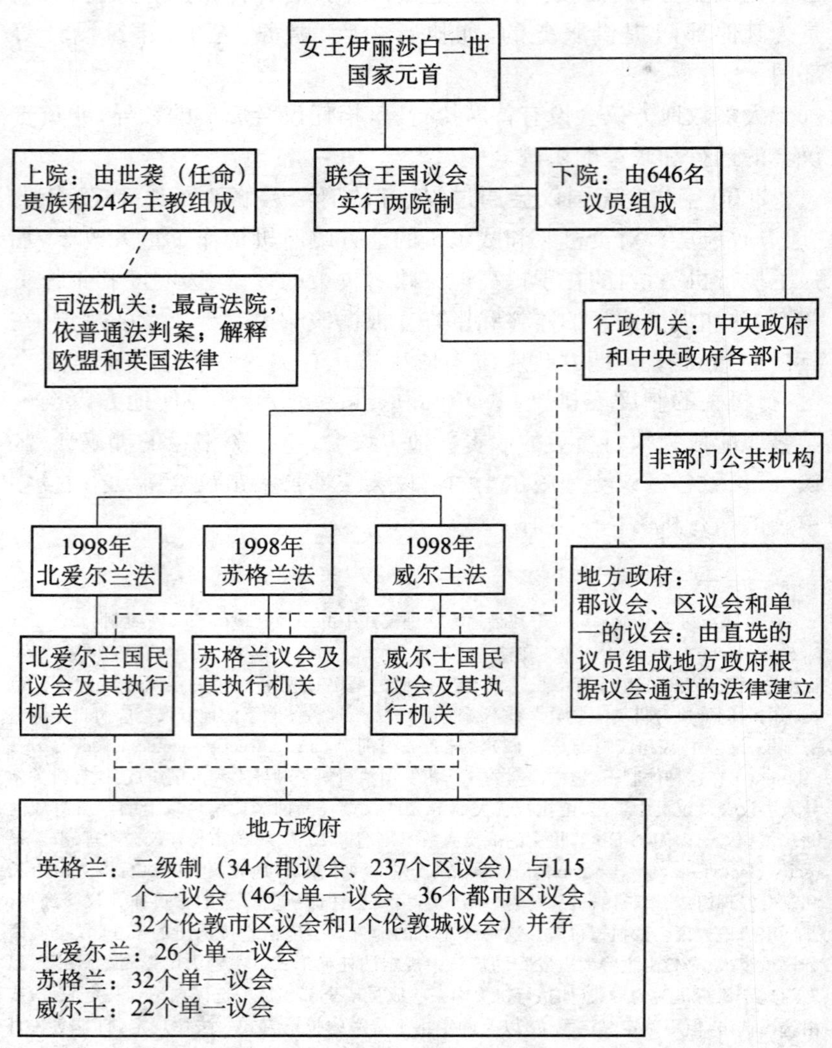

图 3.1　英国的中央、地区和地方行政组织

资料来源：欧洲委员会编：《地方与地区民主的结构和运行：英国》，欧洲委员会出版社 2000 年英文版，第 12 页；《2005 年宪制改革法》。

(二)法国地方政府

根据内政、海外事务与地方政府部的统计，截至2009年1月，法国计有:26个大区、100个省、36 793个市镇;另外还有6个海外领地和1个具有特殊地位的领土单位。[①]

1. 大区

作为一级领土单位，大区设大区议会，是大区的审议机关。大区议会议员由大区内各省的居民按直接普选方式选出。大区议会设主席、副主席，由大区议会议员选举产生。大区议会主席、副主席和其他成员组成常设委员会。大区议会主席是大区议会的执行机关。

大区议会主席是大区的政治首长，对大区的管理承担责任;同时，大区议会主席也是大区的地方行政首长。

大区议会主席职权很广泛，主要有:负责编制和执行省议会通过的预算，除非法律专门规定，有权决定大区的开支，管理大区的公共财产和收入;担任大区所属部门的总首长，可以授权部门的领导代表其处理其职权范围内的事项;代表大区签署大区议会(或经授权由常设委员会)决定缔结的契约并负责执行;对提请大区议会审议的问题进行初步审查;在法律诉讼中代表大区议会进行活动等。

大区议会主席每年以专门报告的形式，向大区议会通报大区的总形势和各部门的活动和资金情况，并详细汇报大区议会决定的执行情况和大区的财政状况。

2. 省

作为一级领土单位，省设省议会(conseil général)，是省的审议机关。省议会由省内各区(le canton)居民按直接普选方式选出，每区无论人口多寡均选一名。省议会主席是省议会的执行机关。

省议会主席是省的政治首长，同时也是省的地方行政首长。

省议会主席的职权很广泛，主要有:负责编制和执行省议会通过

① 〔法〕内政、海外事务与地方政府部地方领土单位司:《法国领土单位的数目(2009)》(Les Collectivités Locales en chiffres 2009)。

的预算，除非法律专门规定，有权决定省的开支，管理省的公共财产和收入；担任省的部门的总首长，可以授权部门的领导代表其签署其职权范围内的文件；签署省议会（或常设委员会）决定缔结的契约并负责执行；指导省的工作；对提请省议会审议的问题进行初步审查；在法律诉讼中代表省议会进行活动等。

省议会主席每年以专门报告的形式，向省议会通报省的总形势和各部门的活动和资金情况，并详细汇报省议会决定的执行情况和省的财政状况。

3. 市镇

市镇一直是基本的一级地方政府。市镇具有双重作用：(1)作为地方自治单位，反映地方民意，管理地方事务；(2)作为地方机构，履行中央政府委托的某些职责。

市镇议会是市镇的审议机构，管理市镇事务。市镇议会由居民直接选举产生，市镇议员选举根据市镇人口的不同而采取不同的方法。市镇长是市镇议会的执行机关。

市镇长是市镇的政治首长，由市镇议会从议员中选举产生。市镇长具有双重身份，在地方政治活动中起重要作用。

一是作为国家在市镇的公务人员，代表国家履行某些职务，如担任民事登记官；担任司法警察官员；负责选民登记，组织选举；代表国家对公民签发身份证、护照、建筑许可、狩猎许可等证照；负责统计服兵役名单；编制义务教育适龄儿童名单等。

二是作为市镇行政首长，市镇长是市镇议会的主要执行官，要对执行市镇议会的决定负责。市镇长负责编制和执行市镇议会通过的预算；签署议会决定缔结的契约并负责执行；管理市镇的财产和收入；管理市镇公职人员的编制和市镇会计；接受礼品和捐赠等。

此外，市镇长可以根据市镇议会授权代表市镇议会作出某些决定，如决定由市镇机关使用的市镇财产的用途；为市镇利益收取非财政性资金；为预算中规定的投资贷款并不得超过议会规定的限额；保险合同；会计制度；公墓许可；支付律师费用；小学班级设置；修改市镇规划文件;优先购买权;在法律诉讼中代表市镇等。在市镇议会的例会上,市镇长要就受委托职权的行使向市镇议会报告。[①]

(三)日本地方政府

日本地方政府,即地方公共团体的组织机构,有议事机关和执行机关。截至2009年10月5日,日本地方政府数目如下:1都(东京)、1道(北海道)、2府(大阪和京都)、43个县、765个市、18个政令指定市(政令指定的人口在50万以上的市)、23个特别区、798个町、191个村。[②]

根据《日本国宪法》第九十三条的规定,在地方公共团体中,应设置作为议事机关的议会。为此,《地方自治法》对地方议会的组织、权限等作了详细规定。

普通地方公共团体执行机关,由普通地方公共团体行政首长和行政委员及委员共同构成。

1. 地方公共团体行政首长

根据《地方自治法》第一百三十九条的规定,普通地方公共团体行政首长在都、道、府、县称知事,在市、町、村称市长(町长、村长)。[③]

地方公共团体行政首长,依《公职选举法》的规定,由选民从有被选举权者中选出,任期四年,为专任职,不得兼任国会两院议员、地方公共团体议会议员及常任职员。此外,还禁止兼任与该地方公共团体有应回避关系的有关工作。

行政首长作为都、道、府、县及市、町、村的执行机关,拥有广泛的职权,如统辖和代表本地方公共团体,管理和执行属于地方公共团体的事务,制定规则。地方公共团体行政首长综合调整和指挥监督各种行政委员会等行政机构的工作领域。

行政首长所管辖的事务,主要有:提出本地方公共团体事务范围

---

① 欧洲委员会:《地方与地区民主的结构和运行:法国》,欧洲委员会出版社1998年法文版。

② 资料来源:http://www.lasdec.nippon-net.ne.jp/cms/1,19,14,151.html

③ 万鹏飞、白智立:《日本地方政府法选编》,北京大学出版社2009年版,第56页。

内的议案；编制并执行预算；任命教育委员会和公安委员会等行政委员会的委员、副知事、助理、出纳长、会计员及其他职员。此外，还执行除地方公共团体议会及行政委员会工作之外的所有地方公共团体事务。

为协助地方公共团体行政首长履行职权，另设有一定的辅助机关。典型的辅助机关在都、道、府、县为副知事、出纳长、公共企业主管等，由知事任免。市、町、村的辅助机关是市、町、村长助役（副市、町、村长）、收入役等，由市、町、村长任免。

在行政首长之下还设有内设组织。典型的都、道、府、县内设组织，有总务部、计划部、福利劳动部、健康卫生部、环境部、工业贸易部、农林业部、公共建设部、会计部和公共企业局等；典型的市、町、村内设组织有总务部、计划与财经部、社会保险与福利部、环境部、建设部、会计部和社会福利事务所等。（见图 3.2）

2. 行政委员会及委员

普通地方公共团体的执行机关除行政首长外，还设有各种行政委员会及委员，以防止权力过分集中于行政首长。这些委员会通常具有调整利害关系、评议、裁决的职能，也有的是为保持政治中立，确保公平行政而设置的。

比较典型的委员会，都、道、府、县有：教育委员会、选举管理委员会、人事委员会、公安委员会、地方劳动关系委员会、监查委员等。市、町、村有：教育委员会、选举管理委员会、公平委员会、监查委员、固定资产评估审查委员会和农业委员会等。[①]

（四）美国地方政府

美国地方政府的特点是形式多样、差别巨大。在美国，联邦、州和地方政府的数目每五年统计一次。根据美国人口统计局（U. S. Census Bureau）2007 年 12 月的统计，美国计有 3 033 县，

① 万鹏飞、白智立：《日本地方政府法选编》，北京大学出版社 2009 年版，第 68～77 页。

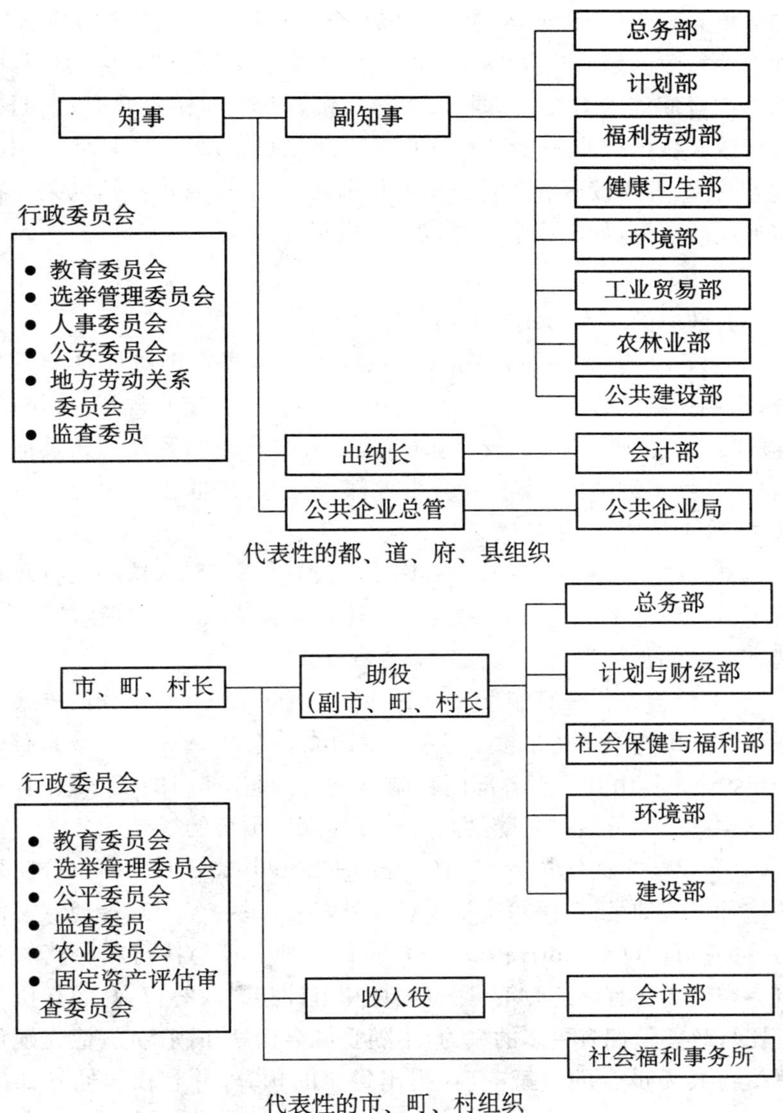

图 3.2　日本地方政府的典型组织机构

资料来源:〔日〕财团法人自治体国际化协会编:《日本的地方制度》,2006 年,第 45 页。

19 492个市，16 518 个乡、镇，13 051 个学校区，37 381 个特别区。[①]在上述行政区划上建立的各类地方行政单位又可分为两大类型：一类是综合职能地方政府，即县、市、乡、镇、市镇、村镇等政府，它们在本行政区域内行使一般和普通的行政管理职能；另一类是单一职能地方政府，即学校区和各种类型的特别区，它们仅管理本辖区某一特定方面的事务，如中小学教育、消防、供水等。

1. 县政府

县政府的基本形式有下列三种：

(1)委员会制(commission plan)：县的主要管理机构是县委员会，这种体制的显著特点是，由委员会集体行使制定县规章(ordiances)和通过县预算等立法权，同时有决定并执行决策和任命县其他官员(如公共工程部门主任、社会事务部主任等)等职权。他们一般由选举产生，通常由 3～5 人组成。

县通常不设行政首长，但有许多县设置行政官员，这些县行政官员多由选民选举，有的由县委员会、县司法官或其他行政官员任命。选举产生的县行政官员多独立于县委员会。

(2)议会—行政官制(council-administrator plan)：采用的方式是保留由选民选举产生的委员会，同时由委员会挑选一名行政官(administrator)，由其负责各部门行政官员，协调各部门的工作，并有权编制预算。该行政首长受县委员会或监督委员会的指导。

(3)议会—选任执行官制(council-elected executive plan)：在采用这种形式的县，选民除选举委员会外，还选举一名行政管理专家作为县的执行官(executive officer)，实行一种决策与执行相分离的体制。委员会仍有制定政策、通过预算和审计县财政等权力，而县执行官比行政首长拥有更多的权力，不随委员会任期届满离任，他或她负责执行县委员会的决策，有权提出每年的预算，并有权雇佣各部门首长。

---

① 以上数据资料由美国人口统计局(U. S. Census Bureau)2007 年 12 月 18 日惠供。

2. 市政府

美国的市政府体制有三种基本形式：市长—议会制、委员会制和议会—经理制。

(1)市长—议会制(mayor-council plan)：其创设的初衷是基于分权原则，其组织结构与联邦政府、州政府相似，立法、行政分离。市长由选举产生，作为市的行政首长，下属有许多行政官员。市议会是市的立法或决策机关。市长—议会制依市长与议会的关系程度，可分为弱市长—议会制和强市长—议会制。

(2)议会—经理制(council-manager plan)：议会—经理制是企业经营管理方式移用于政治领域的表现。市议会由选民选出一定名额的议员组成，在形式上选出一人为市长，但市长无实权，仅履行礼仪职能，主持议会会议，不负行政责任。市议会拥有立法权。

按照议会—经理制，要求议会任命或聘请本地或外地的一个市政管理专家，主持全部行政工作；市经理对市议会负责并报告工作，作为市的行政首脑，执行市议会的决策，监督法律的执行，编制市预算，监督和领导行政部门，并有权任命和解聘各部门首长和其他官员。

(3)市委员会制(city commission plan)：由一个委员会同时行使立法(决策)权和行政权。委员会由选民直接选举产生。这些委员具有双重作用，一方面每个委员都分别担任城市一个重要行政部门的领导；另一方面又同时集体作为制定城市政策的机构。委员会实行集体领导分工负责制。市长通常由选举产生，或由得票最多的委员担任。市长除了主持会议和履行礼仪职责外，权力和地位与其他委员平等，并兼管一个部门的工作。

3. 乡镇

许多州的乡政府是按类似于新英格兰地区的镇政府体制组织起来的。有的州设有一年一次的乡民大会作为乡的决策机关。乡民大会由全体居民参加，但出席会议者很少，除非是遇有特别重要议程时才有众多居民参加。乡民大会的权力通常有权决定课征税收、批准预算、通过州法允许的乡规等。

新英格兰地区镇的政府体制是：由所有镇民组成镇民大会，负责选任官员和进行决策。镇民大会每年举行一次。同时设立管理委员会(board of selectmen)，经镇民大会选任或普选的委员组成。此外，镇还设立其他官员，如秘书、司库、评税官、济贫监督、警察、栅栏巡察和学校委员会等，由管理委员会任命或选举产生。

在新英格兰地区的许多镇，已实行镇代表大会制。按照这一体制，镇民选举一定数量的代表，参加代表大会。虽然所有镇民仍有权出席大会并发表意见，但不能直接表决。此外，有的镇还采取了类似于市长—议会制的镇长—议会制；一些镇采用了镇经理制，由管理委员会选任一名经理，并将行政管理事宜转由经理负责。

4. 学校区和特别区

(1)学校区：特别区中的一种独特的种类。学校区通常设立选举产生的学校委员会(school board)，负责管理学校区的工作。委员会在州法律和规章的范围内处理学校课程、校舍规格、证书、入学等问题，并聘用教师。大多数学校委员会雇用1名督学(superintendent)，负责监督区内的学校行政，在工作人员协助下制定教学计划，决定一般人事，管理教学事务。

(2)特别区：特别区一般按三种方式设立：第一，州通过专门立法设立；第二，一般职能地方政府通过决议设立；第三，公民通过请愿和公民投票设立。

有些特别区管理委员会有权征税；有的特别区依靠收费、拨款或私人债券。有权征税的特别区一般设一个管理委员会(governing board)，由区内选民选举产生；不收税的特别区由州、县、市政府任命一个公共机构进行管理。①

(五)德国地方政府

在德国，地方政府机关主要有地方议会和执行机关。一般来说，

---

① 〔美〕Ann O'M. Bowman，Richard C. Kearneg：《美国州与地方政府：基本原理》，纽约 Houghton Mifflin 出版社 2000 年版，第 251～257 页。

由乡镇议会或县议会在法律规定范围内分别负责决定乡镇或县的地方性事务，除非法律或地方议会决议已经将这些事务委托给了乡镇长或县长负责。乡镇议会或县议会可以授权乡镇长或县长决定某些事务或某类事务，但地方议会可以随时撤销授权。

1. 地方议会

地方议会是地方最高行政机关，有权决定本区域的重大事项。各级地方议会的组成取决于各地方宪章法，其成员数目由本区域人口数决定。议会成员通常由选民直接选举产生。但在有联合乡镇的联合议会的州不尽一致。这种情况下，议会成员由从属于联合议会的乡镇代表机构选举产生。乡镇长由选民直接选举产生，是乡镇议会的议员，通常还是乡镇议会的主席，但在有的州，乡镇长并不能决定所有事情。

乡镇、县或其联合体的议会，通常由选民根据地方选举法，按照平等、秘密、直接和自由的方式选举产生。任期四年或五年。

2. 执行机关

经过近几年的改革以后，几乎所有州的执行机关是乡镇长或县长(landrat)。在黑森州，在石勒苏益格-荷尔斯泰因州的一些城市以及不来梅霍芬市，执行机构是乡镇执行委员会或乡镇政府(gemeindevorstand or magistrat)。乡镇执行委员会由主席(乡镇长)和其他执行委员组成。

在柏林州，县(专区)办公室有执行职能。在汉堡州的 7 个县，由县议会和县办公室履行执行职能。县办公室是县行政机关，由县办公室首脑(县办公室主任)领导，由县议会按多数选举制选出。

乡镇长由选民按多数选举制直接选举产生。

在德国的市政府，一般有 8～9 个行政部门，通常是行政总务、财务、法律和公共秩序、文化教育、社会与卫生、建筑、公共场所、经济和交通等部门，并下设 30 个左右的办公室。

3. 地方首长

在德国，地方首长是县议会主席、乡镇议会主席、乡镇长或县长。

如果乡镇长或县长同时担任行政首长，他或她必须执行地方议会的决议，并且对其负责的领域具有很大的影响力（特别是在执行行政职能方面）。

当县行政机关或县办公室是州政府的下级执行机关时，县长同时也是该执行机关的首长。如果州的职责转移给了乡镇，则这些职责由乡镇长履行，这时，乡镇长也是行政机关首长。

此外，地方议会和执行机关之间有广泛联系，且有互相合作、监督和通知的责任。地方议会和执行机关之间职责区分有时不是十分严格；而且，地方议会和乡镇长或县长之间的职责允许灵活转让。但乡镇长或县长对外分别代表各自的乡镇或县。[①]

第二节　中国地方政府行政组织

一、中国地方政府行政组织的特点

中国是统一的多民族国家，在国家结构上采取在单一制国家中建立民族区域自治制度和特别行政区制度的形式。它不同于联邦制国家，没有联邦制国家中的邦、州、共和国等组成部分，也不同于一般单一制国家。在中国，在中央政府领导下既有一般地方行政区域，又有民族自治地方和特别行政区域。中国这一国家结构形式的特点使中国的地方分权有自己的特点。[②] 相应地，中国地方政府行政组织也体现出以下的特点。

（一）中国地方政府行政组织的双重从属性

与西方国家实行地方自治、地方政府不是国家行政机关不同，中国地方各级人民政府作为国家行政机关体系的组成部分，实行民主集中制原则。地方各级人民政府由同级人民代表大会产生，是地方国家行政机关，同时又是地方各级国家权力机关的执行机关，负责本

---

① 欧洲委员会：《地方与地区民主的结构和运行：德国》，欧洲委员会出版社 1999 年德文版，第 13～16 页。

② 张友渔：《张友渔文选》（下卷），法律出版社 1997 年版，第 459～465 页。

行政区域内的经济、教育、科学、文化、卫生、体育等职能，实行首长负责制。地方各级人民政府对本级人大及其常委会负责并报告工作，同时，对上一级国家行政机关负责并报告工作，并服从国务院统一领导；地方各级人民政府工作部门受本级人民政府领导，并且依照法律或行政法规的规定受国务院主管部门或上级人民政府主管部门的业务指导或领导，从两个方面体现了地方政府行政组织"双重从属性"的特点。

（二）中国地方政府行政组织的多样性

为解决民族问题，在少数民族聚居区，建立民族自治地方，设立人民政府作为自治机关之一，民族自治地方的人民政府行使《宪法》规定的地方国家机关的职权，同时依照《宪法》、民族区域自治法和其他法律规定的权限行使自治权，根据本地方的实际情况贯彻执行国家的法律、政策。为了维护国家的统一和领土完整，保持香港和澳门的繁荣和稳定，并考虑到香港和澳门的历史和现实情况，国家设立特别行政区；特别行政区是我国的一个享有高度自治权的地方行政区域，直辖于中央人民政府，但享有高度自治权。这些都体现了地方政府组织的多样性。

（三）中国地方政府行政组织的多层次性

中国领土辽阔、人口众多，因此多层次地建立地方政府组织。中国的行政区域划分如下：(1)全国分为省、自治区、直辖市；(2)省、自治区分为自治州、县、自治县、市；(3)县、自治县分为乡、民族乡、镇。直辖市和较大的市分为区、县。自治州分为县、自治县、市。国家还设立特别行政区。因此，在各级行政区划上设置的地方政府行政组织，具有多层次的特点。①

---

① 截至 2007 年 12 月，中国共有 23 个省，5 个自治区，4 个直辖市，2 个特别行政区；333 个地级行政区划单位(地级市 283 个、地区 17 个、自治州 30 个、盟 3 个)；2 860 个县级行政区划单位(县 1 463 个、县级市 369 个、自治县 117 个、旗 49 个、自治旗 3 个、特区 2 个和林区 1 个、市辖区 856 个)；19 429 个镇；15 120 个乡。见《中华人民共和国行政区划简册》(2007)，中国地图出版社 2008 年版，第 1 页。

（四）中国地方政府行政组织职能的广泛性

在中央与地方关系上，遵循在中央的统一领导下，充分发挥地方的主动性、积极性的原则。地方政府职能比较广泛，涉及政治、经济、教育、科技、文化、卫生、财政、民族、民政等方面，上下级行政机关之间承担职能基本一致，在职能上分工不明显，但权限上有差异。

二、一般地方人民政府行政组织

（一）地方各级人民政府的性质、地位、任期

根据 1982 年《宪法》第九十五条的规定，省、直辖市、县、市、市辖区、乡、民族乡、镇设立人民政府；而根据现行《地方组织法》第一条的规定，省、自治区、直辖市、自治州、县、自治县、市、市辖区、乡、民族乡、镇设立人民政府。

关于地方各级人民政府的性质和地位，根据 1982 年《宪法》第一百零五条第一款和现行《地方组织法》第五十四条的规定，地方各级人民政府是地方各级人民代表大会的执行机关，是地方各级国家行政机关。

作为地方各级人民代表大会的执行机关，地方各级人民政府对本级人民代表大会负责并报告工作；县级以上的地方各级人民政府在本级人民代表大会闭会期间，对本级人大常委会负责并报告工作。

作为地方国家行政机关，地方各级人民政府对上一级国家行政机关负责并报告工作，并服从国务院的统一领导。

地方各级人民政府是地方各级人民代表大会的执行机关，因此，根据 1982 年《宪法》第一百零六条，地方各级人民政府每届任期同本级人民代表大会每届任期相同。

（二）地方各级人民政府的组成和领导体制

1982 年《宪法》对地方各级人民政府的组成未作规定。根据现行《地方组织法》第五十六条的规定，省、自治区、直辖市、自治州、设区的市的人民政府分别由省长、副省长，自治区主席、副主席，市长、副市长，州长、副州长和秘书长、厅长、局长、委员会主任等组成；县、

自治县、不设区的市、市辖区的人民政府分别由县长、副县长，市长、副市长，区长、副区长和局长、科长等组成；乡、民族乡的人民政府设乡长、副乡长。民族乡的乡长由建立民族乡的少数民族公民担任；镇人民政府设镇长、副镇长。

关于地方各级人民政府的领导体制，根据1982年《宪法》第一百零五条第二款的规定，地方各级人民政府实行省长、市长、县长、区长、乡长、镇长负责制。而根据现行《地方组织法》第六十二条的规定，地方各级人民政府分别实行省长、自治区主席、市长、州长、县长、区长、乡长、镇长负责制。省长、自治区主席、市长、州长、县长、区长、乡长、镇长分别主持地方各级人民政府的工作。

但县级以上的地方各级人民政府的首长负责制是与一定形式的会议制度相结合的。根据现行《地方组织法》第六十三条的规定，县级以上的地方各级人民政府会议分为全体会议和常务会议。全体会议由本级人民政府全体成员组成；常务会议则分别由省长、副省长，自治区主席、副主席，市长、副市长，州长、副州长，县长、副县长，区长、副区长组成。省、自治区、直辖市、自治州、设区的市的人民政府的常务会议还有秘书长参加。县级以上地方各级人民政府工作部门的厅长、局长、委员会主任、科长等不是常务会议的组成人员。省长、自治区主席、市长、州长、县长、区长召集和主持本级人民政府全体会议和常务会议。政府工作中的重大问题，须经政府常务会议或全体会议讨论决定。

(三)地方各级人民政府的职权

1. 县级以上的地方各级人民政府的职权

现行《地方组织法》第五十九条，对县级以上的地方各级人民政府的职权作了列举性的规定。概括起来，可分为：

(1)执行本级人大及其常委会的决议，以及上级国家行政机关的决定和命令，执行国民经济和社会发展计划、预算；

(2)规定行政措施，发布决定和命令；

(3)领导所属各工作部门和下级人民政府的工作；管理本行政区域内的经济、教育、科学、文化、卫生、体育事业、环境和资源保护、城乡建设事业和财政、民政、公安、民族事务、司法行政、监察、计划生育等行政工作；依照法律的规定任免、培训、考核和奖惩国家行政机关工作人员；

(4)保护社会主义全民所有的财产和劳动群众集体所有的财产，保护公民私人所有的合法财产，维护社会秩序，保障公民的人身权利、民主权利和其他权利；保护各种经济组织的合法权益；保障少数民族的权利和尊重少数民族的风俗习惯；帮助本行政区域内各少数民族聚居的地方依照《宪法》和法律实行区域自治，帮助各少数民族发展政治、经济和文化的建设事业；保障《宪法》和法律赋予妇女的男女平等、同工同酬和婚姻自由等各项权利；

(5)改变或撤销所属各工作部门的不适当的命令、指示和下级人民政府的不适当的决定、命令；

(6)办理上级国家行政机关交办的其他事项。

除以上六个方面的职权外，根据现行《地方组织法》第六十条的规定，省、自治区、直辖市的人民政府可以根据法律、行政法规和本省、自治区、直辖市的地方性法规，制定规章，报国务院和本级人大常委会备案。省、自治区的人民政府所在地的市和经国务院批准的较大的市的人民政府，可以根据法律、行政法规和本省、自治区的地方性法规，制定规章，报国务院和省、自治区的人大常委会、人民政府以及本级人大常委会备案。①

---

① 根据《立法法》第七十三条，省、自治区、直辖市和较大的市的人民政府，可以根据法律、行政法规和本省、自治区、直辖市的地方性法规，制定规章。地方政府规章可以就下列事项作出规定：为执行法律、行政法规、地方性法规的规定需要制定规章的事项；属于本行政区域的行政管理事项。同样，在这里，“较大的市”是指省、自治区的人民政府所在地的市、经济特区所在地的市和经国务院批准的较大的市。因此，《立法法》将有权制定规章的“较大的市”的范围，从原先《地方组织法》规定的“省、自治区的人民政府所地的市”和“经国务院批准的较大的市”，扩大到不仅包括“省、自治区的人民政府所地的市”和“经国务院批准的较大的市”，还包括“经济特区所在地的市”。

2. 乡镇人民政府的职权

现行《地方组织法》第六十一条，对乡、民族乡、镇的人民政府的职权，也作了列举性的规定。概括起来，可分为：

(1)执行本级人民代表大会的决议和上级国家行政机关的决定和命令，执行本行政区域内的经济和社会发展计划、预算；

(2)发布决定和命令；

(3)管理本行政区域内的经济、教育、科学、文化、卫生、体育事业和财政、民政、公安、司法行政、计划生育等行政工作；

(4)保护社会主义全民所有的财产和劳动群众集体所有的财产，保护公民私人所有的合法财产，维护社会秩序，保障公民的人身权利、民主权利和其他权利；保护各种经济组织的合法权益；保障少数民族的权利和尊重少数民族的风俗习惯；保障《宪法》和法律赋予妇女的男女平等、同工同酬和婚姻自由等各项权利；

(5)办理上级国家行政机关交办的其他事项。

(四)地方各级人民政府行政机构

地方各级人民政府行政机构，是指县级以上地方人民政府的工作部门、派出机关、部门管理机构、议事协调机构以及乡镇人民政府的综合办事机构。

1. 县级以上地方各级人民政府的工作部门

1982年《宪法》对地方各级人民政府的机构设置未作规定，只提及"各工作部门"，并在第一百零九条中要求"县级以上的地方各级人民政府设立审计机关"。

根据现行《地方组织法》第六十四条的规定，地方各级人民政府根据工作需要和精干的原则，设立必要的工作部门。这类工作部门在省一级一般分为组成部门和直属机构两类。在省和自治区，一般称厅、局、委员会，在直辖市称局、委员会。省级以下工作部门不再分为组成部门和直属机构，在自治州、县、自治县、市、市辖区称局、委员会。2003年地方机构改革后，在省级和设区的市级设立了"直属特设机构"，即国有资产监督管理委员会。

根据2003年中共中央、国务院《关于地方机构改革的意见》，工作部门在设区的市以上的地方各级政府，主要有组成部门、直属机构和直属特设机构。在设区的市以下，不设直属特设机构，也不再分为组成部门和直属机构。

根据《地方各级人民政府机构设置和编制管理条例》第四条，地方各级人民政府的机构编制工作，实行中央统一领导、地方分级管理的体制。因此，法律没有规定地方政府部门的数目和类别。实践中，一般是省级人民政府工作部门较多，市、县级人民政府工作部门较少，而乡、镇人民政府工作部门最少。各级人民政府工作部门的数目在各省、直辖市、自治区不尽相同，且随着时间的推移也有所变化。2008年地方政府机构改革后，省、自治区人民政府工作部门为40个左右，规模较小的省份工作部门为30个左右；直辖市人民政府工作部门为45个左右。大城市人民政府工作部门为40个左右，中等城市人民政府工作部门为30个左右，小城市为22个左右。县政府机构由各地根据经济社会发展情况和不同县情，按14～22个左右掌握。①

地方各级人民政府的工作部门具体包括哪些部门或机构，法律没有规定，实践中可以分为组成部门和非组成部门。

地方各级人民政府组成部门的厅长、局长、委员会主任等正职负责人，由县级以上地方各级人大常委会分别根据省长、自治区主席、市长、州长、县长、区长的提名，决定任命，是本级地方人民政府组成人员，参加地方各级人民政府全体会议；非组成部门，如直属特设机构、直属机构、部门管理机构等，其正职人员由本级人民政府任命，不属于本级地方人民政府组成人员，也不是地方各级人民政府全体会议组成人员。

现行《地方组织法》第六十四条第三款和第四款规定："省、自治区、直辖市的人民政府的厅、局、委员会等工作部门的设立、增加、减少或者合并，由本级人民政府报请国务院批准，并报本级人民代表大

① 中共中央、国务院：《关于地方政府机构改革的意见》（2008年8月20日）。

会常务委员会备案。自治州、县、自治县、市、市辖区的人民政府的局、科等工作部门的设立、增加、减少或者合并,由本级人民政府报请上一级人民政府批准,并报本级人民代表大会常务委员会备案”。可见,法律没有具体规定哪些机构是组成部门哪些是非组成部门,实践中,一般根据是否由上一级人民政府批准并报本级人大常委会备案、其正职负责人是否由县级以上地方各级人大常委会根据政府行政首长提名决定任命并为本级地方人民政府组成人员,来加以确定。现以北京市为例加以说明。(见表 3.1)

表 3.1 北京市人民政府组织机构(2009 年~)

组成部门	办公厅 发展和改革委员会 教育委员会 科学技术委员会 经济和信息化委员会 民族事务委员会 公安局 国家安全局 监察局 民政局 司法局 财政局 人力资源和社会保障局 国土资源局 环境保护局 规划委员会 住房和城乡建设委员会 市政市容管理委员会 交通委员会 农村工作委员会 水务局 商务委员会 文化局 卫生局 人口和计划生育委员会 审计局 外事办公室 社会建设工作办公室
直属特设机构	国有资产监督管理委员会
直属机构	地方税务局 工商行政管理局 质量技术监督局 安全生产监督管理局 广播电影电视局 新闻出版局 文物局 体育局 统计局 园林绿化局 旅游局 金融工作局 知识产权局 民防局 侨务办公室 法制办公室 信访办公室 研究室
部门管理机构	监狱管理局、劳动教养工作管理局由司法局管理 农业局由农村工作委员会管理 粮食局由商务委员会管理 药品监督管理局、中医管理局由卫生局管理 ①

资料来源:北京市机构编制委员会办公室网站 http://www.beijing.gov.cn。

① 北京市人民政府设置工作部门 46 个。其中,办公厅和组成部门 27 个,直属特设机构 1 个,直属机构 18 个。监察局与纪律检查委员会机关合署办公,列入政府工作部门序列,不计入政府机构个数。经济和信息化委员会挂国防科学技术工业办公室牌子;民族事务委员会挂宗教事务局牌子;规划委员会挂首都规划建设委员会办公室牌子;住房和城乡建设委员会挂住房制度改革办公室牌子;商务委员会挂口岸办公室牌子;外事办公室挂港澳事务办公室牌子;新闻出版局挂版权局牌子;园林绿化局挂首都绿化委员会办公室牌子;办公室保留参事室牌子。人力资源和社会保障局对外可使用公务员局、外国专家局名称开展工作。

根据《地方组织法》第六十五条的规定，各厅、局、委员会、科分别设厅长、局长、主任、科长，必要时可以设副职。办公厅、办公室设主任，必要时可设副主任。省、自治区、直辖市、自治州、设区的市的人民政府设秘书长1人、副秘书长若干人。

现行《地方组织法》第六十六条规定："省、自治区、直辖市的人民政府的各工作部门受人民政府统一领导，并且依照法律或者行政法规的规定受国务院主管部门的业务指导或者领导。自治州、县、自治县、市、市辖区的人民政府的各工作部门受人民政府统一领导，并且依照法律或者行政法规的规定受上级人民政府主管部门业务指导或者领导"。

根据上述规定，省级人民政府工作部门，根据其与国务院主管部门的关系也可分为两类：

一是受本级人民政府统一领导，并且受国务院或上级人民政府主管部门业务指导的工作部门。这类工作部门在地方人民政府工作部门中占大多数，如教育、民政等部门。

二是受本级人民政府统一领导，并且受国务院主管部门领导的工作部门，如审计、统计、气象、烟草专卖、行政监察等部门或单位。这类工作部门通常称为"双重领导部门"。

此外，还有一类部门，它们在省一级与国务院主管部门是业务指导关系，但在省以下是垂直领导关系，如根据《国务院关于地方税务机构管理体制问题的通知》、《国务院批转〈国家工商行政管理局工商行政管理体制改革方案〉的通知》、《国务院批转〈国家质量技术监督局质量技术监督管理体制改革方案〉的通知》，地方税务、工商行政管理、技术监督管理部门实行省以下垂直领导。

另外，根据《国务院关于做好省级以下国土资源管理体制改革有关问题的通知》，市（州、盟）、县（市、旗）国土资源主管部门是同级人民政府的工作部门，其机构编制仍由同级人民政府管理；地区国土资源主管部门的机构编制仍由行署管理。市辖区国土资源主管部门的机构编制上收到市人民政府管理，改为国土资源管理分局，为市国土资源主管部门的派出机构。乡（镇）国土资源管理所的机构编制上收到县（市、旗）人民政府管理，县（市、旗）可以根据实际情况和工作需要，按乡（镇）或区域设置国土资源管理所，为县（市、旗）国土资源主管部门的派出机构。

2. 县级以上地方各级人民政府的派出机关

根据《地方组织法》，地方各级人民政府可以设地区（盟）、区公所和街道办事处，分别作为县级以上地方各级人民政府的派出机关。

（1）行政公署：关于省级人民政府的派出机关，现行《地方组织法》第六十八条规定："省、自治区的人民政府在必要的时候，经国务院批准，可以设立若干派出机关"。这种派出机关一般称"行政公署"。1954 年《地方组织法》称之为"专员公署"，其所辖区域称"专区"。1975 年《宪法》把"专区"改为"地区"，规定在地区也设立人民代表大会和革命委员会，改变了专员公署作为省人民政府派出机关的性质。根据 1978 年《宪法》的规定，地区不设人民代表大会，并将"专员公署"改为"行政公署"，恢复了其作为省人民政府（革命委员会）的派出机关的性质。

1983 年以来，在经济比较发达的地方实行地市合并、市管县的体制，从而撤销了一大批地区和行政公署。1986 年修改《地方组织法》以后，法律上不再使用"行政公署"名称。截至 2008 年 12 月 31 日，全国共有地区 17 个、盟 3 个。①

（2）区公所：根据现行《地方组织法》第六十八条，县、自治县的人民政府在必要时，经省、自治区、直辖市的人民政府批准，可以设若干区公所，作为它的派出机关。

1950 年 12 月 30 日政务院公布的《区人民政府及区公所组织通则》第三章"区公所"，曾专门规定了区公所的性质、组成、任务、组织和会议制度等内容，明确区公所不属一级政权，而是县人民政府的派

① 《中华人民共和国行政区划简册》(2008)，中国地图出版社 2009 年版，第 1 页。

出机关；区公所设区长1人，副区长、秘书及助理员若干人，均由县人民政府委派，区公所因工作需要得设各种经常的及临时的委员会；区公所的职责任务是：执行县人民政府交办事项，并承县人民政府之命，指导、监督与协调所辖乡人民政府的工作。

截至2008年12月31日，全国共有区公所10个（其中河北1个、新疆9个）。[①]

（3）街道办事处：现行《地方组织法》第六十八条还规定，市辖区、不设区的市的人民政府，经上一级人民政府批准，可以设立若干街道办事处，作为它的派出机关。

在1954年以前，全国各城市的街道组织包括三种类型：（1）设街政府：为城市基层政权，如武汉市、大连市、郑州市、太原市、兰州市、西宁市；（2）设街公所或街道办事处，为市或市辖区的派出机关，如上海市、天津市以及江西、湖南、广东、山西等省的一些城市；（3）"警政合一"：在公安派出所内设行政干事或民政工作组，承担有关工作，如北京市、重庆市、成都市。[②]

1954年12月31日，一届全国人大常委会第四次会议通过的《城市街道办事处组织条例》统一规定：10万人口以上的市辖区和不设区的市，应当设立街道办事处；10万人口以下5万人口以上的市辖区和不设区的市，如果工作确实需要，也可以设立街道办事处，作为市辖区和不设区的市的派出机关，管辖区域一般地应当同公安派出所的管辖区域相同。街道办事处的任务是：办理市、市辖区的人民委员会有关居民工作的交办事项；指导居民委员会的工作；反映居民的意见和要求。

街道办事处设主任1人，按照工作的繁简和管辖区域的大小，设干事若干人，在必要的时候，可以设副主任1人；街道办事处共设专职干部3～7人，内有作街道妇女工作的干部1人。街道办事处主

---

① 《中华人民共和国行政区划简册》（2008），中国地图出版社2009年版，第1页。

② 张坚石等：《地方政府的职能和组织结构》（下册），华夏出版社1994年版，第209～215页。

任、副主任、干事都由市辖区、不设区的市的人民政府委派；市、市辖区的人民政府的各工作部门，非经市、市辖区的人民政府批准，不得直接向街道办事处布置任务；街道办事处的办公费及工作人员的工资，由省、直辖市的人民政府统一拨发。截至 2008 年 12 月 31 日，全国共有街道办事处 6 355 个。[①]

根据 2009 年 6 月 27 日十一届全国人大常委会第九次会议《关于废止部分法律的决定》，《城市街道办事处组织条例》被废止。

另外，有的直辖市、乡镇也设立其他派出机关，如北京市人民政府天安门地区管理委员会是市人民政府的派出机构，负责组织、协调有关部门和有关区人民政府做好天安门地区的管理工作。

3. 县级以上地方各级人民政府的部门管理机构

县级以上地方各级人民政府的部门管理机构，由本级人民政府工作部门管理，主管特定业务，行使行政管理职能。对部门管理机构的设置，《地方组织法》和《地方各级人民政府机构设置和编制管理条例》，都没有具体规定。

实践中，地方各级人民政府设置了各种部门管理机构，常见的有：信访局、物价局、机关事务管理局、监狱局、研究室、能源办公室、公务员局、粮食局、食品药品监督管理局等。

对县级以上地方各级人民政府的部门管理机构与主管部门之间的关系，法律、行政法规没有规定。但有的地方作了规定，如 2001 年 4 月 8 日中共浙江省委办公厅、浙江省人民政府办公厅发布的《关于进一步理顺省直部门管理机构与主管部门关系的通知》就对相关问题作了规定。主要内容有：(1)部门管理机构是由主管部门管理的，负责政府某方面工作的机构，具有相对的独立性；部门管理机构原则上不直接向政府请示工作；部门管理机构起草的文件或地方性法规和地方政府规章草案，应由主管部门报人大常委会或政府审议；部门管理机构需直接向政府请示时，应同时报告主管部门；本部门业务范

① 《中华人民共和国行政区划简册》(2008)，中国地图出版社 2009 年版，第 1 页。

围的工作可以单独向下或向有关部门行文，也可与有关部门联合行文，并定期报告主管部门。(2)部门管理机构领导班子成员的任免，按照有关干部管理权限的规定办理。(3)部门管理机构可列为政府发文单位，参加政府召开的有关会议。(4)部门管理机构的机构、编制实行单列。

4. 县级以上地方各级人民政府的议事协调机构

议事协调机构，承担跨本级人民政府行政机构的重要业务的组织协调任务。对议事协调机构的设置，《地方组织法》没有具体规定。

但在地方各级人民政府的行政机构设置上，存在形形色色的议事协调机构，如爱国卫生运动委员会、绿化委员会、防汛抗旱指挥部等，有的还设置了常设办事机构，如双拥办、安全办、防火办、纠风办等，这些机构部分是设在某些政府工作部门内部，没有独立核定编制，有些则是独立设置的，核定了编制，配备了专职工作人员。

对地方各级人民政府的议事协调机构，2007 年《地方各级人民政府机构设置和编制管理条例》有明确的规定。根据《条例》第十一条和第十二条，地方各级人民政府设立议事协调机构，应当严格控制；可以交由现有机构承担职能的或者由现有机构进行协调可以解决问题的，不另设立议事协调机构。为办理一定时期内某项特定工作设立的议事协调机构，应当明确规定其撤销的条件和期限。县级以上地方各级人民政府的议事协调机构不单独设立办事机构，具体工作由有关的行政机构承担。

5. 乡镇人民政府机构设置及其改革

《地方组织法》和《地方各级人民政府机构设置和编制管理条例》，对乡镇人民政府的机构设置没有具体规定。

在乡镇机构改革前，对于乡镇这一基层组织，其机构包括乡镇政府内设机构和乡镇政府部门机构。乡镇政府内设机构主要有党政办公室、社会事务办公室、人口和计划生育办公室、经济发展办公室、社会治安综合治理办公室等，一般称为“综合管理机构”，其具体职责主要有：(1)党政办公室：负责处理党务、政务、群团等部门日常事务；

(2)社会事务办公室(新型农村合作医疗管理办公室与其合署办公):负责处理社会事务;(3)经济发展办公室(村镇建设管理办公室与其合署办公):负责经济发展有关事务;(4)人口和计划生育办公室:负责处理计划生育等方面事务;(5)社会治安综合治理办公室:负责政法、社会治安综合治理、安全稳定、信访等方面事务。有的乡镇人民政府还设有旅游、移民等办公室。

乡镇部门机构或单位,即通常所说的"七站八所":"七站"主要包括文化站、广播站、农业技术推广站、农机站、经管站等事业单位,这些单位由乡镇政府直接管理;"八所"主要包括工商所、司法所、派出所、税务所、国土资源管理所等,这些单位实行双重领导:有的以乡镇人民政府领导为主,有的以县级职能部门领导为主。

但在改革以后,各地乡镇人民政府机构设置不尽一致。①

根据十七届三中全会决定提出的"2012 年基本完成乡镇机构改革任务,着力增强乡镇政府社会管理和公共服务职能"的要求,在试点改革的基础上,2009 年 1 月中共中央办公厅、国务院办公厅印发了《中央机构编制委员会办公室关于深化乡镇机构改革的指导意见》。根据《意见》的要求,第一,乡镇应围绕"促进经济发展、增加农民收入,强化公共服务、着力改善民生,加强社会管理、维护农村稳定,推进基层民主、促进农村和谐"四个方面全面履行职能。第二,严格控制机构和人员编制。乡镇可根据不同类型、不同规模的乡镇工作实际,按照精干、高效的原则,确定党政机构设置形式和数额,可设

---

① 有的地方在乡镇机构改革中,按照职能归口的要求,撤销综合管理机构,镇行政机关采取助理职位制。如江苏省新沂市,撤销综合管理机构,在镇政府综合设置各类股级助理职位,具体是:党政秘书、组织人事助理、宣传统战助理、纪检监察助理、农业助理、工业服务业助理、村镇建设与环境保护助理、统计与审计助理、人口和计划生育助理、科教文卫助理、民政助理、信访与社会治安综合治理助理等。在乡镇事业单位改革方面,统一设置中心、站、所,如农业技术服务中心、农村经济管理服务中心、人口和计划生育服务中心、村镇建设服务中心和文化广播服务中心;水利站;国土资源所。把原来的七站八所的事业机构撤销、合并。在隶属上,中心以乡镇管理为主,分别接受上级相关部门的业务指导,而水利站、国土资源所由市县主管部门和乡镇双重管理、以市县主管部门管理为主。

若干综合办公室，也可只设若干综合性岗位。为确保五年内机构和人员编制只减不增，要加快推行机构编制实名制管理。第三，对农业技术推广、动植物疫病防控、农产品质量监管、水利、广播电视、文化、财政、规划、计生服务、法律服务等乡镇事业站所，原则上实行以乡镇管理为主、上级业务部门进行业务指导的管理体制，根据实际情况，经省级人民政府批准，也可实行以上级主管部门管理为主或按区域设置机构的体制；推进事业站所分类改革，区分事业站所的公益性职能和经营性活动，对公益性机构加强财政保障，经营性机构要转制为经济实体，特别是，要综合设置乡镇事业站所，乡镇不再兴办自收自支的事业单位；积极探索农村公益服务的有效实现形式，鼓励发展多元化的农村社会化服务组织和农民专业合作社，扶持社会力量兴办为农服务的公益性机构和经济实体。

三、民族自治地方人民政府组织和特别行政区政府组织

（一）民族自治地方政府组织

1. 民族自治地方

民族区域自治，是指在国家统一领导下，各少数民族聚居的地方实行区域自治，设立自治机关，行使自治权。民族区域自治是国家的一项基本政治制度。实行民族区域自治，体现了国家充分尊重和保障各少数民族管理本民族内部事务权利的精神，体现了国家坚持实行各民族平等、团结和共同繁荣的原则。

1984 年 5 月 31 日六届全国人大二次会议通过了《民族区域自治法》。该法以基本法律的形式规定了国家的民族区域自治政策，确立了处理民族自治地方和国家关系的基本准则，即“一方面，民族自治地方是中华人民共和国不可分离的部分，要维护国家的统一，保证中央人民政府的统一领导和国家政策和计划在各民族自治地方的贯彻执行；另一方面，又要保证民族自治地方自治机关充分行使自治权，照顾各民族自治地方的特点和需要，使自治地方有大于一般地方的

自主权”。[①]

为了更好地贯彻实施民族区域自治制度，2001 年 2 月 28 日九届全国人大常委会第二十次会议对《民族区域自治法》作了部分修改，主要是增加了关于民族自治地方实行国家统一的财政体制和对民族自治地方的财政支持，对民族自治地方投资和金融、教育文化等方面的支持，经济发达地区和民族自治地方的对口支持以及关于少数民族干部的配备等内容。[②]

根据民族区域自治制度，国家建立了民族自治地方具体落实民族区域自治。民族自治地方是各少数民族聚居并实行区域自治的行政区域，是实行民族区域自治的基础。民族自治地方按行政地位，分为自治区、自治州、自治县。

少数民族聚居的地方，根据当地民族关系、经济发展等条件，并参酌历史情况，可以建立以一个或几个少数民族聚居区为基础的自治地方。一般来说，民族自治地方大致分为三种类型：一种是以一个少数民族聚居区为基础建立的自治地方，如西藏自治区等；另一种是以一个人口较多的少数民族聚居区为基础，并包括一个或几个人口较少的少数民族聚居区建立的自治地方，如新疆维吾尔自治区等；再一种是以两个或两个以上的少数民族聚居区为基础建立的自治地方，如贵州省黔东南苗族侗族自治州等。

截至 2008 年 12 月 31 日，我国共有民族自治地方 155 个。其中 5 个自治区、30 个自治州、117 自治县和 3 个自治旗。[③]

2. 民族自治地方的自治机关性质、地位和民族构成

民族自治地方的自治机关是自治区、自治州、自治县的人民代表

---

① 参见阿沛·阿旺晋美：《关于〈中华人民共和国民族区域自治法（草案）〉的说明》，载全国人大常委会办公厅研究室编：《中华人民共和国人民代表大会资料汇编（1949～1990）》，中国民主法制出版社 1991 年版，第 284～285 页。

② 参见铁木尔·达瓦买提：《关于〈中华人民共和国民族区域自治法修正案（草案）〉的说明》，载《中华人民共和国民族区域自治法》，法律出版社 2001 年版，第 40～49 页。

③ 《中华人民共和国行政区划简册》（2008 年），中国地图出版社 2009 年版，第 1 页。

大会和人民政府,是国家的一级地方政权机关。民族自治地方的自治机关行使《宪法》规定的地方国家机关的职权,同时依照《宪法》、《民族区域自治法》和其他法律的规定行使自治权,根据本地方的实际情况贯彻执行国家的法律、政策;同时,在不违背《宪法》和法律的原则下,有权采取特殊政策和灵活措施。

民族自治地方的自治机关与其他地方国家机关一样,实行民主集中制的人民代表大会制。民族自治地方的人民政府实行自治区主席、自治州州长、自治县县长负责制。自治区主席、自治州州长、自治县县长,分别主持本级人民政府的工作。民族自治地方的人民政府对本级人民代表大会和上一级国家行政机关负责并报告工作,在本级人民代表大会闭会期间,对本级人大常委会负责并报告工作。各民族自治地方的人民政府都是国务院统一领导下的国家行政机关,都服从国务院。

依照《宪法》和法律的规定,民族自治地方的人大常委会中应当有实行区域自治的民族的公民担任主任或副主任;自治区主席、自治州州长、自治县县长由实行区域自治的民族的公民担任;自治区、自治州、自治县的人民政府的其他组成人员,应当合理配备实行区域自治的民族和其他少数民族的人员;民族自治地方的自治机关所属工作部门的干部中,应当合理配备实行区域自治的民族和其他少数民族的人员。民族自治地方的人民代表大会中,除实行区域自治的民族的代表外,其他居住在本行政区域内的民族也应当有适当名额的代表,他们之间的名额和比例,根据法律规定的原则,由省、自治区、直辖市人大常委会决定,并报全国人大常委会备案。

3. 民族自治地方人民政府的自治权

根据 1982 年《宪法》、现行《民族区域自治法》的规定,民族自治地方的人民政府的自治权可以概括为以下几个方面:(1)对上级国家机关的决议、决定、命令和指示的变通执行或停止执行;(2)自主地管理地方财政;(3)自主地安排和管理地方经济建设事业;(4)自主地管理教育、文化、科学技术、卫生、体育、计划生育和环境保护事业;

(5)组织本地方维护社会治安的公安部队;(6)使用当地通用的一种或几种语言文字;(7)培养和使用干部、专业人才和技术工人。[①]

(二)特别行政区政府组织

1. 特别行政区的性质、地位

1982 年《宪法》第三十一条规定:"国家在必要时得设立特别行政区。在特别行政区内实行的制度按照具体的情况由全国人民代表大会以法律规定"。据此,1990 年 4 月 4 日七届全国人大三次会议和 1993 年 3 月 31 日八届全国人大一次会议分别通过了《香港特别行政区基本法》和《澳门特别行政区基本法》;1990 年 4 月 4 日全国人民代表大会关于《香港特别行政区基本法的决定》和 1993 年 3 月 31 日《澳门特别行政区基本法的决定》,分别规定《香港特别行政区基本法》和《澳门特别行政区基本法》自 1997 年 7 月 1 日和 1999 年 12 月 20 日在香港和澳门实施。

依照《香港特别行政区基本法》和《澳门特别行政区基本法》的规定,香港、澳门特别行政区"是中华人民共和国的一个享有高度自治权的地方行政区域,直辖于中央人民政府"。同时规定全国人民代表大会授权特别行政区依照基本法的规定实行高度自治,享有行政管理权、立法权、独立的司法权和终审权。一方面,作为中华人民共和国不可分离的一部分,特别行政区是中央人民政府直接管辖的地方行政区域;另一方面,特别行政区实行与内地不同制度和政策,享有高度自治权。因此,香港特别行政区、澳门特别行政区是中国的一种地方特别行政建制。

为了体现国家主权和领土完整原则,基本法规定了由全国人大常委会和中央人民政府对特别行政区行使的职权或负责管理的事务,如特别行政区的外交事务和防务由中央人民政府负责;行政长官

---

① 为了帮助民族自治地方加快经济和社会的发展,增进民族团结,促进各民族共同繁荣,国务院根据《民族区域自治法》,于 2005 年 5 月 19 日公布了《实施〈中华人民共和国民族区域自治法〉若干规定》。

和行政机关的主要官员由中央人民政府任命；少数有关国防、外交和不属于特别行政区自治范围的全国性法律要在特别行政区公布或立法实施，全国人大常委会决定宣布战争状态或决定特别行政区进入紧急状态时，中央人民政府可发布命令将有关全国性法律在特别行政区实施；等等。同时，基本法照顾到香港、澳门的特殊情况，赋予特别行政区高度的自治权，包括行政管理权、立法权、独立的司法权和终审权，此外，特别行政区经中央人民政府授权还可以自行处理一些有关的对外事务。因此，特别行政区所享有的自治权是十分广泛的。

2. 中央政府与特别行政区的职权划分

中央与特别行政区的职权划分，大致如下：

(1)中央直接行使的权力：有关特别行政区的防务和外交，由中央人民政府负责；特别行政区行政长官和行政机关主要官员，由中央人民政府任命；基本法的解释权属于全国人大常委会，修改权属于全国人民代表大会；如果特别行政区发生了危及国家统一和安全的动乱，而特别行政区政府又不能控制，全国人大常委会有权决定特别行政区进入紧急状态，中央人民政府可发布命令将有关全国性法律在特别行政区实施。

(2)由特别行政区行使并由中央进行监督的权力：特别行政区立法机关制定的法律须报全国人大常委会备案；特别行政区的财政预算、决算经特别行政区立法会通过，并经行政长官签署后报中央人民政府备案；特别行政区终审法院的法官和高等法院首席法官的任免，由行政长官征得立法会同意后，报全国人大常委会备案。

(3)完全由特别行政区自己行使的权力：特别行政区内部的行政管理权；独立的司法权和终审权；独立的财政、税收和金融权。

(4)中央另行授予特别行政区的其他权力：中央政府授权特别行政区政府依基本法自行处理有关的对外事务；由中央政府协助或授权，特别行政区政府可与外国就司法互助关系作出适当安排；由中央政府协助或授权，特别行政区政府与各国或地区缔结互免签证协议；经中央政府具体授权，特别行政区政府可续签或修改原有民用航空运输协定和协议及相关事项；特别行政区可享有全国人大及其常委会及中央政府授予的其他权力。

3. 特别行政区政府行政长官

根据两个特别行政区基本法的规定，特别行政区行政长官具有双重法律地位，既是特别行政区的首长，代表特别行政区；另一方面，依照基本法的规定对中央人民政府和特别行政区负责。

特别行政区行政长官由年满40周岁，在香港通常居住连续满20年并在外国无居留权的香港特别行政区永久性居民中的中国公民担任，或在澳门通常居住连续满20年的澳门特别行政区永久性居民中的中国公民担任，在当地通过选举或协商产生，由中央人民政府任命。行政长官任期五年，并可连任一次。

特别行政区行政长官拥有广泛的职权。根据两个特别行政区基本法，香港特别行政区行政长官行使的职权有14项；澳门特别行政区行政长官行使的职权有18项，职权范围的些微差别主要是由两个特别行政区的现行体制和不同实际情况决定的。

但是，两个特别行政区行政长官的主要职权基本相同。行政长官行使的职权主要有：(1)领导特别行政区政府；(2)负责执行基本法和依照基本法适用于特别行政区的其他法律；(3)签署立法会通过的法案，公布法律；签署立法会通过的财政预算案，将财政预算、决算报中央人民政府备案；(4)决定政府政策和发布行政命令；(5)提名并报请中央人民政府任命司局级官员并可建议中央人民政府免除上述官员职务；(6)任免行政会议的成员或行政会委员；(7)依照法定程序任免各级法院法官；(8)依照法定程序任免公职人员；(9)执行中央人民政府就基本法规定的有关事务发出的指令；(10)代表特别行政区政府处理中央授权的对外事务和其他事务；(11)批准向立法会提出有关财政收入或支出的动议；(12)根据安全或重大公共利益的考虑，决定政府官员或其他负责政府公务的人员是否向立法会或其属下的委员会作证和提供证据；(13)赦免或减轻刑事罪犯的刑罚；(14)处理请愿、申诉事项。

除上述14项职权之外，澳门特别行政区行政长官还行使下列职权：(1)制定行政法规并颁布执行；(2)委任部分立法会议员；(3)依照法定程序任免检察官，依照法定程序提名并报请中央人民政府任命检察长，建议中央人民政府免除检察长的职务；(4)依法颁授澳门特别行政区奖章和荣誉称号。

此外，两个特别行政区都设行政会议（行政会）协助行政长官决策，并设立廉政公署和审计署，独立工作，对行政长官负责。

4. 特别行政区政府

特别行政区政府是香港、澳门特别行政区的行政机关，其首长是香港、澳门特别行政区行政长官。根据两个特别行政区基本法的规定，香港特别行政区政府下设政务司、财务司、律政司和各局、处、署；澳门特别行政区政府设司、局、厅、处。

特别行政区主要官员的任职资格是：必须是在香港通常居住连续满15年并在外国无居留权的香港特别行政区永久性居民中的中国居民；或者必须是在澳门通常居住连续满15年的澳门特别行政区永久性居民中的中国公民。澳门特别行政区基本法规定，主要官员就任时应向特别行政区终审法院院长申报财产，记录在案。

特别行政区政府行使下列职权：(1)制定并执行政策；(2)管理各项行政事务；(3)办理基本法规定的中央人民政府授权的对外事务；(4)编制并提出财政预算、决算，拟定并提出法案、议案、附属法规，澳门特别行政区政府还有权草拟行政法规；(5)委派官员列席立法会或立法会议（听取意见）并（或）代表政府发言。

特别行政区政府必须遵守法律，对特别行政区立法会负责：执行立法会通过并已生效的法律；定期向立法会作施政报告；答复立法会议员的质询。香港特别行政区政府征税和公共开支须经过立法会批准。

此外，香港特别行政区可设立非政权性的区域组织，接受香港特别行政区政府就有关地区管理和其他事务的咨询，或负责提供文化、康乐、环境卫生等服务。澳门特别行政区可设立非政权性的市政机构，受政府委托为居民提供文化、康乐、环境卫生等方面的服务，并就有关上述事务向澳门特别行政区政府提供咨询意见。

第三节 地方人民政府及其行政机构的职能权限和行政主体资格

一、地方人民政府及其行政机构的职能权限的依据

地方人民政府及其行政机构的职能权限，即地方人民政府及其行政机构履行的职能和所应具有的权力。地方人民政府及其行政机构的职能权限的依据，指的是地方人民政府及其行政机构取得职能权限在《宪法》或法律上的渊源形式。

实践中，地方人民政府及其行政机构的职能权限，主要通过以下五种形式取得。

(一)通过《宪法》规定获得职能权限

通过《宪法》获得职能权限，主要有三条：

一是根据《宪法》第一百零七条，县级以上地方各级人民政府依照法律规定的权限，管理本行政区域内的经济、教育、科学、文化、卫生、体育事业、城乡建设事业和财政、民政、公安、民族事务、司法行政、监察、计划生育等行政工作，发布决定和命令，任免、培训、考核和奖惩行政工作人员；乡、民族乡、镇的人民政府执行本级人民代表大会的决议和上级国家行政机关的决定和命令，管理本行政区域内的行政工作；省、直辖市的人民政府决定乡、民族乡、镇的建置和区域划分。

二是根据《宪法》第一百零八条，县级以上地方各级人民政府领导所属各工作部门和下级人民政府的工作，有权改变或者撤销所属各工作部门和下级人民政府的不适当的决定。

三是根据《宪法》第一百零九条，县级以上地方各级人民政府设立审计机关。地方各级审计机关依照法律规定独立行使审计监督权，对本级人民政府和上一级审计机关负责。

(二)通过法律获得职能权限

对地方各级人民政府而言,主要有三种情况:

一是通过专门的《地方组织法》。如前述《地方组织法》第五十九条,对县级以上地方各级人民政府的职权作了列举性的规定,共10项;第六十一条对乡、民族乡、镇的人民政府的职权,也作了列举性的规定,共7项。

二是通过通用法律。如根据《行政许可法》的规定,属于可以设定行政许可的事项,尚未制定法律、行政法规和地方性法规的,因行政管理的需要,确需立即实施行政许可的,省、自治区、直辖市人民政府规章可以设定临时性的行政许可;地方政府规章可以在上位法设定的行政许可事项范围内,对实施该行政许可作出具体规定;省、自治区、直辖市人民政府对行政法规设定的有关经济事务的行政许可,根据本行政区域经济和社会发展情况,认为通过法律规定方式能够解决的,报国务院批准后,可以在本行政区域内停止实施该行政许可;行政许可由具有行政许可权的行政机关在其法定职权范围内实施;等等。

三是通过单行法律的原则规定。如根据《土地管理法》第五条,县级以上地方人民政府土地行政主管部门的设置及其职责,由省、自治区、直辖市人民政府根据国务院有关规定确定。土地所有权和使用权争议,由当事人协商解决;协商不成的,由人民政府处理。单位之间的争议,由县级以上人民政府处理;个人之间、个人与单位之间的争议,由乡级人民政府或者县级以上人民政府处理。

对地方各级人民政府的行政机构而言,也主要有三种情况:

一是通过专门的《地方组织法》。如依据前述《地方组织法》的规定,县级以上地方各级人民政府设立的审计机关依照法律规定独立行使审计监督权。

二是通过单行法律,这属于大多数情况。如根据《水法》的规定,国家对水资源实行统一管理与分级、分部门管理相结合的制度;县级以上地方人民政府水行政主管部门和其他有关部门,按照同级人民政府规定的职责分工，负责有关的水资源管理工作。

三是在通用法律中对地方人民政府行政机构的职能权限作了规定。如根据1996年《行政处罚法》第二十条，行政处罚由违法行为发生地的县级以上地方人民政府具有行政处罚权的行政机关管辖。

(三)通过行政法规获得职能权限

通过行政法规对地方人民政府及其行政机构授权，如2008年《企业国有资产法》第十一条，地方人民政府按照国务院的规定设立的国有资产监督管理机构，根据本级人民政府的授权，代表本级人民政府对国家出资企业履行出资人职责；而根据2003年《企业国有资产监督管理暂行条例》第六条，省、自治区、直辖市人民政府，设区的市、自治州级人民政府，分别设立国有资产监督管理机构，根据授权，依法履行出资人职责，依法对企业国有资产进行监督管理。

又如根据1998年《社会团体登记管理条例》第七条，地方性的社会团体，由所在地人民政府的登记管理机关负责登记管理。

(四)通过地方性法规或地方政府规章获得职能权限

实际上是根据本地方的具体情况和实际需要，将人民政府或其行政机构的职能权限具体化。如根据《湖南省实施〈排污费征收使用管理条例〉办法》第六条，省环境保护行政主管部门负责本省行政区域内装机容量30万千瓦以上(含30万千瓦)电力企业排放污染物种类、数量的核定和缴纳排污费数额的确定、征收工作；设区的市环境保护行政主管部门负责所设区行政区域内排污者排放污染物种类、数量的核定和缴纳排污费数额的确定、征收工作；县、不设区的市环境保护行政主管部门负责本行政区域内排污者排放污染物种类、数量的核定和缴纳排污费数额的确定、征收工作。

(五)通过本级人民政府批准的《主要职责、内设机构和人员编制规定》("三定规定")获得职能权限

如根据2008年3月6日北京市人民政府办公厅《关于印发北京西站地区管理委员会主要职责、内设机构和人员编制规定的通知》，北京西站地区管委会是负责组织协调北京西站地区管理工作的市政府派出机构，依法履行组织协调北京西站地区社会治安、市场秩序、交通秩序、公共卫生、市政公用设施、精神文明建设等工作，负责北京西站地区安全生产、市容和环境卫生工作等职责。

二、地方人民政府及其行政机构的行政主体资格

（一）具有行政主体资格的地方人民政府及其行政机构

按照行政主体是具有行政职权、能够对外作出具体行政行为并独立承担法律责任的观点，地方人民政府及其行政机构中，具有行政主体资格的有以下几种。

1. 地方各级人民政府

地方各级人民政府是本级人大及其常委会的执行机关，是各级地方国家行政机关，不仅《地方组织法》规定了其管理本行政区域内的经济、教育、科学、文化、卫生、体育事业和财政、民政、公安、司法行政、计划生育等行政工作，而且有的法律还规定了地方人民政府可以独立作出具体行政行为或裁决。

如根据《水污染防治法》第七十四条，违反本法规定，排放水污染物超过国家或者地方规定的水污染物排放标准，或者超过重点水污染物排放总量控制指标的，由县级以上人民政府环境保护主管部门按照权限责令限期治理，处应缴纳排污费数额二倍以上五倍以下的罚款。限期治理期间，由环境保护主管部门责令限制生产、限制排放或者停产整治。限期治理的期限最长不超过一年；逾期未完成治理任务的，报经有批准权的人民政府批准，责令关闭。

地方人民政府作为行政主体承担的法律责任在有关法律规定中也有涉及。如根据《行政复议法》第十三条，对地方各级人民政府的具体行政行为不服的，向上一级地方人民政府申请行政复议；又如根据《行政诉讼法》第十四条，中级人民法院管辖对省、自治区、直辖市人民政府所作的具体行政行为提起诉讼的案件。换言之，地方人民政府独立承担法律责任，在行政复议中可以作为被申请人，在行政诉讼中可以作为被告。

2. 工作部门

如根据1993年《产品质量法》，县级以上地方人民政府管理产品质量监督工作的部门负责本行政区域内的产品质量监督管理工作。吊销营业执照的行政处罚由工商行政管理部门决定，其他行政处罚由管理产品质量监督工作的部门或者工商行政管理部门按照国务院规定的职权范围决定。[①]

地方人民政府工作部门作为行政主体承担的法律责任在有关法律规定中也有涉及。如根据《行政许可法》第五十三条，行政机关违反规定，不采用招标、拍卖方式，或者违反招标、拍卖程序，损害申请人合法权益的，申请人可以依法申请行政复议或者提起行政诉讼。换言之，地方人民政府工作部门独立承担法律责任，在行政复议中可以作为被申请人，在行政诉讼中可以作为被告。

3. 派出机关

省(自治区)、县(自治县)、不设区的市、市辖区的派出机关行政公署、区公所、街道办事处，行使行政管理职能，具有行政主体资格。

行政公署、区公所、街道办事处，作为行政主体承担的法律责任在有关法律规定中也有涉及。如根据《行政复议法》第十五条，对县级以上地方人民政府依法设立的派出机关的具体行政行为不服的，向设立该派出机关的人民政府申请行政复议。换言之，人民政府派出机关具有行政主体资格，可以作为行政复议中的被申请人。又如，根据2009年《流动人口计划生育工作条例》第六条，乡(镇)人民政府、街道办事处负责本管辖区域内流动人口计划生育工作，对流动人口实施计划生育管理。

---

① 有观点认为，地方人民政府的工作部门不应当作为行政主体，因为从《宪法》的规定看，各级地方政府所属的工作部门不具有行政主体资格，其行为后果由同级人民政府最终承担更符合《宪法》对各级人民政府及其所属工作部门的定位。见钱建华:《行政主体资格与行政诉讼被告资格的探讨》，《法制日报》(理论专刊)2004年4月29日。笔者认为这种观点值得商榷，因为，地方人民政府的工作部门的行政主体资格的取得，除了《宪法》规定外，更多的是有关法律、行政法规的规定。地方人民政府的工作部门的行政主体资格的取得，有明确的法律或法规依据。

4. 相对集中行政处罚权行使机关

相对集中行政处罚权行使机关有的是组成部门，有的是直属机构，有的是部门管理机构。根据《行政处罚法》第十六条，国务院或者经国务院授权的省、自治区、直辖市人民政府可以决定一个行政机关行使有关行政机关的行政处罚权，但限制人身自由的行政处罚权只能由公安机关行使。

相对集中行政处罚权行使机关作为行政主体承担的法律责任在有关地方性法规或规章规定中也有涉及。如根据 2008 年 9 月 19 日浙江省十一届人大常委会第六次会议通过的《浙江省城市管理相对集中行政处罚权条例》第三条，城市管理行政执法部门是本级人民政府设立的行使城市管理相对集中行政处罚权的专门机关，依法独立履行职责，并承担相应的法律责任。因此，相对集中行政处罚权行使机关，具有行政主体资格。

5. 工作部门的直属机构。

有些机构不是地方政府机构的内设机构，也不是其派出机构，而是地方政府机构设立并根据法律、行政法规获得专项执法主体资格的机构。如根据 2001 年《税收征收管理法》第十四条，地方税务局稽查局属于税务局直属机构，是按照国务院规定设立的并向社会公告的税务机构，具有行政主体资格。① 2002 年《税收征收管理法实施细则》第九条进一步明确其主体资格："税收征管法第十四条所称按照

① 原《税收征收管理法》第八条规定，"本法所称税务机关是指各级税务局、税务分局和税务所"。税务机关是税收执法主体，具体包括各级税务局、税务分局和税务所，但稽查(分)局是否具有主体资格，原法尚不明确。《国家税务局关于税务稽查机构执法主体资格问题的通知》中规定，"税务稽查局(分局)具有独立执法主体资格"，但 1999 年 10 月 21 日最高人民法院对福建省高级人民法院《关于福建省地方税务局稽查分局是否具有行政主体资格的请示报告》的答复意见中，认为"地方税务局稽查分局以自己的名义对外作出行政处理决定缺乏法律依据。"2001 年修改的《税收征收管理法 》第十四条规定："税务机关是指各级税务局、税务分局、税务所和按国务院规定设立并向社会公告的税务机构。"这就在法律上对行政区域设立和按职能设立的税务机构都给予了确认，进一步明确了税务局稽查(分)局的行政主体资格。但这里的稽查(分)局不是税务局的内设机构，也不是派出机构。

国务院规定设立的并向社会公告的税务机构，是指省以下税务局的稽查局。稽查局专司偷税、逃避追缴欠税、骗税、抗税案件的查处”。

(二)不具有行政主体资格的地方人民政府行政机构

地方人民政府行政机构中，不具有行政主体资格的有：

1. 办公厅或办公室

地方人民政府办公厅或办公室协助政府领导人员处理政府日常工作；根据有关法律、行政法规，地方人民政府的办公厅或办公室也有一定行政职能，如《政府信息公开条例》规定县级以上地方人民政府办公厅(室)或者县级以上地方人民政府确定的其他政府信息公开工作主管部门负责推进、指导、协调、监督本行政区域的政府信息公开工作，但办公厅或办公室不直接对相对人作出具体行政行为，不具有行政主体资格。

2. 不具有行政管理职能的直属机构

如地方各级人民政府的机关事务管理局(主要是负责机关事务的管理、保障、服务工作)等，不具有独立行政管理职能，因此，不具有行政主体资格。

3. 设区的市以上的地方人民政府国有资产监督管理委员会的主体资格问题

根据2003年《企业国有资产监督管理暂行条例》第六条、第七条，省、自治区、直辖市人民政府，设区的市、自治州级人民政府，分别设立国有资产监督管理机构。国有资产监督管理机构根据授权，依法履行出资人职责，依法对企业国有资产进行监督管理。由于设区的市以上的地方人民政府国有资产监督管理机构不行使政府的社会公共管理职能，因此，不具有独立行政主体资格，一般不作为行政复议被申请人、行政诉讼被告或行政赔偿义务人。但如果对相对人作出具体行政行为，就可以作为行政复议被申请人、行政诉讼被告或行政赔偿义务人。

(三)地方人民政府行政机构的内设机构或派出机构的行政主体资格

1. 内设机构

地方各级人民政府行政机构根据工作需要和精干的原则,设立必要的内设机构。[①] 在我国,地方各级人民政府行政机构的内设机构较多,这主要是我国地方各级人民政府行政机构的职责分工比较细密。一般而言,内设机构的多寡,取决于地方各级人民政府行政机构管辖的事务范围以及为便于管理而进行的分类。

内设机构作为内部组织,除法律、法规另有规定者外,一般不能以自己的名义实施行政行为,且不能以自己的名义承担由此而引起的法律责任,只有在法律、法规有明确授权的情况下,才可直接以自己的名义实施行政管理行为,此时才具有授权性行政主体的资格。如根据 1998 年制定、2008 年修订的《消防法》,县级以上地方各级人民政府公安机关对本行政区域内的消防工作实施监督管理,并由本级人民政府公安机关消防机构负责实施;对违反本法规定行为的处罚,由公安消防机构裁决,对给予拘留的处罚,由公安机关依照《治安管理处罚法》的规定裁决。因此,公安消防机构作为公安机关的内设机构,是依法监督消防工作并有权对违法者进行拘留以外处罚的行政主体。在这里,内设机构是否具有行政主体的资格,首先要看其是否有法律、法规的明确授权;如果有法律、法规授权,还要看其行使职权是否在法律规定的范围内。

根据《行政复议法》规定,如果内设机构属于法律、法规授权的组织,对其具体行政行为不服的,可向直接管理该内设机构的地方人民政府工作部门申请行政复议。在这种情况下,内设机构具有行政主体资格,能够成为行政复议中的被申请人。但根据《行政复议法实施条例》第十四条,行政机关设立的内设机构,未经法律、法规授权,对

---

① 2007 年 4 月 24 日国务院发布的《地方各级人民政府机构设置和编制管理条例》第十三条。

外以自己名义作出具体行政行为的，该行政机关为被申请人。在这种情况下，内设机构不具有行政主体资格，行政复议的被申请人是该行政机关，而不是作出具体行政行为的内设机构。

行政机关设立的内设机构在行政诉讼中的行政主体资格要视不同情况而定。根据《行政诉讼法》及最高人民法院《关于执行〈中华人民共和国行政诉讼法〉若干问题的解释》，如内设机构在法律、法规或规章的明确授权范围内以自己的名义行使职权时，当事人不服提起诉讼的，应以作出具体行政行为的该内设机构为被告；行政机关的内设机构在没有法律、法规或者规章授权的情况下，以自己的名义作出具体行政行为，当事人不服提起诉讼的，应当以该行政机关为被告；法律、法规或者规章授权行使行政职权的行政机关的内设机构，超出法定授权范围实施行政行为，当事人不服提起诉讼的，应当以实施该行为的内设机构为被告。另外，行政机关在没有法律、法规或者规章规定的情况下，授权其内设机构行使行政职权的，应当视为委托。当事人不服提起诉讼的，应当以该行政机关为被告。

在这种情况下，内设机构在法律、法规或规章的明确授权范围内或超出法定授权范围实施行政行为，当事人不服提起诉讼的，都以该内设机构为被告。

2. 派出机构

派出机构是由地方人民政府的工作部门根据需要在一定行政区域内设置的派出组织。在我国，派出机构的种类繁多，如公安派出所、工商行政管理所[①]、税务所、国土资源管理所等。派出机构不同于派出机关，派出机关是指由县级以上地方人民政府经有权机关批准，

---

① 关于工商行政管理所的行政主体资格，1992年1月9日《国家工商行政管理局对〈关于工商行政管理所能否以自己名义作为被告应诉的请示〉的答复》认为，参照1990年《最高人民法院关于贯彻执行若干问题的意见》第十八条的规定，工商行政管理所作为区、县工商行政管理局的派出机构，其具体行政行为引起的行政诉讼，应由设立该派出机构的区、县工商行政管理局作为被告应诉。但在《工商行政管理局条例》颁布实施以后，工商行政管理所在该《条例》第八条授权范围内，以自己名义作出具体行政行为引起的行政诉讼，可以以自己的名义作为被告应诉。

在一定区域内设立的行政公署、街道办事处和区公所。

派出机构都是行政机构依法设立的拥有一定行政管理职能的行政组织。从设立看,派出机构主要根据国家机构组织法以外的其他法律、行政法规、地方性法规而设立;从法律地位上看,派出机构除法律、法规另有规定以外,一般不能以自己的名义实施行政行为,并且不能以自己的名义承担由此而引起的法律责任;从编制上看,派出机构不具有独立的编制,其人员是派出它的行政机关的人员;从职能上看,派出机构以设立机关的名义实施行政行为,其职能权限比较单一。①

派出机构虽然具有一定的行政职能,但其行政主体资格并不确定。一般而言,派出机构不具有行政主体资格,只能以设立机关的名义实施行政行为,只有在法律、法规有明确授权的情况下,才可直接以自己的名义实施行政管理行为,此时才具有授权性行政主体的资格。如根据《税收征收管理法》,税务机关是依法征收各种税收并有权作出处罚、许可决定的机关,而根据该法第十四条,税务机关是指各级税务局、税务分局、税务所和按照国务院规定设立的并向社会公告的税务机构;而根据该法第七十四条,罚款额在 2 000 元以下的,可以由税务所决定。因此,派出机构是否具有行政主体的资格,首先要看其是否有法律、法规的明确授权;如果有法律、法规授权,还要看其行使职权是否在法律规定的范围内。

根据《行政复议法》规定,对政府工作部门依法设立的派出机构依照法律、法规或者规章规定,以自己的名义作出的具体行政行为不服的,向设立该派出机构的部门或者该部门的本级地方人民政府申请行政复议。在这种情况下,派出机构具有行政主体资格,能够成为行政复议中的被申请人。但根据《行政复议法实施条例》第十四条,行政机关设立的派出机构,未经法律、法规授权,对外以自己名义作

① 王建芹、寨利男:《派出机构法律地位及改革思路的思考》,载《探索与研究》2005年第11期。

出具体行政行为的，该行政机关为被申请人。在这种情况下，行政复议的被申请人是该行政机关，而不是作出具体行政行为的派出机构。

同样，派出机构在行政诉讼中的行政主体资格要视不同情况而定。根据《行政诉讼法》及最高人民法院《关于执行〈中华人民共和国行政诉讼法〉若干问题的解释》，如派出机构在法律、法规或规章的明确授权范围内以自己的名义行使职权时，当事人不服提起诉讼的，应以作出具体行政行为的该派出机构为被告；行政机关的派出机构在没有法律、法规或者规章授权的情况下，以自己的名义作出具体行政行为，当事人不服提起诉讼的，应当以该行政机关为被告；法律、法规或者规章授权行使行政职权的行政机关派出机构，超出法定授权范围实施行政行为，当事人不服提起诉讼的，应当以实施该行为的派出机构为被告；行政机关在没有法律、法规或者规章规定的情况下，授权其派出机构行使行政职权的，应当视为委托。当事人不服提起诉讼的，应当以该行政机关为被告。在这种情况下，派出机构在法律、法规或规章的明确授权范围内或超出法定授权范围实施行政行为，当事人不服提起诉讼的，都以该派出机构为被告。

第四节 地方人民政府职能、机构的科学化和法治化

一、地方政府职能的科学界定和机构的合理设置

改革开放后，我国先后于 1982 年、1988 年、1993 年、1998 年、2003 年进行了五次地方机构改革；目前正在进行新的一轮改革。通过改革，地方政府职能转变取得了重要进展，机构设置和人员编制管理逐步规范，体制机制创新取得了积极成效，行政效能显著提高。但是，地方政府机构和政府职能仍然存在诸多不适应、不符合的问题，主要表现在：地方政府职能转变还不到位，社会管理和公共服务仍比较薄弱；部门职责交叉、权责脱节和效率不高的问题仍比较突出；地方政府机构设置不尽合理，行政运行方式和管理体制不够健全等。

这些问题在一定程度上制约了经济社会的发展。根据十七大提出的“着力转变职能、理顺关系、优化结构、提高效能,形成权责一致、分工合理、决策科学、执行顺畅、监督有力的行政管理体制”的要求,推进地方政府机构改革的主要工作,有下列几个方面。

(一)着力转变地方政府职能

加快地方政府职能转变,是地方政府机构改革的决定性因素。各级政府职能的设定是政府机构设置的前提条件,只有科学合理地设定了各级地方政府的职能,才有可能合理设置机构。因此,要加快推进政企分开、政资分开、政事分开、政府与市场中介组织分开,把不该由政府管理的事项转移出去,进一步下放管理权限,深化行政审批制度改革,减少行政许可,从制度上更好地发挥市场在资源配置中的基础性作用,更好地发挥公民和社会组织在社会公共事务管理中的作用。

(二)突出各层级政府履行职能的重点

在中国,从大的方面看,在地方各级人民政府之间,其行使的职能基本上是相同的。但是,由于各级地方政府的层级不同,不同层级地方政府的情况、特点和问题不同,不同层级地方政府之间的管理职能的内容和范围,应当允许有一定的差异。因此,要按照行政职能配置科学化的要求,从体制上合理配置地方政府及其部门的职能。地方各级政府要在全面履行职责的基础上,突出各层级政府履行职能的重点。要更加有效地贯彻实施中央方针政策和国家法律法规,加强对本地区经济社会事务的统筹协调,更加注重社会管理和公共服务,着力解决民生问题,强化执行和执法监管职责,增强处置突发公共事件和社会治安综合治理的能力。

(三)理顺职权关系

中国地方政府部门的职权划分一般比较细密,这可能会造成部门机构较多、职权交叉、重复管理、多头执法、力量分散、条块分割,甚至使“政府行政”、“公共行政”成为“部门行政”。因此,要按照统一、精简、效能原则和决策权、执行权、监督权既相互制约又相互协调的要求，围绕转变职能和理顺职权关系，把政府相同或较相近的职能加以整合。地方各级政府要结合实际确定各部门的职权分工，坚持一件事情原则上由一个部门负责，确需多个部门管理的事项，分清主办和协办关系，明确牵头部门；建立健全部门间的协调配合机制。

(四)明确和强化责任

按照权责一致、有权必有责的要求，通过定职能、定机构、定编制，在赋予部门职权的同时，明确相应承担的责任。另外，要推进政务公开、绩效考评、行政问责，强化责任追究，确实解决权责脱节问题。

(五)调整优化组织结构

适应经济社会发展需要，地方政府应整合优化组织结构：加强对农村和农业工作的综合管理与统筹协调；加强对工业的统筹协调；促进各种交通运输方式相互衔接，加快形成城乡一体的综合交通运输体系；加强城乡建设规划统筹，加快建立住房保障体系；加强人力资源统一管理，整合人才市场与劳动力市场；加强文化领域综合管理，推进文化市场统一执法；整合医疗管理和药品监督管理，强化食品药品安全监管；健全基层社会管理体系。积极探索实行职能有机统一的大部门体制。

(六)规范机构设置

地方政府要在中央、国务院确定的限额范围内设置机构。[①] 地方政府机构设置要体现本级政府的功能特点，机构的具体形式、名称、排序等，可在中央规定的限额内，从实际出发因地制宜确定，不统一要求上下对口；有条件的地方可加大整合力度，允许一个部门对口上级几个部门；城市政府机构设置要充分体现城市管理特点。

---

① 根据中共中央、国务院 2008 年 8 月 20 日发布的《关于地方政府机构改革的意见》，省、自治区人民政府工作部门限额为 40 个左右，规模较小的省份工作部门为 30 左右；直辖市人民政府工作部门为 45 个左右。大城市人民政府工作部门 40 个左右，中等城市人民政府工作部门 30 个左右，小城市 22 个左右。县政府机构由各地根据经济社会发展情况和不同县情，按 14～22 个左右掌握。

部门内设机构要进一步综合设置，规格和名称要加以规范。要清理和规范地方政府各类议事协调机构及部门管理机构；地方政府各类议事协调机构及部门管理机构，该撤销的要坚决撤销；确需设立的，要严格按规定程序审批；议事协调机构不设实体性办事机构。[①]

（七）精简和规范地方政府各类议事协调机构

目前在议事协调机构管理上还存在着很多问题。主要表现为：一是议事协调机构设立控制不严、标准不明确，出现了过多过滥现象；二是议事协调机构发生变化或所承担的任务完成后，没有及时调整或撤销；三是有的议事协调机构设立、调整、撤销没有严格按照规定的要求履行审批程序；四是对议事协调机构进行管理和监督不力，存在多头审批的问题。这些问题不仅造成机构重叠、层次过多，影响了职能部门作用的发挥，而且牵扯了许多地方政府领导人员的时间和精力，降低了工作效率，增加了行政成本。

精简和规范地方政府各类议事协调机构，一是要规范审批制度，实行统一受理、统一审批制度，把议事协调机构同其他行政机构同等对待，纳入机构编制部门统一审批。二是应当严格控制议事协调机构的设置，可以交由现有机构承担的或者由现有机构进行协调可以解决的问题，不另设立议事协调机构办理；由政府领导人员可以协调解决的工作就不再设立机构，涉及多个委办局的工作，确立一个牵头单位召集联席会议可以解决的，也不另成立机构；对上级政府已经设立、地方政府确需设立的，上级机构编制管理部门有明确要求设立的议事协调机构，予以保留；对保留的议事协调机构不单独设立实体办事机构，具体工作由有关行政机构承担；不单独确定编制，所需编制由承担具体工作的行政机构内部解决；已经设立实体办事机构、核定领导职数和人员编制的要与承担具体工作的行政机构对应对等合并；为办理一定时期内某项特定工作设立的议事协调机构，应当明确规定其撤销的条件和期限。三是要创新监管方式，对地方政府各类

① 中共中央、国务院 2008 年 8 月 20 日发布的《关于地方政府机构改革的意见》。

议事协调机构，该撤销的要坚决撤销，有效地遏制乱设机构产生的腐败问题，从根本上杜绝议事协调机构的膨胀。

(八)依法界定执法职责

地方各级人民政府要组织好梳理执法依据的工作，对具有行政执法主体资格的部门(包括法律、法规授予行政执法权的组织)执行的执法依据分类排序、列明目录，做到分类清晰、编排科学。地方各级人民政府要根据执法依据制定、修改和废止情况，及时调整所属各有关部门的执法依据，协调解决梳理执法依据中的问题。

地方各级人民政府中具有行政执法职能的部门要按照本级人民政府的统一部署和要求，根据执法机构和执法岗位的配置，将其法定职权分解到具体执法机构和执法岗位。有关部门不得擅自增加或者扩大本部门的行政执法权限，不同层级的执法机构和执法岗位之间的职权要相互衔接，做到执法流程清楚、要求具体、期限明确。

执法依据赋予行政执法部门的每一项行政执法职权，既是法定权力，也是必须履行的法定义务。行政执法部门任何违反法定义务的不作为和乱作为的行为，都必须承担相应的法律责任。

二、进一步完善地方各级政府组织的法律、法规

改革开放以来，我国先后修订了《地方组织法》，并制定了《地方各级人民政府机构设置和编制管理条例》，使地方各级政府机构设置和编制管理逐步规范。

但按照党的十七大提出的“健全组织法制和程序规则，保证国家机关按照法定权限和程序行使权力、履行职责”的要求，随着改革的深入，应当进一步依法规范地方各级人民政府的机构设置。

(一)明确地方行政机构的法律地位

行政机构的法律地位，是机构法定化和规范化中的重要问题。但《地方组织法》对地方政府工作部门的规定比较原则，目前在省级主要有组成部门、直属机构、直属特设机构、议事协调机构的常设办事机构、部门管理机构、派出机关；在省以下不分组成部门、直属机

构，统称工作部门，另外还有部门管理机构、议事协调机构的常设办事机构、派出机关等。有的直辖市，也设立了人民政府的派出机关。但严格说来，部门管理机构等机构，缺乏明确的法律地位。因此，在修改有关规定时，应确立部门管理机构等机构的法律地位。

（二）明确地方行政机构依法设置的原则

《地方组织法》第六十四条规定地方各级人民政府根据工作需要和精干的原则，设立必要的工作部门；《地方各级人民政府机构设置和编制管理条例》规定的地方各级政府机构设置原则，主要有：以职责的科学配置为基础，综合设置，做到职责明确、分工合理、机构精简、权责一致，决策和执行相协调；根据履行职责的需要，适时调整，但在一届政府任期内，地方各级政府的工作部门应当保持相对稳定。

法治原则在行政组织领域的具体要求之一，就是公共行政组织必须由《宪法》、法律或法规予以规范，而不能由行政机关自行其是。按照推进依法行政、建设法治政府的要求，应当重视地方政府机构的法治建设，把依法设置政府机构也作为地方政府机构设置的一项原则，明确规定非因法定事由并经法定程序，地方政府机构、职能和人员编制不得随意更改或变动。[①]

（三）修改《地方组织法》中地方各级人民政府职权的有关规定

从《地方组织法》的法律条文规定的县级以上地方各级人民政府的10项职权与乡镇人民政府的7项职权来看，主要强调的是县级以上地方各级人民政府与乡镇人民政府的政治职能、管理职能与保护职能，对于县级以上地方各级人民政府和乡镇人民政府的服务职能体现得不够。应随着地方政府职能的转变和服务型政府的建成，适时完善《地方组织法》的有关规定，增加地方各级人民政府的服务职能的条款，并依法推进地方政府职能转变和服务型政府的建设。

---

① 有的地方性法规规定了法治原则，如2000年7月28广东省九届人大常委会第十九次会议通过、2009年7月30日广东省第一届人大常委会第十二次会议修订的《广东省行政机构设置和编制的管理条例》第四条规定，行政机构设置和编制的核定必须依照国家和省规定的程序审批，不得擅自变动。

(四)明确地方各级政府会议的职责和权限

地方各级政府在实行行政首长负责制的同时,还实行会议制度,包括全体会议和常务会议,但《地方组织法》仅作了原则规定。地方政府出台的政府工作规则,原则规定了全体会议和常务会议的主要任务,但它们仅仅是规范性文件。实践中,许多地方政府还实行办公会议和工作会议制度,有的甚至在会上进行重要决策,严格说来,这些都是缺乏法律依据的。今后修改《地方组织法》时,应相应规定各级地方政府会议的职责和权限。

(五)依法明确各地方政府部门的职责和权限

目前,地方各级人民政府的职责和权限,多在"三定规定"中规定,因此,做好部门"三定"是机构改革实施工作的中心环节。地方政府机构改革,不论是调整变动的部门,还是机构未作调整的部门,都要通过制定和完善"三定规定",具体落实转变职能的各项要求,理顺部门关系,强化部门责任,着力解决职责交叉、权责脱节、推诿扯皮等问题。同时,由于"三定规定"本身不是地方性法规或地方政府规章,而是地方政府具有效力的规范性文件,加上没有对违反"三定规定"者追究法律责任的条款,其效力和权威不够;而且有的地方的"三定规定"本身不很完善,没有很好地解决有些地方行政机构之间职责和权限的划分问题。因此,有必要依法明确各级地方行政机构职责和权限的设定主体,对各部门的职责和权限作出界定。

(六)进一步依法规范地方各级政府派出机关及政府部门派出机构

我国省级政府、县级政府和区级政府,可分别依法设立行政公署、区公所和街道办事处;有的直辖市的人民政府也设立派出机关。截至 2008 年 12 月底,全国仅有行政公署 17 个、盟 3 个、区公所 10 个,应对《地方组织法》进行修改,并明确直辖市人民政府必要时也可以设立派出机关。

目前派出机构存在设立所依据的法律层级较低、派出机构的性质和地位不明确、职责权限不明、对派出机构的管理混乱监督不力等问题。[①] 因此，应进一步强化对派出机构的法律规制，明确派出机构的设置原则、条件、程序及其地位与职能。此外，派出机构作为行政组织的一种，其活动也必须接受监督与制约。

（七）制定《地方各级人民政府组织法》

目前，我国《地方组织法》对各级人民代表大会和地方各级人民政府的规定是合二为一的。而"地方政府组织法与地方权力机关组织法合一，并非优选模式"。[②] 随着政治体制改革的深入和政治文明建设的进展，地方各级人大之间的权限和地方各级人民政府之间的管理职能的范围和内容，将存在一定的差异，因此，应当制定单行的《地方各级人民政府组织法》，对地方各级人民政府的组成、职能、权限、隶属关系和设立、变更的程序等分别作出具体规定，并依法规范垂直管理部门与地方政府的关系。

具体方案见《中华人民共和国地方各级人民政府组织法》（代拟稿）。

---

① 王建芹、寨利男：《派出机构法律地位及改革思路的思考》，《探索与研究》2005 年第 11 期。

② 张越、张跃建：《论地方政府组织法之修订》，《政法论坛》1999 年第 3 期。

第四章
其他承担行政任务的主体

第一节 其他承担行政任务的主体的界定和范围

一、概说

(一)其他承担行政任务的主体的界定

在现代国家,随着行政任务范围的扩张与种类的增多,传统的科层制行政组织形态的局限日益凸显,"分散化"与"去官僚化"成为行政组织改革的重点内容,在传统的科层组织之外出现了众多其他类型的承担行政任务的主体。如独立的局署、公法人、私法组织甚至私人。①

在中国,"其他承担行政任务的主体",或称"类行政组织"②,是对某些具有公共事务管理职能、能够实施行政管理行为的非行政机关或行政机构的其他组织的理论概括。

我国传统行政法观念认为,对公共事务进行管理的职能仅属于国家所有,即"公共行政"局限于"国家行政",国家行政机关(或行政机构)是惟一的行政组织。③ 即从行政法的传统意义上说,行政组织主要是指由国家设定、依法从事国家和社会行政事务管理的国家行

---

① 应松年:《当代中国行政法》,中国方正出版社 2005 年版,第 375 页。

② 有学者认为:类行政组织是一种具有社会管理职能的非行政组织。在市场经济社会中,行政组织和类行政组织是社会管理的双主体。官方性类行政组织、行业协会和社区自治组织构成了现代社会类行政组织的主体结构。参见吴刚:《类行政组织的概念》,《中国行政管理》2001 年第 7 期。

③ 罗豪才:《行政法与依法行政》,《国家行政学院学报》2000 年第 1 期。

政机关或行政机构。

而在许多西方国家，公共行政不仅是指政府的公共行政，还包括社会的公共行政，或称“直接的国家行政”和“间接的国家行政”。政府的公共行政（或称直接的国家行政）是指政府（行政机关）代表国家行使行政权、管理公共事务；社会的公共行政（或称间接的国家行政）是指行政机关以外的其他组织，对一定范围公共事务进行的管理。相应地，行政组织包括行政机关和其他承担行政任务的主体。

例如在英国，除了中央和地方政府外，还有公法人等行政主体。另外，还有公共机构。而非部门公共机构（public bodies）不是政府机构的一部分，但由中央政府部门设置或资助，履行中央政府部门某些职能。

在德国，“行政组织给人造成的印象是，各个行政单位的交织体几乎无法看清，众多的环节、机关、部局以及机构几乎也难以辨别。造成这种印象的原因首先不是德国行政组织的多层次垂直建制，而是以下起决定性作用的情况：除了国家直接管理的领域外，还有广泛的间接管理领域”。[①] 换言之，联邦和邦并不是国家行政的惟一主体，与它们同时分担管理任务的还有所谓“间接的国家行政机构”，其一是公法法人；其二是乡及乡镇联合。[②]

在日本，以实施行政目的而设立、具有独立于国家法人资格的团体，除了地方公共团体外，还有公共组合和营造物法人等“其他行政体”。[③]

根据新变化，日本学者一般将国家、地方公共团体等在《宪法》上具有行政主体地位的法人以外的、在制定法上被作为承担行政任务

① 〔德〕埃贝哈德·施密特-阿斯曼等著，于安等译：《德国行政法读本》，高等教育出版社 2006 年版，第 134 页。

② 〔德〕Frank Hofer 编：《德国的国家结构与行政组织》，德国巴伐利亚行政学校、联邦内政部联邦行政研究院 2000 年版，第 39 页。

③ 〔日〕室井力主编，吴微译：《日本现代行政法》，中国政法大学出版社 1995 年版，第 327 页。

的组织而定位的主体，称作“特别行政主体”。[①]

在我国，有些非行政机关或行政机构的社会组织，在一成立时就依法或因历史等原因具有公共事务管理职能；有些社会组织成立后，由法律、法规赋予或由行政机关委托其承担一定的管理职能。这些社会组织，被称为“其他承担行政任务的主体”[②]或“类行政组织”。

特别是近几年来，随着市场经济的发展、政府职能的转变和行政审批制度的改革，一些原先由政府或政府部门管理的公共事务包括行业性、专业性事务，逐步转移或还给某些事业单位、社会团体、社会中介组织管理或参与管理，因此，这些单位或组织也承担着重要的行政任务。

（二）其他承担行政任务的主体与行政主体及非政府组织

1. 其他承担行政任务的主体与行政主体

“其他承担行政任务的主体”与行政主体不是同一个概念，行政主体不仅具有公共管理职能，还能以自己名义实施行政行为，并独立承担法律责任；而“其他承担行政任务的主体”作为类行政组织，具有行政职能，能够实施行政管理活动，但不一定能独立承担法律责任。

2. 其他承担行政任务的主体与非政府组织

“其他承担行政任务的主体”与“非政府组织”，也不是同一个概念。

非政府组织，英文为“non governmental organization”，缩写为“NGO”。非政府组织并非某一个特定组织，而是一个介于政府体系和市场体系之外的庞大的社会组织体系，又称第三体系或第三部门（相对于第一部门的政府和第二部门的营利部门而言）。

按照《联合国宪章》第七十一条的规定推定的含义，非政府组织

---

① 〔日〕盐野宏著，杨建顺译：《行政组织法》，北京大学出版社 2008 年版，第 65 页；胡建森主编：《公共行政组织及其法律规制暨行政征收与权利保护——东亚行政法学会第七届国际学术大会论文集》，浙江大学出版社 2008 年版，第 53 页以下。

② 应松年：《当代中国行政法》（上卷），中国方正出版社 2005 年版，第 374 页。

是指在国际范围内从事非营利性活动的政府以外的所有组织，包括慈善机构、援助组织、青年团体、宗教组织、工会、合作协会、经营者协会等等。这一含义仅是联合国对在国际范围内活动的非政府组织所使用的，不能适用于普遍意义上的第三体系或第三部门。①

实际上，非政府组织这一社会体系，在不同国家和地区，甚至在同一国家内，有着不同的称谓，如非营利组织、非政府公共部门、非政府公共组织、非营利部门、第三部门、独立部门、民间组织、非国家部门等等；有的学者甚至将这一社会体系称为“公民社会”（civil society）。因此，对非政府组织没有一个统一的、被普遍认可的定义。

根据美国约翰·霍普金斯大学莱斯特·M. 萨拉蒙教授的观点，非政府组织的特征，主要表现在以下几个方面：一是组织性，即这些机构都有一定的制度和结构；二是私有性，即在制度上与国家相分离；三是非营利性，即这些机构都不向他们的经营者或“所有者”提供利润；四是自治性，即这些机构都基本上是独立处理各自的事务；五是志愿性，即这些机构的成员不是法律要求而组成的，这些机构接受一定程度的时间和资金的自愿捐献。②

在中国，“非政府组织”的含义包涵的范围与国外有所不同。在我国，主要负责管理非政府组织的行政机构是各级民政部门的民间组织管理局（或处、科），而民间组织管理局（或处、科）下辖的业务中，有社会团体登记管理、民办非企业单位登记管理以及涉外社会团体和涉外民办非企业单位登记管理，管理的现行依据为：《社会团体登记管理条例》、《民办非企业单位登记管理暂行条例》以及《外国商会登记管理暂行规定》，因此，在中国，至少在行政立法方面，非政府组织主要就是社会团体和民办非企业单位。③ 这与本书所述的“其他承担行政任务的主体”的界定和范围不同。

---

① 吴忠泽：《发达国家非政府组织管理制度》，时事出版社 2001 年版，第 3 页。

② 〔美〕莱斯特·M. 萨拉蒙等著，贾西津等译：《全球公民社会——非营利部门视野》，社会科学文献出版社 2002 年版，第 3～4 页。

③ 李本公：《国外非政府组织法规汇编》，中国社会出版社 2003 年版，第 279～280 页。

二、主要西方国家其他承担行政任务的主体

(一)英国

英国的行政主体除了国家和地方政府外,还有公法人等。这里,主要介绍公共机构。

在英国,公共机构是一个集合的概念,具体包括:非部门公共机构(NDPB);公共公司;国家卫生保障机构(NHS Bodies)、中央银行(英格兰银行)和公共广播机构(英国广播公司〔BBC〕和英国威尔士语第四频道〔S4C〕)等。

非部门公共机构(NDPB)是 1980 年 Leo Pliatsky 爵士在其"非部门公共机构的报告"一文中首先使用的,此后一直沿用至今。非部门公共机构不是政府的一个部,也不属于某个部,但发挥着中央政府部门的某些作用,在或大或小的程度上独立于部长的管辖而运行。非部门公共机构拥有全国或地区范围的职权,承担着广泛的职能。它们与政府的距离意味着,由于独立于部长且工作人员不是公务员,其日常的决策是独立的。但部长终究还是要为其独立、实效性和效率向议会负责。

非部门公共机构,可以分为以下四种:(1)执行性非部门公共机构:根据法规设置,执行行政的、管制的和商业的职能,自行雇用工作人员,并安排自己的经费预算。(2)咨询性非部门公共机构:就专门问题向部长提供独立和专家咨询意见,通常没有工作人员但可以得到相关部门的人力支持。这类公共机构通常没有自己的预算经费,有关费用计入部门预算。(3)裁判性非部门公共机构:对专门法律领域的案件具有管辖权。通常得到相关部门的人力支持。这类公共机构通常没有自己的预算经费。(4)独立监管委员会:其主要职责是监督监狱设施、管理情况和罪犯待遇,费用由有关部门提供。截至 2008 年 3 月 31 日,英国非部门公共机构有 790 个。[①](见表 4.1)

---

① http://www.civilservice.gov.uk/Assets/PublicBodies2008_tcm6-6429.pdf

表 4.1　英国非部门公共机构

部门	执行型公共机构	咨询型公共机构	裁判型公共机构	其他	总数
内阁办公厅	2	9	0	0	11
商业、企业与行政改革部	23	15	5	0	43
儿童、学校与家庭部	8	3	0	0	11
社区与地方政府部	11	5	2	0	18
文化、传媒与体育部	43	11	1	0	55
环境、食品与农村事务部	32	41	3	0	76
创新、大学与技能部	20	1	1	0	22
国际发展部	1	0	0	0	1
交通部	6	2	1	0	9
工作与养老金部	7	6	2	0	15
卫生部	11	31	0	0	42
出口信用保证部	0	1	0	0	1
食品标准局	0	6	0	0	6
外交与联邦事务部	4	3	1	0	8
林业委员会	0	9	0	0	9
政府平等部	1	1	0	0	2
税务海关总署	0	0	1	0	1
财政部	0	1	0	0	1
内政部	6	9	4	0	19
国防部	5	23	0	1	29
司法部	7	219	11	145	382
北爱尔兰法院事务局	2	10	1	0	13
北爱尔兰事务部	9	3	0	3	15
皇室造币局	0	1	0	0	1
总计	198	410	33	149	790

资料来源：〔英〕首相府编：《公共机构》(2008 年)第 8 页(附表一：公共机构的数目，截至 2008 年 3 月 31 日)，http://www.civilservice.gov.uk/Assets/PublicBodies2008_tcm6-6429.pdf。

(二)法国

在法国，构成公共行政的公法人除了国家和各级领土单位外，还有另一种重要类型，即公共机构。

1. 公共机构的概念和特征

公共机构(l'etablissement public),也叫“公务法人”[①]。在法国,存在着由国家设立并监督的国家公共机构、省级公共机构、市镇级公共机构。

公共机构,是法国的一种公法人。它不同于私法人:私法人是以私人利益为目的、由私人依私法而设立的法人,而公法人是以公共利益为目的、由国家依公法设立的法人;公共机构也不同于公益法人:公益法人是人们承认其公共用途的私人组织,如协会、基金会等。公共机构与公益法人有时很难区分,一般要看立法机关的规定、法院判决、机构的起源、公共权力特权的使用、开展活动的性质、对其监督的程度等。[②]

设置公共机构的目的主要是:(1)使某些特殊的机构具有独立性(如大学、研究院等);(2)从事捐赠等公益性活动(医院、救助站);(3)允许用户参与管理或参与任命领导人(行业协会、职业公会等)。

2. 公共机构的法律制度

1958年前,公共机构只能通过法律设置。根据1958年《法兰西共和国宪法》第三十四条,各类公共机构的建立必须由法律规定。换言之,不属于任何类别的新的公共机构的设立必须由法律规定其组织和运行规则。

目前,对法国公共机构的组织,还没有法律的统一规定,但一般要设立负责审议并作出决定的议决机构和负责执行的机关:(1)议决机构(如董事会或管理委员会)的组成各不相同,一般有公务员代表、用户代表和专家等,其任命方式也是多种多样的,如任命、推荐任命、选举产生等;(2)执行机关产生也不尽相同,一般通过任命(如公立中学校长等)、推荐任命或选举产生(如大学校长等)。

---

① 王名扬:《法国行政法》,中国政法大学出版社1988年版,第127页。

② 〔法〕古斯塔夫·佩泽尔著,廖坤明、周洁译,张凝校:《法国行政法》,国家行政学院出版社2002年版,第173~174页。

关于公共机构的运作，根据法律要求：(1)公共机构隶属于某个行政机关，但具有相对独立性，同时，又不能超越其固有的活动范围；(2)公共机构拥有自己的财产，具有财政独立性，拥有区别于地方行政机构的专门预算；(3)公共机构要接受有关机关的监督。

3. 公共机构的范围、法律地位及挑战

法国公共机构数量大，涉及面广。根据其法律制度来划分，公共机构可以分为行政性的公共机构和工商性的公共机构两大类。[①] 其领域主要遍及：(1)教育或培训（如国家行政学院、大学、中学、小学、地方公共教育机构等）；(2)科研（如法兰西科学院、国家科研中心等）；(3)文化（如博物馆、文化馆、图书馆等）；(4)互助与社会救济（如公立医院等）；(5)金融（如信托局等）；(6)经济（如工商会、市镇劳工联合会等）；(7)公共工程（如房地产主联合会等）；(8)工商业（如法兰西电力公司、国有铁路公司等）。1982 年以前，大区属于公共机构；1992 年，根据《市镇、省和大区自由和权利法》，大区成为一级地方领土单位。

公共机构，特别是行政类的公共机构一般受公法管辖，法律如无特别规定，公共机构的活动要受制于行政法。

随着法国行政改革的进行，传统的公共机构面临着一些变化：(1)一些地方政府组成地域性的组合（如市镇联合体、联合区、都市共同体、新居民点联合体、市镇共同体等），这使公共机构不再总是根据其专业性特点而区别于地方行政机构。[②] (2)出现的国有化企业，有些作为公共机构除了受公法管辖外，也受私法支配（如雷诺公司等）；有些工商业公共服务机构，在很大程度上受私法管辖；在法院判决中，有些行业组织（如法国石油研究院等）被视为私人组织。这使以前认为公共机构受公法管辖的观点受到挑战。(3)立法机关赋予的“具有工业和商业性质的公共机构”的定性，已不足以涵盖有些工商

① 潘小娟：《法国行政体制》，中国政法大学出版社 1997 年版，第 144 页。

② 欧洲委员会：《地方与地区民主的结构和运行》(法国)，欧洲委员会出版社 1998 年法文版，第 21～25 页。

性的公共机构所具有行政特征的使命。(4)1968 年 11 月 12 日和 1984 年 1 月 26 日的法律,已经将具有科学、文化特点和教育特点的公共机构从行政性公共机构分离出来,成为一种新型公共机构。(5)公共机构不再必须管理一项公共服务(如矿业和化学企业)。[①]

(三)德国

在德国,对政府各部门和地方主要机关分出的单位进行分类,并依其独立程度的不同,可以分为:独立机构、非独立机构、公法法人和私法法人。

1. 独立机构

独立机构的特征在于:独立机构有自己的领导,如主管、指导等;以自己的名义开展活动;自己的图章、活动范围和地域与主要行政主体不同;独立机构没有自己的预算,没有不受约束的行政自由。

如《德意志联邦共和国基本法》第八十七条第三款规定的“独立的联邦高级机构”(如联邦卡特尔局、联邦专利局);州的行政区主席(普通机关)和特别机关(如矿山管理局、计划用水局等)。

2. 非独立机构

非独立机构的特征与独立机构相似,但其要承担机构的任务,有相应的专门独立性。另外,经济企业和类似机构,通常有自己的预算,但非独立机构不具有独立的法人资格。

如联邦“特别财产”联邦铁道和联邦邮政;各州的卫生机构、监狱;图书馆、浴场、博彩;县乡的社会、文化和经济设施。

3. 公法法人

即公法机构、公法财团和公法社团。公法法人的特征是:与非独立机构或社团相似,但在财力和法律上较具独立性,具有自己的预算和经济方针,大多数具备持续的法人资格;对行政主体起诉的可能性;社团中通过成员形成自己的意志,机构则通过自我负责的领导机

① 〔法〕古斯塔夫·佩泽尔著,廖坤明、周洁译,张凝校:《法国行政法》,国家行政学院出版社 2002 年版,第 175～178 页。

关从事专门工作。有时，立法机构仅赋予某些单位部分法律能力。

如《德意志联邦共和国基本法》第八十七条第二款规定联邦的社会保险机构，第八十八条规定的联邦银行、其他信贷机构；各州的保险机构；各州的银行和广播机构；县和乡的储蓄所。

4. 私法法人

形式上不属于行政机关。即使所有的股份都掌握在官方手中，一般仍具有持久的独立性。

对于组成公法法人的组织（公法机构、公法财团和公法社团）而言，人们称之为与通过主要行政部门实施的直接国家行政相对应的“间接行政”。[①]

5. 公法法人的实例：地方政府联合组织

(1)联合机构的性质。在德国，法律（包括乡镇联合的法律、市镇法典和专门的法律）规定了地方政府的联合组织形式。地方政府组合的形式：

一是设立地方工作组合（Kommunale Arbeitsgemeinschaft）：即乡镇联合体、县联合体和其他公法法人。地方工作组合讨论各地方政府成员共同关心的事务，协调地方政府规划，并寻求活动方案，以提供在较大范围内实施更有效或更经济的联合行动；但地方工作组合不得通过对各地方政府成员有任何有约束力的协议；各自地方政府成员的责任范围不受影响。

二是签订公法协议（Öffentlich-rechtliche Vereinbarung）：即乡镇或县地方政府之间通过签订协议进行联合，在协议中明确协议一方执行另一方的特定的职责和/或代表另一方履行的职责。协议还可以规定协议双方设立联合机构执行应由双方共同履行的职责。

三是组成特定目的联合体（Zweckverbände）：乡镇或县可以为履行某种特定目的而成立各种行政联合体。一般而言，组成这种行政

---

① 〔德〕平特纳著，朱林译：《德国普通行政法》，中国政法大学出版社 1997 年版，第19～20 页。

联合体是为了某一特定的目的，但也可以为了执行某几个相关的任务而设立。通常这些行政联合体是自愿的，但法律也允许为了执行某种法定的任务而强制组成某种行政联合体。

在德国，行政联合体是公法法人。因此，当成立某一行政联合体时，乡镇地方政府或县政府的相关职责和权限就转移到了相应的新的行政联合体。

以上是地方政府之间合作的最普遍形式。根据有关法律，地方政府还可以组成地方政府组合的其他形式，如规划委员会、学校组合等。

随着各州为促进地方自治而进行的地方政府制度改革的深入，各州也设立了一些乡镇地方政府联合体，主要有：

一是乡镇行政联合体（Verwaltungsgemeinschaften）：这种行政联合体根据自愿或法定的原则而成立，可以履行州委托乡镇政府履行的职责，也可以接受乡镇委托履行属于乡镇自治范围内的职责，如起草行政文件、执行乡镇议会的决议和负责行政事务等。

二是联合机构（Ämter）：乡镇也可以自主设立联合机构，在联合机构这一级进行管理。尽管管理的职责本是属于各乡镇政府的自治范围，但是，某些乡镇政府职责可以转换成为联合体的职责。

在有的州，还成立了更高一级的乡镇联合会履行范围更广泛的任务。如巴登-符腾堡州的州福利联合体（Landeswohlfahrtsverbände），就是为履行社会福利和青年援助而成立的县和市级市之间的联合体。类似的机构还有：北莱茵-威斯特法伦州的地方联合会（Landschaftsverbände）、巴伐利亚州和莱茵兰-普法尔茨州的专区（Bezirk）等。

（2）联合机构的职责范围和组织形式。地方政府联合体执行超出地方政府行政能力范围或在更大范围内执行更加经济、有效的事务。除了特定法律规定的事务以外，这些事务主要有：供水、污水处理、废物处置、道路建设和维修、成人夜校管理、消防和救助服务等。

在上述地方政府联合体中，除了法定设立的机构以外，只有特定目的联合体才设立具体的工作机构。这些特定目的联合体的机构主要是联合体议会和联合体主任或主席。此外，如果法律有规定，可以设置联合体议会的常设行政委员会。

联合体议会是地方政府联合体的主要工作机构，由参加联合体的地方政府选派的代表组成。联合体议会相当于乡镇或县地方议会。

联合体主任或主席由联合体议会选举产生，是联合体的行政首长，也是特定目的联合体的法定代表人。联合体主任或主席的职位相当于乡镇长或县长的职位。

联合体议会的常设行政委员会、联合体主任或主席的职责范围，由法律规定，或由联合体依法制定的联合体规章规定。

为满足财政目的，联合体议会可以决定从参与联合体的地方政府成员收取一定的费用，但条件是联合体没有自己的收入来源或其收入不足以满足财政需要。

作为在法律上有独立地位的公法法人，特定目的联合体的权力来源于各自的县或乡镇。县或乡镇可以通过在联合体议会中行使投票权等方式，对联合体履行职责的行为加以影响，使之符合法律或联合体规章的规定。①

（四）日本

日本传统行政法意义上的其他行政体主要有公共组合和营造物法人。另外，还有特殊行政法人和地方公社。② 而根据近年来的发

---

① 欧洲委员会：《地方与地区民主的结构和运行》（德国），欧洲委员会出版社 1999 年德文版，第 29～33 页。

② 根据传统学说，营造物法人是指承认营造物有法人资格的法人。营造物法人也是财团公法人。营造物法人的概念，源自德国行政法学。第二次世界大战以前，在日本，只有神宫和神社是营造物法人；第二次世界大战以后，日本国有铁路公司、日本电信电话公社、日本专卖公社成为营造物法人（后改组为“特殊会社”），但这些法人与德国的营造物法人不完全相同，它们主要以英美的公司为模式，因此在法律上被称为“公共企业体”。营造物的概念是与营造物权力、特别权力关系的理论相结合形成的。参见：〔日〕室井力主编，吴微译：《日本现代行政法》，中国政法大学出版社 1995 年版，第 327 页。

展，日本除国家及地方公共团体以外承担行政任务的主体，即特殊性行政主体，主要有独立行政法人、国立大学法人、特殊法人、地方公社、地方独立行政法人和公共组合。[①] 此外，还有担当行政职能的民间组织。[②]

1. 独立行政法人

根据1999年制定、2001年实施并经多次修改的《独立行政法人通则法》第二条，独立行政法人是根据个别的独立法人法而设立的法人，从内容上看，是指对于那些从稳定国民生活以及社会经济等公共见地出发确实需要实施的、且国家又没有必要亲自作为主体直接实施的，但是委托给民间主体又未必妥当的或必须由一个主体垄断开展的事务和事业，为使其得以高效、成果显著地开展，从此目的出发按《独立行政法人通则法》及“个别法”规定设立的法人。

独立行政法人分为“特定独立行政法人”与“非特定独立行政法人”，前者成员具有公务员身份，后者则无。其区别，以“业务性质上，该事务事业之停滞将使国民生活或社会经济安定产生直接重大障碍者”、“根据独立行政法人之目的和业务性质等综合考量认为，赋予其干部或职员国家公务员身份之必要者”为标准。“特定独立行政法人”，如内阁府所属国立档案馆、总务省所属统计中心、厚生劳动省所属国立医院机构、农林水产省所属农林水产消费安全技术中心；“非特定独立行政法人”，如外务省所属国际交流基金、财务省所属酒类综合研究所、文部科学省所属日本学生支援机构、经济产业省所属经济产业研究所、国土交通省所属水资源机构、环境省所属国立环境研究所等。[③]

对于独立行政法人，国家在组织、人事、财务、业务等方面具有干

① 〔日〕盐野宏著，杨建顺译：《行政组织法》，北京大学出版社2008年版，第65页。

② 胡建淼主编：《公共行政组织及其法律规制暨行政征收与权利保护——东亚行政法学会第七届国际学术大会论文集》，浙江大学出版社2008年版，第68页。

③ http://www.kantei.go.jp/jp/link/server_j.html

预权。①

2. 国立大学法人

自2003年10月1日起，日本《国立大学法人法》实施。《国立大学法人法》将国立大学自原来作为设施等机关的国家行政组织中分离出来，赋予其独立法人人格的地位。但国立大学法人是“以设立国立大学为目的，根据《国立大学法人法》所设立的法人”，不是根据《独立行政法人通则法》的规定设立的独立行政法人。

在组织上，根据《国立大学法人法》，由校长及理事组成理事会、审议经营事项之经营协议会及审议教育研究重要事项之教育研究评议会，使国立大学法人成为以校长和理事为中心的自主、自律之运营组织。此外，在人事制度方面，采非公务员形态且具弹性之人事制度，国立大学得依据能力及业绩核发报酬，废除教职员兼职限制，通过产官学合作将研究成果回馈社会，并通过校长对全体董事及教职员之任命权，实现全校人事管理一元化。

将国立大学法人区别于一般独立行政法人，主要是考虑到教育研究业务在性质上所具有的特殊性。②

3. 特殊法人

特殊法人是指以实施某种行政为存在目的，依《总务省设置法》和特别法律，以特别设立行为而设立，成为总务省审查、监督对象的法人。

由国家主动设置的特殊行政法人，主要有：

(1)公社：如日本国有铁道、日本专卖公社、日本电信电话公社等。一般是中央政府全额出资的法人，就其预算而言，要服从国家预算，接受国会审议，但有的公社实行了民营化，成为股份公社。

(2)公团：如日本道路公团、水资源开发公团等。一般是以社会要求的公共事业为目的，作为国家大规模公共事业的补充。

---

① 〔日〕盐野宏著，杨建顺译：《行政组织法》，北京大学出版社2008年版，第67页。

② 〔日〕盐野宏著，杨建顺译：《行政组织法》，北京大学出版社2008年版，第70页。

(3)事业团:如宇宙开发事业团、环境事业团。一般是从侧面补充国家经济政策、农业政策,作为实现这些政策的手段。

(4)公库、特殊银行、金库:公库是由政府全额出资设立的法人,其目的一般是补充城市金融,对难以从一般金融机构接受融资的国民依政策金利息进行融资,有住宅金融公库等;作为政府全额出资的特殊银行,有日本政策投资银行等;作为经营组合金融的法人在政府部分出资的金库中,有商工组合中央金库等。

(5)特殊会社。是指政府依特别法主动设立的股份会社。其特色是接受政府的特殊保护和监督。如东日本旅客铁道株式会社等。

(6)其他。如日本船舶振兴会等。

特殊法人代替执行国家一部分行政职能,能得到各种保护和特别优待,但也要接受政府或国会的监督。

4. 地方公社

与中央设立的特殊法人相对应,从广义上讲,地方公社是指地方公共团体为达到公共目的,自己出资设立、给予财政和人力援助并据此参与其经营的法人。如根据《地方住宅供给公社法》设立的地方住宅供给公社、根据《地方道路公社法》设立的地方道路公社、根据《关于推进公有地扩大的法律》设立的土地开发公社等。地方公社的特点是:

(1)由地方公共团体主动设立,其法律形态主要有:财团法人、社团法人、股份会社、有限公社和基于特别法的法人等。

(2)地方公共团体以出资、贷付、债务保证和提供损失补偿等提供财政援助,并参与其组织构成和经营活动。

(3)地方公社的业务具有替代执行地方公共团体事务的性质。

地方公社主要是以取得、修整和整备公共用地、住宅用地、工业用地和实施城市再开发等城市整备事业为目的的有关区域、城市开发公社。设立这些公社的主要目的在于谋求引入民间资金开展地方公共团体的开发事业。

地方公社代替执行地方公共团体一部分行政职能,同样,它也要接受地方行政首长、地方议会或监查委员的监督。①

5. 地方独立行政法人

根据2003年制定、2004年4月1日实施的《地方独立行政法人法》,地方独立行政法人是伴随国家层面设立特殊法人的改革而设立的,其基本理念、机制皆准同于国家的独立行政法人。但地方独立行政法人具有其特色:其一,设立者是地方公共团体,在设立时要经地方议会议决,并经总务大臣或都道府县知事(或政令指定市市长)的认可;其二,业务范围限于试验研究、地方公营企业和事业(如水道、电气、轨道、医院等)以及公共设施(如老年人保健设施、一定规模的会议设施等);其三,对地方公共团体设置、管理的公立大学,在将其包括在地方独立行政法人的基础上,设置了考虑教育研究特性的一般条款,对校长、理事等的任命及审议机关的设置等,设置了特例性条款。另外,对公立大学的设置、管理也不同于一般的地方独立行政法人。②

6. 公共组合

公共组合,是指以实施某种行政为目的,由具有一定资格的组合成员构成的公共社团法人。

公共组合以实施某种行政为目的,这与民法上的社团法人不同;同时,公共组合不是按地域设置的,这又与地方公共团体不同。

法律上承认公共组合的设置,主要是因为公共组合作为公共行政的一部分,与公共利益有密切关系,但另一方面,公共组合事业的受益者的范围是有限的,与一般的公共行政有所区别,因此,在法律上将其与一般的公共行政作出区分,规定由有关成员负担一定费用并委托其进行管理。

---

① 〔日〕室井力主编,吴微译:《日本现代行政法》,中国政法大学出版社1995年版,第330～334页。

② 胡建淼主编:《公共行政组织及其法律规制暨行政征收与权利保护——东亚行政法学会第七届国际学术大会论文集》,浙江大学出版社2008年版,第59～60页;〔日〕盐野宏著,杨建顺译:《行政组织法》,北京大学出版社2008年版,第81页。

日本的公共组合主要有:水灾预防组合;土地区划整理组合;土地改良区;健康保险组合;地方公务员共济组合等。

公共组合具有以下法律特征:

(1)公共组合,有的是国家机关自行设置的,如根据《水灾预防组合法》第十条到第十四条设立的水灾预防组合;有的是具有组合成员资格者依照法律、命令规定的义务设置的,如根据《国家公务员共济组合法》第三条设立的国家公务员共济组合、根据《健康保险法》第三十一条设立的健康保险组合;有的组合的设置要得到有关行政机关的认可并接受其干预,如根据《土地改良法》第五条设立的土地改良区等。

(2)具有组合成员资格者在设置组合时,有两种情形:一种是法律上认为是已经加入的(如《土地改良法》第十一条、《土地区划整理法》第二十五条);另一种是行政机关要求加入的(如《中小企业事业团法》第五十五条以下)。

(3)公共组合依法享有行政职能。如有关组合经费、过怠金、强制征收的权限(如《健康保险法》第十一条、《土地区划整理法》第四十条)和换地处分(《土地区划整理法》第一百零三条、《土地改良法》第五十四条)的权限等。

(4)国家或地方共同团体有权通过必要的措施、命令和解任官员等手段,对公共组合实行特别监督,并检查组合的业务和会计,纠正组合的违法行为。

(5)强制设立的组合不得任意解散;其他组合的解散,也要得到行政机关的认可。

其中,行政机关要求加入以及公共组合依法享有行政职能等,被认为是相关法规对这些组合赋予了主体性。

7. 担当行政性职能的民间团体

除了上述六种行政主体外,有些民间团体甚至企业也承担行政性的职能。它们依法接受政府委任或指定代行一部分行政事务,其行为效果归于国家。例如,企业等工资支付义务者,在支付工资时将纳税义务者的税款代征后交纳给国家;律师联合会、司法文书师联合会进行的律师、司法文书师登记;各种国家检定、国家资格考试等行政事务由国家指定的民法上的公益法人进行等,都属于民间组织担当行政性职能的情形。[①]

三、我国其他承担行政任务的主体

在我国,对"其他承担行政任务的主体"、"类行政组织"的定义和范围,不同学科有不同的看法。

从行政学的视角,有的学者认为,中国的国家行政机关或行政机构以外的其他组织,包括社会团体、某些具有公共事务管理职能的事业单位、社会中介组织、民办非企业单位等;[②]有的学者认为,从中国有关规定来看,中国非政府组织的定义与国际上的非政府组织定义在内涵上是基本一致的,比如非政府性、非营利性、非政治性和非宗教性。另外的三种属性,即组织性和志愿性在有关规定中也都不同程度地有所反映。因此,中国的非政府组织中,主要包括社会团体和民办非企业单位两种形式。[③]

因此,按照行政学有的学者的观点,行政机关以外的其他组织主要是事业单位、社会团体和民办非企业单位。

而从行政法学的视角,根据《行政诉讼法》第二十五条,作出具体行政行为的行政机关可以作为公民、法人或者其他组织直接向人民法院提起诉讼的被告。另外,对法律、法规授权的组织所作的具体行政行为不服而起诉时,该组织是被告。

可见,行政机关和由法律、法规授权的组织,即行政法学所述的"行政主体"。由于法律、法规授权的组织不是行政机关,属于"其他

---

① 胡建森主编:《公共行政组织及其法律规制暨行政征收与权利保护——东亚行政法学会第七届国际学术大会论文集》,浙江大学出版社 2008 年版,第 68～99 页;〔日〕盐野宏著,杨建顺译:《行政组织法》,北京大学出版社 2008 年版,第 86 页。

② 汪玉凯:《公共管理学》,中共中央党校出版社 2006 年修订本,第 210～212 页。

③ 王名:《中国的非政府公共部门(上)》,《中国行政管理》2001 年第 5 期。

承担行政任务的主体”。

在学界和实际部门，还有一种提法，认为“行政主体”可以分为职权行政主体、授权行政主体和委托行政主体。[①] 虽然委托行政主体不具有行政主体资格，在行政诉讼中不具有行政诉讼被告资格，但也能行使公共事务管理职权，因此，如果从行政法学的视角，虽然它不具有行政主体资格，不属于行政主体，不能作为行政复议的被申请人、行政诉讼的被告，但也可以是“其他承担行政任务的主体”。

根据其对公共事务管理的职能，“其他承担行政任务的主体”的具体范围主要是：

1. 依法具有公共事务管理职能的事业单位

在我国，事业单位涵盖的范围广泛、数量众多，在社会中发挥着十分重要的作用。但事业单位并非都承担公共行政的任务，其性质也不能一概而定。

根据事业单位的性质，可将事业单位分为两种类型：[②]一种是享有行政权的事业单位。这类事业单位虽然不是行政机关，但行使着与行政机关类似的管理职能。就性质而言，其属于“法律、法规授权的组织”，具有行政主体资格，是“其他承担行政任务的主体”。如中国证券监督管理委员会、中国气象局等均属此类。根据原人事部《〈事业单位岗位设置管理试行办法〉实施意见》，这类事业单位属于“主要承担社会事务管理职责的事业单位”。[③]

另一种是不享有行政权、主要提供社会公益服务的事业单位。大多数事业单位均属此类。根据 1998 年 10 月 25 日国务院发布、2004 年 6 月 27 日国务院修改的《事业单位登记管理暂行条例》第二

---

① 杨解君、孙学玉：《依法行政论纲》，中共中央党校出版社 1998 年版，第 97～98 页。

② 周佑勇：《公共行政组织的法律规制》，《北方法学》2007 年第 1 期。

③ 根据原人事部《〈事业单位岗位设置管理试行办法〉实施意见》，事业单位按照其职能，可以分为主要以专业技术提供社会公益服务的事业单位、主要承担社会事务管理职责的事业单位和主要承担技能操作维护、服务保障等职责的事业单位。

条规定的定义，该条例所称“事业单位”，是指国家为了社会公益目的，由国家机关举办或者其他组织利用国有资产举办的，从事教育、科技、文化、卫生等活动的社会服务组织。显然，上述所称的“事业单位”，是指原人事部《〈事业单位岗位设置管理试行办法〉实施意见》中规定的“主要以专业技术提供社会公益服务的事业单位”，它们不属于国家行政机关体系，也不以承担社会事务管理为主要职责。但在某些情况下，这类事业单位，依照有关法律、法规的授权而享有行政权，其也属于“法律、法规授权的组织”，具有行政主体资格，也是“其他承担行政任务的主体”。

2. 依法具有公共事务管理职能的社会团体

根据 1998 年 10 月 25 日国务院发布的《社会团体登记管理条例》第二条的定义，社会团体是指中国公民自愿组成，为实现会员共同意愿，按照其章程开展活动的非营利性社会组织。

根据上述规定，社会团体不属于国家行政机关体系，但依照有关法律、法规授权，少数社会团体具有公共事务管理职能，属于“其他承担行政任务的主体”。尽管社会团体是否具有行政主体资格，是一个有争议的问题，但不妨碍其成为“其他承担行政任务的主体”。

3. 其他具有公共事务管理职能的机构或组织

(1)国有企业。在我国，个别依法或依历史原因具有公共事务管理职能的国有企业，也属于“其他承担行政任务的主体”。①

作为专业公司的国有企业一般不具有公共事务管理职能，但有的国有企业依法具有公共事务管理职能。如根据《铁路法》第三条和

① 1982 年 11 月 3 日国务院办公厅发布的《关于中央一级国家机关、经济组织内部机构设置审批暂行条例》(已经失效)曾规定：“相当于部级的专业公司，其内部机构的设置由公司董事会决定，并报主管部门备案；相当于国务院直属局级的专业公司和其他经济组织内部机构的设置，由各主管部门决定”，并要求“今后设立全国性专业公司，应作为经济实体，一般不再挂行政机构牌子。目前有些公司带有行政性质而兼有行政机构名称的，应逐步过渡，摘去行政机构牌子”。可见，实行政企分开以后，全国性专业公司作为经济实体已经不是行政机构的附属物。

第七十二条，国家铁路运输企业，即铁路局（公司）行使法律、行政法规授予的行政管理职能；又如根据《烟草专卖法》第十四条，全国烟草总公司根据国务院计划部门下达的年度总产量计划向省级烟草公司下达分等级、分种类的卷烟产量指标。省级烟草公司根据全国烟草总公司下达的分等级、分种类的卷烟产量指标，结合市场销售情况，向烟草制品生产企业下达分等级、分种类的卷烟产量指标。

（2）使用行政编制的人民团体和群众团体。我国的人民团体或群众团体（如工会、青年团、妇女联合会、科学技术协会、侨联、台联、残联、作协、文联、贸促会、红十字会、法学会等），因历史原因或特殊需要，履行一定的行政管理职能，其工作人员参照《公务员法》管理。

以残疾人联合会为例，根据《残疾人保障法》第八条："中国残疾人联合会及其地方组织，代表残疾人的共同利益，维护残疾人的合法权益，团结教育残疾人，为残疾人服务。残疾人联合会承担政府委托的任务，开展残疾人工作，动员社会力量，发展残疾人事业"。2007年《残疾人就业条例》第六条第一款规定："中国残疾人联合会及其地方组织依照法律、法规或者接受政府委托，负责残疾人就业工作的具体组织实施与监督"；第二十三条规定："受劳动保障部门的委托，残疾人就业服务机构可以进行残疾人失业登记、残疾人就业与失业统计；经所在地劳动保障部门批准，残疾人就业服务机构还可以进行残疾人职业技能鉴定"。

此外，在我国，中国共产党机关、政协机关、各民主党派机关和工商联机关依照《宪法》、有关法律、法规和政策文件，实际上也履行一定的公共事务管理职能（即工作职能或行政管理职能），其工作人员属于《公务员法》规定的公务员范围。

4. 承担行政任务的私人组织

我国承担行政任务的主体，除了依法具有公共事务管理职能的公共机构（事业单位、社会团体和其他公共机构）以外，还有承担行政任务的私人机构。如根据《税收征收管理法》第四条，法律、行政法规规定负有代扣代缴、代收代缴税款义务的单位和个人为扣缴义务人。

在这里,如负有代扣代缴、代收代缴税款义务的单位是企业等非公共机构,就是承担行政任务的私人组织。

第二节 依法具有公共事务管理职能的事业单位

一、事业单位的分类和依法具有公共事务管理职能的事业单位的特征

(一)事业单位的分类

事业单位可以按照不同标准加以分类。

1. 根据事业单位的主要职责进行分类

根据2006年8月31日原人事部发布的《〈事业单位岗位设置管理试行办法〉实施意见》,按照职能的不同,事业单位可以分为主要以专业技术提供社会公益服务的事业单位、主要承担社会事务管理职责的事业单位和主要承担技能操作维护、服务保障等职责的事业单位。

2. 根据事业单位的举办主体的不同进行分类

如各级党委部门举办的事业单位、人民政协和民主党派机关举办的事业单位、国家机关举办的事业单位、社会团体举办的事业单位、国有企业举办的事业单位和事业单位举办的事业单位等。

3. 根据事业单位从事业务的不同领域进行分类

根据业务的不同可以将事业单位分为不同业务活动领域的事业单位。

如根据2005年4月15日中央编办发布的《事业单位登记管理暂行条例实施细则》第四条的规定,主要以专业技术提供社会公益服务的事业单位的业务大致有:教育、科研、文化、卫生、体育、新闻出版、广播电视、社会福利、救助减灾、统计调查、技术推广与实验、公用设施管理、物资仓储、监测、勘探与勘察、测绘、检验检测与鉴定、法律

服务、资源管理事务、质量技术监督事务、经济监督事务、知识产权事务、公证与认证、信息与咨询、人才交流、就业服务、机关后勤服务等活动。

而主要承担社会事务管理职责的事业单位，主要分布在社会管理或行政执法等领域。

4. 根据事业单位的经费来源进行分类

根据经费来源，事业单位可以分为经费来源主要由财政拨款的事业单位、经费来源部分由财政支持的事业单位以及经费自理的事业单位。[①]

(二)依法具有公共事务管理职能的事业单位的特征

顾名思义，依法具有公共事务管理职能的事业单位，是指依照法律、法规的规定，具有公共事务管理职能的事业单位。依法具有公共事务管理职能的事业单位，与主要以专业技术提供社会公益服务的事业单位，虽然都是事业单位，都使用事业编制，但依法具有公共事务管理职能的事业单位，具有以下不同的特点。

1. 法律、法规依据不同

主要以专业技术提供社会公益服务的事业单位的法律依据，有1998年10月25日国务院发布的《事业单位登记管理暂行条例》和2005年4月15日中央编办发布的《事业单位登记管理暂行条例实施细则》等；依法具有公共事务管理职能的事业单位，其管理公共事务的依据，主要是经各级人民代表大会审议通过的有关国务院或地方各级政府机构的《机构改革方案》以及与各部门职能有关的专门法律、行政法规，如《水法》、《证券法》、《银行业监督管理法》、《气象法》、《认证认可条例》等。

2. 主要职能不同

主要以专业技术提供社会公益服务的事业单位，主要分布在教、科、文、卫等领域，是以脑力劳动为主体的特殊的社会服务组织，利用

---

① 原人事部《〈事业单位岗位设置管理试行办法〉实施意见》。

科技文化知识为社会各方面提供服务是其主要职能。它们是保障国家政治、经济、文化生活正常进行的社会服务组织。

依法具有公共事务管理职能的事业单位，虽然不是国家行政机关，但其主要职能与行政机关并无二致，依法承担市场监管、社会管理和公共服务等任务。

3．活动领域不同

主要以专业技术提供社会公益服务的事业单位，主要活动在教育、科研、文化、卫生、体育、新闻出版、广播电视、社会福利、救助减灾、统计调查、技术推广与实验、公用设施管理、物资仓储、监测、勘探与勘察、测绘、检验检测与鉴定、法律服务、资源管理事务、质量技术监督事务、经济监督事务、知识产权事务、公证与认证、信息与咨询、人才交流、就业服务、机关后勤服务等领域，为社会提供公益服务。

依法具有公共事务管理职能的事业单位，其活动领域涉及社会的各个管理领域，以行政、法律、经济等方式，对社会事务进行监督、管理或服务。

4．获取法人资格的注册程序不完全相同

法律规定具备法人条件、自批准设立之日起即取得法人资格的事业单位，或者法律、行政法规规定具备法人条件、经有关主管部门依法审核或者登记，已经取得相应的执业许可证书的事业单位，不再办理事业单位法人登记，由有关主管部门按照分级登记管理的规定向登记管理机关备案。县级以上各级人民政府设立的直属事业单位直接向登记管理机关备案。

主要以专业技术提供社会公益服务的事业单位，一般要依据《事业单位登记管理暂行条例》及其他有关法律、法规，经事业单位登记管理机关登记或备案，完成获取法人资格的法定程序；开展活动时，需有《事业单位法人证书》作为法人身份的合法凭证。

5．产出不同

主要以专业技术提供社会公益服务的事业单位的产出，主要是精神产品和教书育人、救死扶伤等公益性服务行为；依法具有公共事务管理职能的事业单位的产出，主要是方针政策、规章和各种行政行为。

6. 资金来源不同

主要以专业技术提供社会公益服务的事业单位，其经费来源主要有三种情况：全部由财政定额或定项补助、部分由财政定额或定项补助和定额或定项补助为零。①

而依法具有公共事务管理职能的事业单位，其经费来源应当全部由财政拨款，由国家财政负担其工作人员工资福利和执法经费。

7. 法律地位不同

主要以专业技术提供社会公益服务的事业单位，主要具有行政相对人和民事主体法律地位和身份：作为行政相对人，接受登记管理机关登记管理，并在依法成立之后，接受其他各类行政机关的业务管理，具有行政法上的法人地位；作为民事主体，主要以专业技术提供社会公益服务的事业单位，根据 1986 年《民法通则》第五十条的规定，从成立或核准登记时起具有民事主体资格。

依法具有公共事务管理职能的事业单位，主要是对社会公共事务进行管理。作为“准行政主体”、“类行政组织”，它们经法律、法规授权或行政机关委托，有的具有行政主体资格。

8. 工作人员是否参照《公务员法》管理不同

根据《公务员法》第一百零六条，法律、法规授权的具有公共事务管理职能的事业单位中除工勤人员以外的工作人员，经批准参照《公务员法》进行管理，其管理岗位占主体（一般应占单位岗位总量的一半以上）。

主要以专业技术提供社会公益服务的事业单位，不参照《公务员

---

① 根据 1989 年 1 月 5 日国务院批准的《关于事业单位财务管理的若干规定》，事业单位在财政经费来源上可分为全额拨款、差额拨款和自收自支三种，但 1997 年 10 月 5 日国务院批准《事业单位财务规则》后在提法上有所变化，对事业单位的“拨款”改为“补助”。

法》管理，其专业技术岗位占主体（一般不低于单位岗位总量的70%）。[①]

二、依法具有公共事务管理职能的事业单位对公共事务的管理

（一）依法具有公共事务管理职能的事业单位的管理范围和依据

1. 依法具有公共事务管理职能的事业单位的管理范围

依法具有公共事务管理职能的事业单位，对公共事务的管理与国家行政机关对公共事务的管理，在管理权限的取得依据以及管理事务的范围等方面，有一定区别：

（1）从管理权限的依据看，国家行政机关对公共事务的管理是根据国家机关组织法的规定或立法机关的授权；而依法具有公共事务管理职能的事业单位对公共事务的管理是根据特定法律、法规授权或行政机关的委托。

（2）从管理事务的范围看，国家行政机关对公共事务的管理涉及行政管理的各个方面，范围十分广泛；而依法具有公共事务管理职能的事业单位主要从事社会管理和主要的行政执法领域，对公共事务的管理仅存在于某些方面，范围是特定的。[②]

---

① 2006年8月31日原人事部发布的《〈事业单位岗位设置管理试行办法〉实施意见》。

② 如地方设立的劳动和社会保障监察大队、工程质量监督站、监狱管理局、劳动教养管理所、交通工程质量与安全监督处、旅游局、城市管理收费站、公路养护管理站、环境卫生管理处（所）、社会保险事业管理局、村镇建设办公室、木材检查（总）站、市政管理所、园林管理处、文物管理委员会办公室、劳动就业管理局、林业工作站、救助管理站、森林病虫害防治检疫站、拆迁管理办公室、水利水电工程移民局、仲裁委员会办公室、渔政检查站、城市规划管理处、档案局、农业综合执法监察大队、气象局、发票管理所、卫生监督所、野生动植物保护管理站、财政所、劳动和社会保障事务所、盐务管理局、招商局、公用事业收费管理办公室、价格调节基金管理办公室、节能监察中心、集贸市场管理办公室、知识产权办公室、体育市场稽查大队、国土资源管理所、动物卫生监督所、自然保护区管理处、酒类专卖管理办公室等。

2. 依法具有公共事务管理职能的事业单位的管理依据

依法具有公共事务管理职能的事业单位的管理依据有：

(1)法律、法规授权。依法具有公共事务管理职能的事业单位作为法律、法规授权组织管理某一公共事务，并承担相应责任，必须要有法律、法规的授权。

如根据 2009 年《国家自然科学基金委员会主要职责、内设机构和人员编制规定》，国家自然科学基金委员会是国务院直属事业单位。根据 2007 年《国家自然科学基金条例》第六条，国务院自然科学基金管理机构(国家自然科学基金委员会)负责管理国家自然科学基金，监督基金资助项目的实施。

(2)行政机关委托。即由行政机关或法律、法规授权组织，依法将某种公共事务委托给事业单位管理。

行政委托的一般条件，主要有：(1)委托组织是某种公共事务的主管行政机关或法律、法规授权组织；(2)受委托组织是其他行政机关和事业单位等组织；(3)行政机关或法律、法规授权组织不能自行委托。

依法具有公共事务管理职能的事业单位作为受委托组织管理某一公共事务，也要有法律、法规或规章的依据。如根据 2009 年《全国社会保障基金理事会主要职责内设机构和人员编制规定》，全国社会保障基金理事会受国务院委托，管理中央集中的社会保障基金。

这里要注意的是，有的法律、法规没有使用“委托”的用语，而是使用“决定”、“指定”等用语；有的是由不具有法律、法规、规章制定权的行政机关的“授权”。由于法律、法规授权或行政机关委托都要由法律、法规或规章规定，这使法律、法规授权与行政机关委托容易混淆。

如根据 1997 年《公路法》第八条第四款，县级以上地方交通主管部门可以决定由公路管理机构(事业单位)依照《公路法》规定行使公路行政管理职责。这里的“决定”既可以理解为法律对县级以上地方交通主管部门设置的公路管理机构的授权，也可以理解为是县级以上地方交通主管部门委托由公路管理机构依照《公路法》规定行使公路行政管理职责。①

此外,行政机关在未经法律、法规或规章规定的情况下,授权其内设机构、派出机构或其他组织行使职权的,应视为委托,而不是授权。②

(二)依法具有公共事务管理职能的事业单位的法律地位

从一般事业单位的职能看,事业单位具有行政相对人、民事主体和准行政组织三种法律地位和身份。

1. 作为相对人

从其接受登记管理机关登记管理和监督检查而言,事业单位可以作为行政相对人,具有行政法上的法人地位。根据《事业单位登记管理暂行条例》的规定,国务院机构编制管理机关和县级以上地方各级人民政府机构编制管理机关是本级人民政府的事业单位登记管理机关。因此,事业单位在登记管理过程中是行政相对人。同时,事业单位接受其他各类行政机关的业务管理,也处于相对人的地位。

事业单位作为行政相对人,具有以下特点:

一是事业单位与登记管理机关和其他行政机关共同构成行政法律关系主体;二是行政主体可以是登记管理机关,通常是机构编制管理机关,也可以是其他业务主管行政机关;三是事业单位在行政法律关系中处于被管理的地位。

---

① 根据交通部2003年1月27日发布的《路政管理规定》,县级以上地方人民政府交通主管部门设置的公路管理机构根据《公路法》的规定或者根据县级以上地方人民政府交通主管部门的委托负责路政管理的具体工作;县级以上地方人民政府交通主管部门或者其设置的公路管理机构的路政管理职责如下:宣传、贯彻执行公路管理的法律、法规和规章;保护路产;实施路政巡查;管理公路两侧建筑控制区;维持公路养护作业现场秩序;参与公路工程交工、竣工验收;依法查处各种违反路政管理法律、法规、规章的案件;法律、法规规定的其他职责。

② 最高人民法院2000年3月8日发布的《关于执行〈中华人民共和国行政诉讼法〉若干问题的解释》第二十一条。

2. 作为民事主体

对事业单位的民事主体地位，现行法律、法规有专门规定。如根据《民法通则》第五十条的规定，具备法人条件的事业单位，依法不需要办理法人登记的，从成立之日起，具有法人资格；依法需要办理法人登记的，经核准登记，取得法人资格。

3. 作为类行政组织或"其他承担行政任务的主体"

但是，如果是依法具有公共事务管理职能的事业单位，从其依法管理公共事务而言，事业单位可以作为类行政组织或我们这里说的"其他承担行政任务的主体"，但须经法律、法规授权或行政机关委托。如根据《学位条例》的规定，学士学位，由国务院授权的高等学校授予；硕士学位、博士学位，由国务院授权的高等学校和科学研究机构授予。①

(三)依法具有公共事务管理职能的事业单位的管理内容和形式

依法具有公共事务管理职能的事业单位对公共事务管理的有关内容，包括但不限于下列几种形式：

1. 制定规章和规范性文件

制定规章和规范性文件，一般是政府组织的职能和权限，但具有公共事务管理职能的事业单位经法律、法规授权也可为之。如中国证券监督管理委员会是国务院直属事业单位，但经现行《证券法》第一百七十九条授权，可以依法制定有关证券市场监督管理的规章、规则。

2. 行政许可

行政许可是指行政机关根据公民、法人或其他组织提出的申请，经依法审查，准予其从事特定活动的行为。但根据 2003 年《行政许可法》第二十三条的规定，法律、法规授权的具有管理公共事务职能的组织，在法定授权范围内，以自己的名义实施行政许可。

---

① 关于普通高校的法律地位和授予学位的性质等问题，参见湛中乐：《刘燕文诉北京大学案——兼论我国高等教育学位制度之完善》，《北京大学学报》2000 年第 4 期。

3. 监督检查

监督检查一般是指行政机关为实现行政管理目的，对相对人遵守法律、法规或行政决定情况进行的强制性监督和检查。但有的法律、法规规定，行政监督检查也可由事业单位依法进行。如根据1997年制定、2007年修订的《动物防疫法》第八条，县级以上地方人民政府设立的动物卫生监督机构依法负责动物、动物产品的检疫工作和其他有关动物防疫的监督管理执法工作。

4. 行政处罚

行政处罚一般是指行政机关对违反社会管理秩序但尚未构成犯罪的相对人给予的行政制裁。但根据1996年《行政处罚法》的有关规定，法律、法规授权的具有管理公共事务职能的组织可以在法定授权范围内实施行政处罚；行政机关依照法律、法规或者规章的规定，可以在其法定权限内委托依法成立的管理公共事务的事业单位实施行政处罚。

5. 认证认可

如根据2009年《国家认证认可监督管理委员会主要职责、内设机构和人员编制规定》和2003年11月1日实施的《认证认可条例》，国家认证认可监督管理委员会作为国家质量监督检验检疫总局管理的事业单位，是国务院认证认可监督管理部门，履行统一管理、监督和综合协调全国认证认可工作等职能。

6. 行政征收

如社会保险经办机构（社会保险基金管理中心等）一般是事业单位。根据1999年1月22日国务院发布的《社会保险费征缴暂行条例》第六条，社会保险费实行三项社会保险费（基本养老保险费、基本医疗保险费、失业保险费）集中、统一征收。社会保险费的征收机构由省、自治区、直辖市人民政府规定，可以由税务机关征收，也可以由劳动保障行政部门按照国务院规定设立的社会保险经办机构征收。

7. 办理登记

如根据2001年11月29日国务院发布的《农药管理条例》第八

条，国务院农业行政主管部门所属的事业单位农药检定机构负责全国的农药具体登记工作。省、自治区、直辖市政府农业行政主管部门所属的事业单位农药检定机构协助做好本行政区域内的农药具体登记工作。

8. 审查、监测

如根据 1987 年 4 月 1 日国务院发布的《公共场所卫生管理条例》第十二条，卫生防疫机构履行对公共场所的卫生监督职责，对公共场所进行卫生监测和卫生技术指导；监督从业人员健康检查，指导有关部门对从业人员进行卫生知识的教育和培训；对新建、扩建、改建的公共场所的选址和设计进行卫生审查，并参加竣工验收。

9. 检验

如根据 2009 年《食品安全法》第五十七条，食品检验机构按照国家有关认证认可的规定取得资质认定后，方可从事食品检验活动。但是，法律另有规定的除外。食品检验机构的资质认定条件和检验规范，由国务院卫生行政部门规定。本法施行前经国务院有关主管部门批准设立或者经依法认定的食品检验机构，可以依照本法继续从事食品检验活动。

10. 行政处理措施

行政处理措施，一般是行政机关纠正违法行为的具体行政措施，但也可经法律、法规规定由事业单位进行。如水利部派驻地方的流域机构长江水利委员会、黄河水利委员会、淮河水利委员会、海河水利委员会、珠江水利委员会、松辽水利委员会、太湖流域管理局，代表水利部行使所在流域的水行政主管职能，为具有行政职能的事业单位，根据 1997 年《防洪法》第六十四条的授权，可以决定采取除第六十条规定以外的责令限期拆除、责令停止违法行为、责令限期改正、责令恢复原状、责令排除妨碍或者责令采取补救措施等措施。

三、依法具有公共事务管理职能的事业单位的行政主体资格

如前所述，承担行政任务的主体与行政主体还不完全是一个概

念，因此，需要对依法具有公共事务管理职能的事业单位的行政主体资格进行探讨。

(一)国务院或地方人民政府直属事业单位

按照行政主体是具有行政职权、能够对外实施行政行为并独立承担法律责任的观点，国务院或地方人民政府直属事业单位中，具有行政主体资格的有：

1. 部分国务院直属事业单位

主要有中国银行业监督管理委员会、中国证券监督管理委员会、中国保险监督管理委员会、国家电力监管委员会等。如根据2005年《电力监管条例》第五条，国家电力监管委员会依照本条例和国务院有关规定，履行电力监管和行政执法职能。

2. 部分地方人民政府直属事业单位

主要有气象局、地震局、知识产权局等，不仅具有行政管理权，能够对外实施行政行为，还能独立承担责任，因而具有行政主体资格。如地方气象局一般是本级人民政府的直属事业单位，而根据1999年《气象法》第五条，地方各级气象主管机构在上级气象主管机构和本级人民政府的领导下，负责本行政区域内的气象工作。对违反法律规定，侵占、损毁或者未经批准擅自移动气象设施，在气象探测环境保护范围内从事危害气象探测环境活动的，由有关气象主管机构按照权限责令停止违法行为，限期恢复原状或者采取其他补救措施，可以并处五万元以下的罚款。

(二)国务院或地方人民政府行政机构所属事业单位

1. 国务院行政机构所属事业单位

通常情况是，国务院行政机构设置的所属事业单位，在法律、法规有明确授权的情况下，能够对外实施行政行为，获得授权性行政主体的资格。例如：

(1)国家知识产权局直属事业单位国家知识产权局专利局、专利复审委员会，根据《专利法》，分别承担专利注册与管理等行政职能和承担处理专利争议事宜等行政职能，具有行政主体资格。[①]

（2）国家工商行政管理总局直属事业单位商标局、商标评审委员会，根据《商标法》，分别承担商标注册与管理等行政职能和承担处理商标争议事宜等行政职能，具有行政主体资格。[②]

（3）国家质量监督检验检疫总局直属事业单位国家认证认可监督管理委员会（中华人民共和国国家认证认可监督管理局）和国家标准化管理委员会（中华人民共和国国家标准化管理局），根据《认证认可条例》和《标准化法》及国务院授权，分别统一管理、监督和综合协调全国认证认可工作和统一管理全国标准化工作。

2. 地方各级人民政府行政机构所属事业单位

一般而言，地方各级人民政府行政机构设置的所属事业单位，在法律、法规有明确授权的情况下，以自己的名义实施行政行为，获得授权性行政主体的资格。如根据《公路法》第八十二条，除本法第七十四条、第七十五条的规定外，本章规定由交通主管部门行使的行政处罚权和行政措施，可以依照本法第八条第四款的规定由公路管理机构行使。

（三）依法具有公共事务管理职能的事业单位在行政复议或行政诉讼中的地位

根据《行政复议法》规定，如果事业单位属于法律、法规授权的组织，对其具体行政行为不服的，可以分别向直接管理该组织的地方人民政府、地方人民政府工作部门或者国务院部门申请行政复议。在这种情况下，国务院行政机构、地方人民政府、地方人民政府行政机构设置的所属事业单位具有行政主体资格，能够成为行政复议中的被申请人。另外，《行政复议法》规定对国务院部门的具体行政行为不服的，向作出该具体行政行为的国务院部门申请行政复议。对行

---

① 2008年7月11日国务院办公厅《关于印发国家知识产权局主要职责、内设机构和人员编制规定的通知》。

② 2008年7月11日国务院办公厅《关于印发国家工商行政管理总局主要职责、内设机构和人员编制规定的通知》。

政复议决定不服的，可以向人民法院提起行政诉讼；也可以向国务院申请裁决，国务院依法作出最终裁决。这里，国务院行政机构具有复议机关和被申请人的双重身份，当其作为被申请人时，具有行政主体资格。但是《行政复议法》没有对国务院直属事业单位作为被申请人地位的规定，笔者认为，可以参照上述关于国务院部门的规定，将其作为被申请人。由于国务院部分具有公共事务和行政执法职能的事业单位也具有行政主体资格，可以作为被申请人。

依法具有公共事务管理职能的事业单位在行政诉讼中的行政主体资格要视不同情况而定。根据《行政诉讼法》及最高人民法院《关于执行〈中华人民共和国行政诉讼法〉若干问题的解释》，如果事业单位在法律、法规或规章的明确授权范围内以自己的名义行使职权时，当事人不服提起诉讼的，应以作出具体行政行为的该事业单位为被告；法律、法规或者规章授权行使行政职权的事业单位，超出法定授权范围实施行政行为，当事人不服提起诉讼的，应当以实施该行为的事业单位为被告。这种情况下，事业单位在法律、法规或规章的明确授权范围内或超出法定授权范围实施行政行为，当事人不服提起诉讼的，都以该事业单位为被告。

另外，国务院、国务院行政机构、地方人民政府、地方人民政府行政机构在没有法律、法规或者规章规定的情况下，授权其所属事业单位行使行政职权的，应当视为委托，当事人不服提起诉讼的，应当以该上述机关或机构为被告。

四、依法具有公共事务管理职能的事业单位的改革和依法规范：以监管机构为例

(一)主要履行监管职能的国务院直属事业单位的地位、设置及职权

如前所述，在国务院和地方政府及部门的直属事业单位中，有一类事业单位，主要履行相关领域的监督管理的法定职能，如中国银行业监督管理委员会、中国证券监督管理委员会、中国保险监督管理委

员会、国家电力监管委员会,地方人民政府工作部门的卫生监督机构、动物卫生监督机构等。这些主要履行监督管理职责的事业单位,在学理上经常称作“政府监管机构”。[①]

与西方国家法定机构或独立管制机构相类似,我国这类主要履行监督管理职责的直属事业单位的法律地位和职权,通常由专门法律规定,如根据 1995 年 6 月 30 日八届全国人大常委会第十四次会议通过、2002 年 10 月 28 日九届全国人大常委会第三十次会议修正、2009 年 2 月 28 日十一届全国人大常委会第七次会议修订的《保险法》第六章(保险业监督管理),中国保险监督管理委员会作为保险监督管理机构,依照法律和国务院规定的职责,遵循依法、公开、公正的原则,对保险业实施监督管理。其他主要履行监督管理职能的国务院直属事业单位的情况也大致相同。

这类主要履行监督管理职能的国务院直属事业单位与国务院一般直属事业单位不同。除了执行法律、行使监管权外,它们还有制定规章或规则、采取强制措施等职权。如根据相关法律,国务院主管银行业、证券、保险、电力等监管的直属事业单位依照法律、行政法规,可以制定并发布有关银行业、证券、保险、电力等监管的规章,并有权采取相关监管措施。而一般的国务院直属事业单位没有制定规章、行使监管权和采取监管措施等职权。但国务院直属事业单位的设置和职权,在《宪法》和《国务院组织法》上,缺乏直接的依据。这使这类事业单位设置的合法性受到有些学者的质疑。[②]

(二)我国主要履行监管职能的事业单位的改革和依法规范

我国的上述直属事业单位在定位上,属于经过法律、法规授权的具有公共事务管理职能的事业单位,其工作人员参照《公务员法》进

---

① 中国法学会行政法学研究会:《行政管理体制改革的法律问题——中国法学会行政法学研究会 2006 年年会论文集》,中国政法大学出版社 2007 年版,第 79 页。

② 有学者认为,中国证券监督管理委员会根据“三定规定”和《证券法》的规定而拥有规章制定权,是明显违反《宪法》的。参见李东方:《证券监管的法律制度研究》,北京大学出版社 2002 年版,第 102 页;也有学者对电监会设立过程的合法性提出质疑。参见周汉华:《机构与法律》,《南方周末》2003 年 1 月 9 日。

行管理。其主要职能,是依法承担政府监管、社会管理和公共服务等任务,具有执行法律、进行监管、制定规章或规则、采取强制措施等职权。

根据我国现行的法律规定,国务院各部、各委员会的设立、撤销或合并,经总理提出,由全国人大或全国人大常委会决定。国务院可以根据工作需要和精简的原则,设立若干直属机构主管各项专门业务,设立若干办事机构协助总理办理专门事项。对上述主要履行监督管理职责的国务院直属事业单位的产生和职权,一般在各自的法律中规定。但这类直属事业单位,不同于国务院行政机构。

实践中,对于国务院直属事业单位,由国务院根据全国人大审议批准的国务院机构改革方案设置,并按《事业单位登记管理暂行条例》的规定,直接向国家事业单位登记管理局备案。

但在国外,类似银监会、证监会、保监会、电监会这样的机构,多数不属于政府机构序列,需要立法机关的授权才能设立。换言之,必须是先有法律,然后才能成立监管机构。"这种方式的好处不但在于给监管机构的权力以更加合法的基础,并使其地位更为稳定,免得以后朝令夕改,也可以通过讨论的过程使各种意见均有表达的机会,使最终的改革容易得到各方面的认同,监管更为有效"。[①]

在笔者看来,目前这类主要履行监督管理职能的国务院直属事业单位的设置,主要有以下几个问题值得讨论:

其一,如何使国务院行政机构与主要履行监督管理职能的国务院直属事业单位的界限更加清晰。根据《国务院行政机构设置和编制管理条例》的规定,国务院组成部门依法分别履行国务院基本的行政管理职能,国务院直属机构主管国务院的某项专门业务,具有独立的行政管理职能,而国务院主要履行监管职能的直属事业单位是根据法律获得授权的,就行使行政管理职能而言,国务院行政机构与这类主要履行监管职能的直属事业单位的界限不够明确。而何者为"基本的行政管理职能",何者为"专门业务",何者为"监管职能",这

---

① 周汉华:《机构与法律》,《南方周末》2003年1月9日。

些都是在设计国务院机构改革方案时需要认真考虑的。

其二，如何明确主要履行监管职能的国务院直属事业单位的定位。根据《事业单位登记管理暂行条例》的规定，事业单位是指国家为了社会公益目的，由国家机关举办或其他组织利用国有资产举办的，从事教育、科技、文化、卫生等活动的社会服务组织。而类似电监会、证监会、保监会这样的主要履行监管职能的国务院直属事业单位，属于典型的行使行政管理职能的监管机构，将它们定位为事业单位，从精简机构、缩减行政编制的角度看无可厚非，但从法理上讲有些牵强。更为重要的是，我国目前的制度安排主要是为行使行政管理职能的国务院行政机构设计的，作为事业单位，要行使某些行政管理权力，可能会面临法律上的障碍。如《立法法》第七十一条规定："国务院各部、委员会、中国人民银行、审计署和具有行政管理职能的直属机构，可以根据法律和国务院的行政法规、决定、命令，在本部门的权限范围内，制定规章。"如果仅仅按《立法法》的规定，银监会、证监会、保监会、电监会作为国务院直属事业单位，其规章制定权就值得商榷。如果按照政事分开的原则和对直属事业单位分类改革的要求，上述直属事业单位主要承担监管职能，似应逐步转为行政机构，但是这类行政机构应至少在以下方面不同于其他行政机构：一是要符合法律保留原则，由单行法律规定其设置；二是实行委员会制，以合议制方式行使职权；三是依法具有制定规章、采取强制措施等权；四是具有相对独立性。

其三，如何避免主要履行监管职能的国务院直属事业单位的设置与法律脱节。主要履行监管职能的国务院直属事业单位，主要根据相关法律产生，并由国务院机构改革方案规定其设置，由于相关法律没有直接指出其性质，而规定其设置、性质的国务院机构改革方案虽然经过全国人大批准，但"批准"的程序与立法程序毕竟不完全相同，这可能使这类事业单位的设立、撤销或合并缺乏立法过程所要求的公开性，也使其调整可能带有一定的应时性。

要解决上述问题，必须以十七大报告为指针，对上述主要履行监管职能的国务院直属事业单位的设置进行改革，并在修改《国务院组织法》时加以确认，使机构调整与法律变革能够同步，逐步实现国务院直属事业单位的法定化、制度化。

第三节　依法具有公共事务管理职能的社会团体

一、社会团体的概念、范围和分类

（一）社会团体的概念

社会团体是各国普遍存在的社会组织形式，但由于各国社会团体包含的范围不同，对社会团体的理解也不同：有的西方国家社会团体包括政党，有的将我国称之为“事业单位”的社会组织也叫社会团体或政府机构。如美国学者麦基佛认为：社会团体是社区内部的一个器官，是为了达到一定目的并发挥作用而人为地组织起来的。英国的斯坦利·海曼则以协会的共同特征来界定社会团体的范畴，认为协会具有下列特征：成员致力于某些共同目标；经费不仰仗于官方；不以获取最大利润为首要目标；成员有随时退出的自由等等。

我国的有关专家学者经过多年考察、分析、论证，得出对社会团体比较认同的定义是：人们为了实现一定的宗旨，依照一定的法律，自愿结成的不以营利为目的的社会组织。①

而根据1998年我国《社会团体登记管理条例》的定义，社会团体是指中国公民自愿组成，为实现会员共同意愿，按照其章程开展活动的非营利性社会组织。

（二）社会团体的范围

关于社会团体登记的范围，根据1989年《社会团体登记管理条例》第二条，除法律、行政法规另有规定的以外，凡在中国境内组织的协会、学会、联合会、研究会、基金会、联谊会、促进会、商会等社会团体，均应依法申请登记。

1998年《社会团体登记管理条例》对社会团体的范围不再列举，但规定下列团体不属于社会团体登记的范围：（1）参加中国人民政治

---

① 吴忠泽：《社团管理工作》，中国社会出版社1996年版，第1～2页。

协商会议的人民团体；[①](2)由国务院机构编制管理机关核准，并经国务院批准免予登记的团体；[②](3)机关、团体、企业事业单位内部经本单位批准成立，在本单位内部活动的团体。

(三)社会团体的分类

社会团体的分类是一个复杂的问题，各国对社会团体的分类没有统一的标准。美国把社会团体称为利益集团，并按利益集团的特点和所追求的目标分为四种类型：经济利益集团；政治、社会利益集团；公众利益集团；政府利益与单个问题利益集团。[③]

根据有关文件规定，在我国，社会团体的种类可以根据其性质和任务分为学术性社会团体、行业性社会团体、专业性社会团体和联合性社会团体四大类。[④]

1. 学术性社会团体

学术性社会团体是指以从事学术研究和交流为主的社会团体。这类社会团体一般以学会、研究会命名。其中又可分为自然科学类、社会科学类及自然科学与社会科学的交叉科学类。

2. 行业性社会团体

行业性社会团体一般是指从事某一行业的管理、协调或服务的社会团体。这类社会团体一般以协会(包括工业协会、行业协会、商会、同业公会等)命名。这类社会团体主要是经济性团体，其中又可

---

① 人民团体不在民政部门登记，其机关工作人员参照《公务员法》管理。

② 目前我国1800多个全国性群众团体中，使用行政编制或由机构编制部门直接管理机构编制的群众团体约200多个。其中，在中央一级，使用行政编制或由中央机构编制部门直接管理机构编制的群众团体，如中国文学艺术界联合会、中国作家协会、中国法学会、中国人民对外友好会议、中国国际贸易促进委员会(中国国际商会)、中国残疾人联合会、宋庆龄基金会、中华全国新闻工作者协会、中华全国台湾同胞联谊会、黄浦军校同学会、中国人民外交协会、中国红十字总会、中国职工思想政治工作研究会、欧美同学会等。这些群众团体各自代表着特定群体，既不同于党政机关，又不同于一般的社会团体或社会中介组织，它们受党中央委托，作为党和政府联系人民群众的桥梁和纽带，具有重要作用。这类团体也不在民政部门登记，其机关工作人员参照《公务员法》管理。

③ 吴忠泽：《社团管理工作》，中国社会出版社1996年版，第1～2页。

④ 1989年12月30日民政部关于《社会团体登记管理条例》有关问题的通知。

分为农业类、工业类和商业类等。①

3. 专业性社会团体

专业性社会团体主要是指由专业人员组成或以专业技术、专门资金为从事某项事业而成立的社会团体。这类社会团体多是非经济类团体，一般以协会、基金会命名。②

4. 联合性社会团体

联合性社会团体主要是指人群的联合体或学术性、行业性、专业性团体的联合体。一般以联合会、联谊会、促进会命名。③

(四)社会团体的法律地位

从社会团体的职能看，一般而言，中国的社会团体，具有行政相对人、类行政组织和民事主体三种法律地位和身份。

1. 作为相对人

从其接受登记管理机关登记管理和业务主管单位业务指导、日常管理和监督检查而言，社会团体，可以作为行政相对人，具有行政法上的法人的地位。

社会团体作为行政相对人，具有以下特点：

一是社会团体与登记管理机关或业务主管单位政府共同构成行政法律关系主体；二是行政主体是登记管理机关和业务主管单位；三是社会团体在行政法律关系中处于被管理的地位。

---

① 如根据1999年11月22日深圳市第二届人大常委会第三十六次会议通过的《深圳经济特区行业协会条例》的规定，行业协会，是指依法由本市同行业的经济组织和个体工商户自愿组成的非营利的自律性的具有产业性质的经济类社团法人。

② 如根据2004年3月8日国务院发布的《基金会管理条例》的规定，基金会是指利用自然人、法人或者其他组织捐赠的财产，以从事公益事业为目的，按照本条例的规定成立的非营利性法人。

③ 如根据1998年12月10日中国工业经济联合会全国会员代表大会通过的《中国工业经济联合会章程》的规定，中国工业经济联合会是全国工业行业协会的联合组织。在自愿的基础上，以全国性工业行业协会，省、自治区、直辖市、计划单列市工业经济协会(联合会)和行业骨干企业为主要成员，同时吸收部分工业经济研究团体、科研设计单位、国家有关部门工作人员以及工业经济界知名人士联合组成的非营利性社会组织。

2. 作为类行政组织

从其依法管理公共事务而言,社会团体可以作为类行政组织,但须经法律、法规授权或行政机关委托。

如根据《体育法》的有关规定,由全国性体育协会负责全国单项体育竞赛和本项目的运动员的注册管理,对在竞技体育中从事弄虚作假等违反纪律和体育规则和在体育运动中使用禁用的药物和方法的行为,由体育社会团体按照章程规定给予处罚。根据《体育法》的授权,各单项体育协会章程均有类似规定,如中国足球协会章程等。而且这些单项体育协会依法律和章程规定,近年来对违反纪律和体育规则的单位或个人作了处罚,维护了体育运动的正常秩序。[①] 但实际上,这类体育协会很多具有行政职能,不是一般的社会团体,有的是事业单位。

3. 作为民事主体

对社会团体的民事主体地位,现行法律、法规没有专门规定。但根据《社会团体登记管理条例》第十二条的规定,登记管理机关对准予登记的社会团体,发给《社会团体法人登记证书》。因此,社会团体具有民事主体地位。

二、社会团体的职能及依据

(一)社会团体的职能

1. 行业性社会团体的职能

原国家经贸委1997年曾选择全国若干城市(上海、广州、厦门、温州)进行工商行业协会试点,并于1999年5月发布《关于加快培育和发展工商领域协会的若干意见(试行)》,对工商领域协会的职能作

① 据报载,中国足协纪律委员会多次对违纪俱乐部及有关人员进行处罚。如2003年2月1日,中国足协纪律委员会作出《关于对有关足球俱乐部及有关工作人员严重违规违纪行为的处罚决定》,对山东鲁能、上海申花、浙江绿城、江苏舜天、大连实德和青岛颐中六个俱乐部分别给予30~80万元的处罚。给予替俱乐部(向裁判)送钱的潘强、方信终、蒋玉峰、韩龙、刘雨涛和于敬崟等六人,分别给予10万元的处罚,并禁止从事足球活动。

了规定:工商领域协会的宗旨是服务。主要为企业和行业服务,同时为政府部门和社会服务,以促进行业和经济的发展。根据目前的实际情况,工商领域协会的职能大致分为三类,即为企业服务的职能;自律、协调、监督和维护企业合法权益的职能;协助政府部门加强行业管理的职能。

2002 年 10 月 31 日上海市十一届人大常委会第四十四次会议通过的《上海市促进行业协会发展规定》规定,行业协会,是指由同业企业以及其他经济组织自愿组成、实行行业服务和自律管理的非营利性社会团体。

2. 学术性社会团体的职能

学术性社会团体的职能,主要是组织学术交流活动,提出对策和建议,研究本学科新问题,进行信息的交流和传播,参与有关咨询、论证工作和反映会员意见等。

3. 专业性社会团体的职能

专业性社会团体的职能,主要是组织本专业的社会成员开展符合本专业特点的活动,反映本专业成员的利益和建议,协助政府管理或参与管理与本专业有关社会事务等。①

4. 联合性社会团体的职能

联合性社会团体的职能,主要是对其联系的人群或行业性、专业性和学术性协会提供服务、指导和进行交流,并协助政府管理或参与

① 如 2004 年 11 月 2 日中国注册会计师协会第四次全国会员代表大会通过的《中国注册会计师协会章程》第五条规定,中国注册会计师协会的主要职责是:审批和管理本会会员,指导地方注册会计师协会办理注册会计师注册;拟订注册会计师执业准则、规则,监督、检查实施情况;组织对注册会计师的任职资格、注册会计师和会计师事务所的执业情况进行年度检查;制定行业自律管理规范,对违反行业自律管理规范的行为予以惩戒;组织实施注册会计师全国统一考试;组织和推动会员培训工作;组织业务交流,开展理论研究,提供技术支持;开展注册会计师行业宣传;协调行业内、外部关系,支持会员依法执业,维护会员合法权益;代表中国注册会计师行业开展国际交往活动;指导地方注册会计师协会工作;办理法律、行政法规规定和国家机关委托或授权的其他有关工作。

管理一定社会事务。①

(二)社会团体职能的依据

对社会团体管理和服务职能的依据,有不同的主张。

一种观点认为,社会团体行使的管理和服务职能并不是自身取得的,而是来源于国家的授予。因为社会团体行使的公共管理和服务职能是一种公权力,而只要是公权力就必须以国家授权为前提。如有的学者所言:"对公权力,凡法无明文规定(授权)的,不得行之"。②

另一种观点则认为,社会团体的管理和服务职能产生于其组织内部,来源于其成员的一致同意,而不是该组织外部的主体赋予的。如有的学者所言,行会组织"从来不在法律范围之内。它们在法律之外产生出来"。"它们行使的对成员的裁判权是绝对的,不凭借任何特权或授权的理由。但是要凭借社团全体人员的结合力量和超越于个人之上的强制力量"。③

实际上,社会团体的管理和服务职能情况很复杂,如前所述,社会团体的管理和服务多数是对其内部事务而言,也有的是对社会公共事务而言。

对社会公共事务管理和服务而言,由于社会团体行使的公共管理和服务职能是公权力,而公权力与私权利不同。一般原则是:"公权力的行使应由法律授权或政府委托;而私权利的行使则以法律不

① 如1997年5月25日经理事会通过的《中华海外联谊会章程》第四条规定,中华海外联谊会的主要任务是:广泛联系台湾同胞、港澳同胞、海外侨胞及其团体,增进了解,发展友谊,加强团结;积极促进祖国大陆社会各界与台湾同胞、港澳同胞、海外侨胞在经济科技、文化和教育等方面的交流与合作;向台湾同胞、港澳同胞、海外侨胞介绍祖国大陆的改革开放、经济建设和社会发展等方面的情况,反映各界人士对国家建设与发展以及对实现祖国统一的意见和建议;加强与有关方面的联系与协调,协助政府部门维护台湾同胞、港澳同胞、海外侨胞在祖国大陆的合法权益,提供服务,排忧解难。

② 刘作翔:《迈向民主与法治的国度》,山东人民出版社1999年版,第175页。

③ 马士:《中国行会考》,《中国工商行会史料辑》(上),中华书局1995年版,第70～71页。

禁止为限”。因此，对社会团体行使的公共管理和服务职能，应得到法律、法规或规章的授权或政府的委托或许可。

1. 法律、法规授权

如《标准化法实施条例》第十九条规定，制定标准应当发挥行业协会、科学技术研究机构和学术团体的作用。制定国家标准、行业标准和地方标准的部门应当组织由用户、生产单位、行业协会、科学技术研究单位、学术团体及有关部门的专家组成标准化技术委员会，负责标准草拟和参加标准草案的技术审查工作。

2. 行政机关委托

如《上海市促进行业协会发展规定》规定，有关国家机关在制订涉及行业利益的地方性法规、规章、公共政策、行政措施、技术标准或者行业发展规划时，应当听取行业协会的意见；制订有关技术标准时，也可以委托行业协会起草。

3. 政府部门许可

如依照《深圳经济特区行业协会条例》的规定，深圳市行业协会，“经市政府业务主管部门同意，参与行业标准制订和质量管理监督工作；参与资质审查”。“经市政府业务主管部门同意，组织行业人才交流和职业技术培训，参与行业劳动管理和用工制度改革”。

三、依法具有公共事务管理职能的社会团体作为类行政组织

（一）依法具有公共事务管理职能的社会团体作为类行政组织的特点

从其依法管理公共事务而言，社会团体可以作为类行政组织，但须经法律、法规授权或行政机关委托。

依法具有公共事务管理职能的社会团体作为类行政组织，具有以下特点：

一是依法具有公共事务管理职能的社会团体不同于政府组织，其行使的管理和服务职能主要不是基于国家权力，而主要是基于依法具有公共事务管理职能的社会团体的社会自治能力；二是依法具

有公共事务管理职能的社会团体对社会事务管理和服务的职能，应当经法律、法规授权或政府委托。

依法具有公共事务管理职能的社会团体作为类行政组织享有的权力主要有：制定章程或规约、对社会成员的自律管理和服务、奖惩、代表社会成员的利益等。

依法具有公共事务管理职能的社会团体作为类行政组织，必须履行的职责主要有：协助政府部门执法或教育和组织会员遵守法律、法规；协助政府部门对本行业、本领域、本学科的指导、管理和服务；向政府及其有关部门反映情况、提出建议；维护会员合法权益；接受政府及政府有关部门委托办理某项专门事项等。

(二)社会团体作为类行政组织对公共事务的管理

1. 协助政府部门执法或教育和组织会员遵守法律、法规

社会团体可以根据法律、法规授权或政府委托参与执法或协助政府教育和组织会员遵守相关法律、法规。如中国证券业协会是依据《证券法》、《证券投资基金法》和《社会团体登记管理条例》的有关规定设立的证券业自律性组织，属非营利性社会团体法人，接受中国证监会和民政部的业务指导和监督管理。

根据《证券法》第一百七十六条的规定，中国证券业协会的职责之一，是协助证券监督管理机构教育和组织会员遵守证券法律、行政法规。

2. 协助政府部门对本行业、本领域、本学科的指导和管理

协助政府部门对本行业、本领域、本学科的指导和管理，是社会团体特别是行业性社会团体服务政府的重要方式。①

① 如原国家经贸委 1999 年 5 月发布《关于加快培育和发展工商领域协会的若干意见(试行)》对工商领域协会的职能作了规定：工商领域协会的宗旨是服务。主要为企业和行业服务，同时为政府部门和社会服务，以促进行业和经济的发展。根据目前的实际情况，工商领域协会的职能大致分为三类，即为企业服务的职能；自律、协调、监督和维护企业合法权益的职能；协助政府部门加强行业管理的职能。

3. 向政府及其有关部门反映情况、提出建议

向政府及其有关部门反映情况、提出建议，是社会团体服务政府的主要任务之一。为此，许多社会团体的章程作了规定。①

4. 维护会员的合法权益

社会团体作为公民自愿组成、为实现会员共同意愿，按照会员大会批准的章程开展活动，其设立宗旨主要是维护会员的合法权益，因此，社会团体据以设置的章程无一例外地把维护会员合法权益作为自己的主要任务或职能之一。②

5. 接受政府及政府有关部门委托办理某项专门事项

接受政府及政府有关部门委托办理某项专门事项，是社会团体获得职能的依据，也是其服务政府的最常用方式。一般的社会团体章程都有类似规定。③

6. 参与管理价格

有的行业协会有一定的管理价格的职能。如《价格法》第十七条规定，"行业组织应当遵守价格法律、法规，加强价格自律，接受政府价格主管部门的工作指导"。

7. 自律管理本团体事务

如根据 2003 年 2 月 7 日国务院《关于取消第二批行政审批项目和改变一批行政审批项目管理方式的决定》，国务院决定将 82 项行政审批项目作改变管理方式处理，移交行业组织或社会中介机构管

① 如《温州市行业协会管理办法》第三十一条规定的行业协会行使的首要职能是：开展对全行业基础资料的调查、收集和整理工作，参与本行业发展规划的制订，向政府提出有关本行业发展的经济技术政策方面的建议。

② 如 1997 年 5 月 25 日经理事会通过的《中华海外联谊会章程》第四条规定，中华海外联谊会的主要任务之一是：反映各界人士对国家建设与发展以及对实现祖国统一的意见和建议，加强与有关方面的联系与协调，协助政府部门维护台湾同胞、港澳同胞、海外侨胞在祖国大陆的合法权益，提供服务，排忧解难。

③ 如中国电力企业联合会（简称中电联）是 1988 年经国务院批准成立的全国电力行业企事业单位的联合组织，非营利的社会经济团体。根据《中国电力企业联合会章程》规定，中电联职责之一是，承办政府和有关部门委托的其他有关事项。

理;根据2004年5月19日国务院《关于第三批取消和调整行政审批项目的决定》,39项行政审批项目不再作为行政审批,由行业组织或中介机构自律管理。

8. 协调

如2002年《上海市促进行业协会发展规定》第十一条规定,行业协会可以对会员之间、会员与非会员之间或者会员与消费者之间就行业经营活动产生的争议事项进行协调,可以对本行业协会与其他行业协会或其他组织的相关经营事宜进行协调,可以代表本行业参与行业性集体谈判,提出涉及行业利益的意见和建议。

9. 参与行业评定、检查或认证认可

如根据1999年4月30日以通讯方式由全体会员表决通过的《中国家用电器协会章程》的规定,中国家用电器协会的任务之一是,配合有关部门对本行业的产品质量实行监督考核,参与组织行检、行评和产品认证工作,发布行业产品质量信息,推荐优质产品和新技术产品。受政府委托,承担本行业生产许可证的组织实施和审查工作。

10. 统计

统计的基本内容包括统计调查、统计分析、提供统计资料和统计咨询意见等,有的行业协会接受委托进行统计。如2002年9月2日国家统计局和原国家经贸委《关于授予四个行业协会行业统计职能的通知》,授予中国包装技术协会、中国电力企业联合会、中国食品工业协会、中国汽车工业协会承担本行业的统计职能。

11. 对成员的奖惩

奖励主要适用于社会团体对其成绩显著成员的褒扬和奖赏。除了章程中有对本会员奖励和惩罚的规定外,也有一些法律、法规也作了授权。

如根据《律师法》第四十条的规定,律师协会依照章程对律师给予奖励。2007年10月27日第七次全国律师代表大会通过的修改的《中华全国律师协会章程》,明确“律师协会可以对模范履行会员义务并在律师事业发展中有突出贡献的会员予以奖励”,并在有关条文中对奖励作了具体规定。

12. 对成员的行政处罚建议

行政处罚是行政主体的职权，但对违反法律、法规和社会团体自律性规则需要予以行政处罚的，一般是提出行政处罚建议书，移交有处罚权的机构处罚。[①]

四、依法具有公共事务管理职能的社会团体的行政主体资格：以体育协会为例

按照行政主体是具有行政职权、能够对外作出具体行政行为并独立承担法律责任的观点，依法具有公共事务管理职能的社会团体，是否具有行政主体资格，是一个值得探讨的问题。

现以长春亚泰足球俱乐部状告中国足协案为例进行法理分析。[②]

---

① 如 2003 年 4 月中国证券监督管理委员会《关于赋予中国证券业协会部分职责的决定》，赋予中国证券业协会一系列职责。其中规定，会员、从业人员违反法律、行政法规、中国证券监督管理委员会的规定和协会自律规则的，协会依法进行调查，按照协会自律规则给予相应的纪律处分；需要予以行政处罚的，可以提出行政处罚建议书，移交中国证券监督管理委员会依法处理。

② 2001 年中国足协作出《足纪字(2001)14 号处理决定书》，以“严惩违反体育竞争公平精神，严重损害中国足球职业联赛形象，在社会上造成极其恶劣影响”为由，取消了长春亚泰队在 2001 年全国足球甲 B 联赛最后一轮与浙江绿城队比赛中上场国内球员今年注册资格和今明两年的转会资格，并停止主教练本赛季一年工作。长春亚泰足球俱乐部 2001 年 10 月 19 日向中国足协诉讼委员会提交了《裁决申请书》，并足额缴纳了 2.8 万元的申诉费。12 月 27 日，中国足协诉讼委员会发来传真，内容是：“根据被诉人处罚决定(书)第七项之规定，本会认为该处罚非被诉人的最终处罚，本案应待最终处罚作出后再行审理”。亚泰足球俱乐部于 2002 年 1 月 20 日向北京市第二中级人民法院正式提起行政诉讼，请求法院依法撤销中国足协去年对他们作出的处罚决定。北京市第二中级人民法院于 2002 年 1 月 23 日作出裁定，以长春亚泰及其教练员、球员对中国足协提起的行政诉讼“不符合法律规定的受理条件”为由，裁定不予受理。亚泰足球俱乐部于同月 28 日向北京市高级人民法院提出了上诉。1 月 29 日，全国人大常委会委员吴长淑等 12 位人士联名上书全国人大常委会，要求北京市高级人民法院依法受理长春亚泰足球俱乐部对中国足协提起的行政诉讼案，但仍未受理；2002 年 3 月，谷长春等 20 位全国人大代表联名，再一次就长春亚泰足球俱乐部诉中国足协行政诉讼案，正式向全国人大提交了题为《关于中国足协章程排斥司法介入的合法性及中国足协管理问题的意见》；许多学者也认为法院应受理此案。但中国足球协会认为法院裁定符合我国法律和司法解释的有关规定，中国足协对上述裁定表示尊重和服从。

对长春亚泰足球俱乐部状告中国足协案涉及的法律问题，有不同的意见。

一种意见认为，应当尊重社会团体包括行业协会的自治权，认为行业协会的行业管理行为是以自治为基础的内部行为，司法不应对其干涉。

另一种意见则认为，足球协会对俱乐部实施行业管理的权力来自《体育法》的授权，是行使一种社会管理性质的公权力行为，足球协会是法律授权组织，而且足球协会本身就是一个官办社会团体，可以作为行政诉讼的被告。①

---

① 这种意见认为，中国足协作为行业性社会团体，实际上是一个具有行政职能的事业单位，行使法律、法规规定的与行业管理有关的职能，理应具有行政主体资格，可以作为行政诉讼被告，并应承担相应法律责任。主要理由是：

(1)中国足协是合格的行政诉讼被告主体。根据《行政诉讼法》的规定，可以成为行政诉讼被告主体的，一是国家行政机关，二是法律、法规授权的组织。中国足协虽然不是国家行政机关，但中国足协本身是具有行政管理职权的半官方性质的行业协会，实际上是一个有行政职能的事业单位，具有管理职能和明显的官办色彩，能够作出行政行为并独立承担责任，属于法律、法规授权的组织。《体育法》第三十一条第三款规定："全国单项体育竞赛由该项运动的全国性协会负责管理"；第四十九条规定："在竞技体育中从事弄虚作假等违反纪律和体育规则的行为，由体育社会团体按照章程规定给予处罚"。因此，作为全国足球单项体育协会的中国足协，是由体育法授权、具有管理全国足球竞赛和行政处罚等行政职权的事业单位，并非是一个自律性的民间团体，它具备法定的行政诉讼被告资格。

(2)中国足协所作的《足纪字(2001)14 号处理决定书》属于具体行政行为。按照《行政诉讼法》的规定，公民、法人或其他组织只有对行政机关及其工作人员，法律、法规授权的组织以及行政机关委托的组织或个人，在行使行政管理权活动中所作出的具体行政行为不服的，才可以向人民法院提起行政诉讼。要认定本案中中国足协所作的《足纪字(2001) 14 号处理决定书》是否为具体行政行为，需要弄清两个问题：一是中国足协与长春亚泰足球俱乐部是何种关系，二是该处理决定的内容性质是什么。

按照《行政诉讼法》的规定，行政机关对其内部工作人员的有关处理决定，不属于行政诉讼法意义上的具体行政行为，若对此不服，亦不能提起行政诉讼。中国足协与各俱乐部及其球员、教练员包括长春亚泰足球俱乐部之间，不是隶属的内部上下级关系，而是一种外部的管理与被管理的关系。因此，从所处理的对象看，中国足协所作的处理决定，不是被排除在行政诉讼受案范围之外的"对内部工作人员的处理"。

再从内容性质来看，中国足协所作的处理决定，不是依据自律性竞赛规则，就足球比赛中的有关技术性问题所作出的裁断，而是依据法律授权，在实施行政管理权活动中所作笔者倾向于后一种观点，并认为，对社会团体对其管理的成员的处罚，是否可以起诉，一是要看这种行为是在行使一种公权力，还是在行使一种内部自律性权利；二是要看社会团体管理的对象是作为相对人的公民、法人或其他组织，还是作为内部成员。如是前者提起行政诉讼是没有问题的；但如是后者就有争议。在笔者看来，本案中，即使退一步来说，俱乐部成员与足协所生纠纷是内部关系，适用特别关系理论，如果行业组织行使行业管理职能涉及内部成员身份或影响其权益时，也可以将其纳入诉讼领域接受司法审查，否则不符合"有权利必有救济"的原则。①

出的涉及相对人人身权和财产权的处理决定，其内容已超出行业自律管理的范畴，应当属于《行政诉讼法》及司法解释规定可以提起行政诉讼的具体行政行为。

(3)中国足协章程不能排除司法审查。反对法院受理本案的理由之一是，中国足协章程和国际足联章程都规定，足协与会员俱乐部及其成员之间发生纠纷不得提交法院处理。实际上，这个理由值得商榷。

其一，国际足联章程并没有排除司法审查的规定。该章程中的有关规定是，如果一国的法律允许的话，俱乐部成员与足协所生纠纷，在首先经过足协内部所有处理程序后仍然未得解决，可以到法院诉讼。中国足协章程关于纠纷不经司法解决的规定，应当仅指足球竞赛中的专业性的纠纷，而不应当包括足协在行使管理职权活动中与被管理者所发生的纠纷。否则，就与我国《行政诉讼法》的规定相悖，而国家法律的效力大于足协章程的效力，违反法律规定的足协章程无效。

其二，现行法律和司法解释并无不允许司法介入的规定。目前的《行政诉讼法》及其司法解释的制度安排，已经为行业组织的司法审查留下了比较广阔的的空间。根据2000年3月8日最高人民法院公布的《关于执行〈中华人民共和国行政诉讼法〉若干问题的解释》的规定，公民、法人或其他组织对具有国家行政职权的机关和组织及其工作人员的行政行为不服，依法提起诉讼的，属于人民法院行政诉讼的受案范围。其中否定列举的六种不予受理的行为不包括对行业性社团组织(实际上是事业单位)行为的司法介入。参见：《长春亚泰足球俱乐部律师向北京高院提交诉讼代理词》，http://www.southern.com/sports，2002年2月7日。

① 特别关系理论认为，包括社会团体与其成员关系在内的关系属于特别权力关系，其成员义务不确定，适用特别规则，不一定都有法律依据，且一般不得对特别权力关系内部的措施提起行政复议或行政诉讼，但近几十年来，该理论有所修正，即对其成员涉及基本权利的限制应有法律依据，涉及成员身份问题及影响其权益等行为可以被申请行政复议或诉讼。参见陈新民：《中国行政法学原理》，中国政法大学出版社2002年版，第63～72页。

但是，从长远观点和完善立法角度看，需要从立法上进一步扩大行政诉讼的范围，打破权利救济的真空，使每一个权益受到侵害或可能受到侵害的一般公民、法人和其他组织包括内部成员都能获得救济，才是从根本上最终解决这类问题的最理想方式。

第四节 基层群众性自治组织

一、村民委员会

基层群众自治制度是我国《宪法》规定和保障的政治制度之一。基层群众性自治组织是实现城乡居民自我管理、自我教育、自我服务的基本形式。基层群众性自治组织包括居民委员会和村民委员会。按照《宪法》和法律规定，它们不属于地方国家机构，但具有一定行政职能。

根据现行《宪法》和1998年《村民委员会组织法》，村民委员会是村民自我管理、自我教育、自我服务的基层群众性自治组织，实行民主选举、民主决策、民主管理、民主监督。

（一）村民委员会的主要职能和任务

根据《村民委员会组织法》的规定，村民委员会的主要职能和任务有：(1)村民委员会协助乡、民族乡、镇的人民政府开展工作；(2)办理本村的公共事务和公益事业，调解民间纠纷，协助维护社会治安，向人民政府反映村民的意见、要求和提出建议；(3)支持和组织村民依法发展各种形式的合作经济和其他经济，承担本村生产的服务和协调工作，促进农村生产建设和社会主义市场经济的发展；(4)尊重集体经济组织依法独立进行经济活动的自主权，维护以家庭承包经营为基础、统分结合的双层经营体制，保障集体经济组织和村民、承包经营户、联户或合伙的合法的财产权和其他合法的权利和利益；(5)依法管理本村属于村民集体所有的土地和其他财产，教育村民合理利用自然资源，保护和改善生态环境；[①]（6）宣传《宪法》、法律、法规和国家的政策，教育和推动村民履行法律规定的义务，爱护公共财产，维护村民的合法的权利和利益，发展文化教育，普及科技知识，促进村和村之间的团结、互助，开展多种形式的社会主义精神文明建设活动；（7）协助有关部门，对被依法剥夺政治权利的村民进行教育、帮助和监督。

（二）村民委员会的设立和组成

村民委员会根据村民居住状况、人口多少，按照便于群众自治的原则设立。村民委员会的设立、撤销、范围调整，由乡、民族乡、镇的人民政府提出，经村民会议讨论同意后，报县级人民政府批准。

村民委员会由主任、副主任和委员共 3～7 人组成，由村民直接选举产生。村民委员会每届任期三年，村民委员会成员可以连选连任。村民委员会成员不脱离生产，根据情况，可以给予适当补贴。村民委员会可以按照村民居住状况分设若干村民小组，小组长由村民小组会议推选。村民委员会根据需要设人民调解、治安保卫、公共卫生等委员会。人口少的村的村民委员会可以不设下属委员会，由村民委员会成员分工负责人民调解、治安保卫、公共卫生等工作。

二、居民委员会

（一）居民委员会的职能和主要任务

根据现行《宪法》和 1989 年《城市居民委员会组织法》的规定，居民委员会是居民自我管理、自我教育、自我服务的基层群众性自治组织。

根据《宪法》、《城市居民委员会组织法》的规定，居民委员会的职能和主要任务有：（1）协助不设区的市、市辖区的人民政府或它的派

---

① 《土地管理法》第十条规定："农民集体所有的土地依法属于村农民集体所有的，由村集体经济组织或者村民委员会经营、管理；已经分别属于村内两个以上农村集体经济组织的农民集体所有的，由村内各该农村集体经济组织或者村民小组经营、管理；已经属于乡（镇）农民集体所有的，由乡（镇）农村集体经济组织经营、管理"。

出机关开展工作;(2)宣传宪法、法律、法规和国家的政策,维护居民的合法的权益,教育居民履行依法应尽的义务,爱护公共财产,开展多种形式的社会主义精神文明建设活动;(3)办理本居住地区居民的公共事务和公益事业;(4)调解民间纠纷;(5)协助维护社会治安;(6)协助人民政府或它的派出机关做好与居民利益有关的公共卫生、计划生育、优抚救济、青少年教育等项工作;(7)向人民政府或它的派出机关反映居民的意见、要求和提出建议;(8)可以兴办有关的服务事业,管理本居民委员会的财产。此外,居民委员会应对编入居民小组的被依法剥夺政治权利的人进行监督和教育。

(二)居民委员会的设立和组成

居民委员会根据居民居住状况,按照便于居民自治的原则,一般在100户~700户的范围内设立。居民委员会的设立、撤销、规模调整,由不设区的市、市辖区的人民政府决定。

居民委员会由主任、副主任和委员共5~9人组成。多民族居住地区,居民委员会中应当有人数较少的民族的成员。居民委员会根据需要设人民调解、治安保卫、公共卫生等委员会。居民较少的居民委员会可以不设下属的委员会,由居民委员会成员分工负责有关工作。居民委员会可以分设若干居民小组,小组长由居民小组推选。

居民委员会主任、副主任和委员,由本居住地区全体有选举权的居民或由每户派代表选举产生;根据居民意见,也可以由每个居民小组选举代表2~3人选举产生。居民委员会每届任期三年,其成员可以连选连任。

三、基层群众性自治组织的行政主体资格:以村民委员会为例

(一)问题的提出

村民委员会作为村民自我管理、自我教育、自我服务的基层群众性自治组织,具有民事主体的法律地位。但由于对行政主体认识的不同,村民委员会的行政主体资格的确立仍是一个存在争议的问题。

有的学者认为:“城市的居民委员会和农村的村民委员会,按照《宪法》第一百一十一条的规定,不是一级行政机关,也不属于行政机构,因此不享有行政主体的资格。但是在得到行政机关授权时,亦享有一定的行政职权,成为外部行政主体”;[①]也有的学者认为,群众性自治组织如居委会、村委会及其他国家机关的内部组织等经授权,也可从事一定的行政职能活动,成为行政主体。[②] 也有学者认为,关于村民自治组织的行政主体地位,行政法学界已早有且多有论述,但往往抽象地认为村民自治组织是“行政机关以外的组织”,而忽视其本身具有的经《宪法》和《村民委员会组织法》授予的自治功能。[③] 在司法实践中,村民委员会、居民委员会可以作为行政主体一般是被否认的。

(二)村民委员会的行政主体资格

实际上,判定一个组织是否具有法律上的行政主体资格,应该考察其是否行使行政管理职能,能以自己名义实施行政管理活动,并独立承担由此而产生的法律责任。

1. 村民委员会是否具有行政管理职能

从上述的宪法、法律、法规中可见,村民委员会作为基层群众性自治组织,具有三种地位和身份。

一是集体财产的管理人,依照法律规定管理本村属于村农民集体所有的土地和其他财产,这包括两种情况,一种是以集体财产所有权人的名义进行民事活动,如代表村集体与村民签订土地承包合同以及对外处分集体财产;另外一种情况,则是对村民实行经济管理,集中体现在村民委员会的财政权上:经村民会议或者村民代表会议讨论决定村民委员会可以向村民收取集体提留以及其他一些必要的

---

① 罗豪才:《行政法学》(高等政法院校规划教材),中国政法大学出版社 1996 年版,第 85 页。

② 周佑勇:《行政法原论》(修订版),中国方正出版社 2000 年版,第 117～118 页。

③ 李迎宾:《试论村民自治组织的行政主体地位》,《行政法学研究》2000 年第 4 期。

款项，分配有关集体收入等。①

二是农村社区的管理者，管理公共事务，维护公共秩序。具体而言，如办理本村的公共事务和公益事业，调解民间纠纷，协助维护社会治安等。为了有效地行使上述职权，《村委会组织法》还规定村委会可根据需要设立人民调解、治安保卫、公共卫生等委员会。

三是基层政府行政的受托人，受基层政府的委托实施一些行政行为，协助不设区的市、市辖区的人民政府或它的派出机关开展工作。如计划生育、审批宅基地、开具结婚登记所需证明等。目前，这部分的委托行政，是村民委员会的主要任务。

从以上分析可以看出，在第三种身份下，村民委员会行为的法律后果归于政府；而第一种身份和第二种身份则都属于村民自治的范围之内，从性质上讲，村民自治不同于国家行政，但也是一种行政管理活动，属于自治行政的范畴。

2. 村民委员会能否以自己名义实施行政管理活动

村民委员会系村民自我管理、自我教育、自我服务的基层群众性自治组织，具有独立的意志，能够以自己的名义实施行政管理活动。例如，村民委员会办理本村的公共事务和公益事业，调解民间纠纷，协助维护社会治安，依照法律规定，管理本村属于村农民集体所有的土地和其他财产等，以及具体办理经村民会议讨论决定的涉及村民利益的事项，都是以村民委员会名义实施的，在这些方面，村民委员会能以自己名义实施行政管理活动。

3. 村民委员会能否独立承担由此而产生的法律责任

村民委员会能否作为行政主体，成为行政复议被申请人或行政

---

① 其他法律也有规定，如《土地管理法》第十条规定："农民集体所有的土地依法属于村农民集体所有，由村集体经济组织或者村民委员会经营、管理"；第五十七条规定："土地使用者应当根据土地权属与有关土地行政主管部门或者农村集体经济组织、村民委员会签订临时使用土地合同，并按照合同的约定支付临时使用土地补偿费"。又如《村庄和集镇规划建设管理条例》第十八条规定："农村村民在村庄、集镇规划区内使用原有宅基地的，应当先向村集体经济组织或者村委会提出建房申请，经村委会讨论通过后，由县乡级人民政府批准"。

诉讼被告，并独立承担法律责任，也是一个有争议的问题。一种观点认为，村民委员会可以作为行政诉讼被告，理由主要有：(1)《土地管理法》等法律、法规赋予村民委员会对本村的土地及其他事务的"管理权"，村民委员会对本村事务的管理是一种"法定权利"，村民委员会应视为法律、法规授权的组织，作为行政诉讼的被告；(2)行政审判受案范围有扩大的趋势，行政审判的受案范围应向一切具有公共行政权力的领域扩张，以尽可能地保护行政相对人的合法权利。从保护村民利益的角度出发，应当将村民委员会的行为纳入行政审判范围。①

相反观点认为，村民委员会不可以作为行政诉讼被告，理由主要是：(1)《土地管理法》等法律、法规规定的村民委员会的"管理"职能，虽然是一种法定职能，但法定职能不等于行政职能，法律、法规对于权利的规定，也并不都是对于"行政权力"的授权，以"法定职权"和"法律、法规的授权"来论证村民委员会可以作为行政诉讼被告的理由不能成立；(2)主张行政诉讼受案范围扩大是正确的，但村民委员会行使的"权力"并不是"行政权力"，其对村民权利的影响不是靠国家强制力；(3)在民主自治体制下，村民会议是村内事务的决定者，村民委员会是村民会议决定事项的执行者。②

实际上，从性质上讲，村民自治不同于国家行政，但也是一种行政管理活动，属于自治行政的范畴。村民委员会对村民的管理活动能够引起一定的行政法律关系的产生、变更或消灭，能够设定一定权利，规定一定的义务，谋求全体村民的共同利益。这不是行政机关以外的其他国家行政组织所具备的职能。

村民委员会依据法律授权行使一定自治行政职能，如果以自己的名义实施行政行为，并独立承担由此而产生的法律责任，可以作为

---

① 程德刚：《村民委员会在行政诉讼中的被告地位》，中国法院网 http://www.chinacourt.org，2004 年 4 月 9 日。

② 秦绪启、李修岗：《村民委员会行政诉讼被告主体资格质疑》，中国法院网 http://www.chinacourt.org，2005 年 1 月 14 日。

行政诉讼的被告。具体而言，村民委员会可能会因下列自治行政或国家行政管理行为被提起行政诉讼，成为行政案件的被告或第三人：(1)土地征用补偿费用的管理和发放工作侵害村民合法权益的；(2)代征、代缴税款侵害村民合法权益的；(3)救灾、抢险、防汛、安抚、移民、救济款物的管理和发放工作侵害村民合法权益的；(4)有关计划生育、户籍、征兵工作侵害村民合法权益的。

另外，村民委员会超越行政机关的委托权限而实施行政职权，如乡(镇)人民政府委托某村民委员会按规定数额代收该村村民的乡统筹费，而该村民委员会擅自扩大收费标准向村民多收乡统筹费，由此引起的诉讼中，应将村民委员会作为行政案件的被告对待。因为委托的行政机关(乡或镇人民政府等)只应对受委托的村民委员会在委托权限范围内以委托行政机关的名义从事的行为负责，对超出委托权限所从事的行为则应由村民委员会自行负责。

第五章

行政机构编制法

第一节　行政机构编制法基本原理

一、编制的概念和类型

(一)编制的概念

对什么是编制,主要有狭义、广义和最广义三种理解。

狭义的理解,认为编制是指依法设立的社会组织的法定人员数额。这种意义上的编制概念,在日常生活中广泛运用。

广义的理解,认为编制是指社会组织的法定人员数额及其相关的人员结构和职位配置。

最广义的理解,认为编制是指社会组织的职能范围、责权关系、机构设置、规格级别、隶属关系、人员数额、人员结构、职位配置和领导职数等。[①]

在机构编制管理中,经常在广义的范围内使用编制的概念。也就是说,一般认为,编制是指法定的人员数额和领导职数。如根据2007年《地方各级人民政府机构设置和编制管理条例》第二十八条,地方各级人民政府行政机构的编制,是指机构编制管理机关核定的行政机构和事业单位的人员数额和领导职数。也即,编制主要是指人员编制。

(二)编制的类型

在理论上,有专家按照组织机构的性质和功能的不同,将编制分

① 宋德福:《中国政府管理与改革》,中国法制出版社2001年版,第271页。

为五种类型，即行政编制、事业编制、社会团体编制、企业编制和军事编制，并认为行政编制又可派生出政法编制、离退休干部工作人员编制、驻外编制、储备编制等。① 实践中，“不少地方的编制类别比较混乱，包括行政编制、事业编制、政法专项编制、军转编制、行政执法编制、老干编制、工勤编制、临时编制、派驻编制、周转编制、地方自定编制等，各类编制混用的现象也比较突出”。②

但在严格的法律意义上，就我国当前的机构编制管理而言，编制应分为行政编制和事业编制两大类。

1. 行政编制

行政编制是人员编制中最基本、最重要的类别之一。行政编制是我国党政机构和部分人民团体和群众团体使用的人员编制。行政编制的主要特点是：行政编制的总数都是由中央统一核定下达，地方各级有权在中央下达的编制总数内分配和调剂使用，但无权突破中央核定下达的行政编制总额，自行增加行政编制数额。我国的行政编制不仅适用于行政机构，还适用于其他各类机关除工勤人员以外的工作人员，包括国家机构、各党派机关和部分人民团体和群众团体机关的工作人员。它们依法履行公职、由国家财政负担其人员工资福利和经费开支。目前，我国行政编制的使用范围包括如下几个部分。

(1)国家机关。国家机关工作人员代表国家履行公职，其工资福利和经费开支由国家财政负担，其编制都称为行政编制。主要有：各级人大及其常委会机关中列入公务员范围的人员，包括县级以上各级人大常委会的领导人员，县级以上各级人大常委会工作机构和办事机构的工作人员，各级人大专门委员会办事机构工作人员和乡、镇人民代表大会主席、副主席；各级行政机关中列入公务员范围的人员，包括各级人民政府的领导人员，各级人民政府工作部门和派出机

① 宋德福：《中国政府管理与改革》，中国法制出版社 2001 年版，第 272 页。

② 曹康泰：《地方各级人民政府机构设置和编制管理条例解读》，中国法制出版社 2008 年版，第 24 页。

关的工作人员和乡、镇人民政府机关的工作人员；各级审判机关中列入公务员范围的人员，包括最高人民法院和地方各级人民法院的法官、审判辅助人员和司法行政人员；各级检察机关中列入公务员范围的工作人员，包括最高人民检察院和地方各级人民检察院的检察官、检察辅助人员和司法行政人员。①

(2)党派机关。包括中国共产党机关和各民主党派机关。其工作人员的工资福利和经费开支由国家财政负担，使用的编制也是行政编制。范围是：中国共产党各级机关中列入公务员范围的人员，包括中国共产党中央和地方各级委员会、纪律检查委员会的领导人员，中国共产党中央和地方各级委员会工作部门、办事机构和派出机构的工作人员，中国共产党中央纪律检查委员会和地方各级纪律检查委员会机关和派出机构的工作人员，中国共产党街道、乡、镇委员会机关的工作人员；各民主党派机关中列入公务员范围的人员，包括八个民主党派中央和地方各级委员会的领导人员和工作机构的工作人员(含中华全国工商业联合会和地方各级工商联的领导人和工作机构的工作人员)。②

(3)人民团体机关和群众团体机关。人民团体和群众团体各自代表着特定的群体，属于非政府的社会组织。它们既不同于党政机关，又不同于一般的社会团体，更不同于一般的社会中介组织，而是受党和政府的委托，作为党和政府联系人民群众的桥梁和纽带，在国家政治、经济和社会生活中，发挥着重要作用。③ 人民团体和群众团体不在民政部门登记，其机关工作人员的工资福利和经费开支由国家财政负担，使用的编制也是行政编制。根据2006年4月9日中共中央、国务院关于印发《〈中华人民共和国公务员法〉实施方案的通

① 中共中央、国务院关于印发《〈中华人民共和国公务员法〉实施方案的通知》(附件一：《公务员范围规定》)(2006年4月9日)。

② 中华全国工商业联合会和地方各级工商联虽然属于人民团体，但其机关人员也列入公务员范围，并使用行政编制。

③ 宋德福：《中国政府管理与改革》，中国法制出版社2001年版，第274页。

知》,使用行政编制的人民团体机关和群众团体机关,参照《公务员法》管理。

在行政编制中,有一些特殊的类别,如离退休干部工作人员编制、援派机动编制①、"两委"人员编制②和地方的政法专项编制等。

在地方编制管理的实践中,通常把检察、审判机关,以及国家行政机关中的司法(含监狱、劳动教养机构)、国家安全以及公安等机关,及其所属直接履行政法职能的单位,统称为政法系统。这些系统使用的编制统称为"政法专项编制"。根据中央决定,1982 年 11 月 10 日,中共中央政法委员会、中共中央组织部、劳动人事部、财政部在《关于公安、检察、法院、司法行政系统编制和经费若干问题的联合通知》中明确,"将全国各级公安、检察、法院、司法行政系统编制单列,实行统一领导,中央和省、市、自治区分级管理"。至此,公安、检察、法院、司法行政系统的编制从党政群机关中分离出来,作为专项编制单独管理。其中,司法行政系统中包含劳改(后改为监狱)、劳动教养系统。此后,国家安全职能从公安系统分出,单独成立国家安全机构,其编制列入政法专项编制,单独管理。2007 年 5 月 1 日起实施的《地方各级人民政府机构设置和编制管理条例》第十七条规定:"根据工作需要,国务院机构编制管理机关报经国务院批准,可以在地方行政编制总额内对特定的行政机构的行政编制实行专项管理"。在实践中指的就是政法专项编制。

为加强离退休干部工作和稳定工作人员队伍,适应离退休干部管理服务工作的需要,国家从 1993 年开始,为各部门核定"离退休干部工作人员编制",在各部门行政编制总数以外单列管理。2006 年

① 援派机动编制是为行政编制紧张、有援派到西部地区工作的人员的中央国家机关下达的行政编制,援派工作人员回来后即收回。

② 两委人员是指:已不任部门实职的现任全国人大常委会委员与各专门委员会委员、全国政协委员及按规定配备的秘书。两委人员编制为行政编制,核定范围为人事工资关系在党中央各部门、国务院各部门、最高法院、最高检察院、各群众团体机关、各民主党派中央机关的"两委"人员。编制标准是,正副部级的核定本人及秘书共 2 名编制,其他两委委员核定本人 1 名编制。

中央编办发文规定，“离退休干部工作人员编制”包含在行政编制以内，不再另外单独核定。如国务院办公厅《关于印发国家民族事务委员会主要职责、内设机构和人员编制规定的通知》，国家民族事务委员会机关行政编制为 188 名（含“离退休干部工作人员编制”21 名）。①

2. 事业编制

事业编制是指国家为了社会公益目的，由国家机关举办或者其他组织利用国有资产举办的，从事教育、科技、文化、卫生等为国民经济和社会发展提供服务的社会组织，即事业单位的编制。事业单位的经费由国家财政负担，一般情况下，事业单位使用事业编制，但也有部分属于机关性质的单位（如地震局、有的地方的知识产权局等）和社会团体（如消费者协会等②）使用事业编制，而国有企业所属事业单位和民办非企业单位，目前国家均未核定其编制，也不由财政负担其经费。

事业编制主要在教育、科研、文化、卫生、体育、新闻出版、广播电视、社会福利、救助减灾、统计调查、技术推广与实验、公用设施管理、物资仓储、监测、勘探与勘察、测绘、检验检测与鉴定、法律服务、资源管理事务、质量技术监督事务、经济监督事务、知识产权事务、公证与认证、信息与咨询、人才交流、就业服务、机关后勤服务等领域使用。

与行政编制相比，事业编制具有下列特点：(1)使用范围更广，涉及经济、社会生活的各个方面；(2)与行政机关使用行政经费不同，事业单位的经费比较多样化，分为全部由财政定额或定项补助、部分由

---

① 离退休干部工作人员编制，按其管理和服务的离退休人数多少确定，即：离休的正副部长级干部与工作人员的比例为 1∶1；离休的司局级及以下干部与工作人员的比例为 10∶1；退休的干部与工作人员的比例为 30∶1。其人员编制每年报中央机构编制管理部门核定一次。

② 根据《消费者权益保护法》第三十一条，消费者协会在性质上是依法成立的对商品和服务进行社会监督的保护消费者合法权益的社会团体，但在实践中，其人员编制多使用事业编制。

财政定额或定项补助和定额或定项补助为零(即经费自理);[①](3)由于各事业单位的情况不同,事业单位可以使用比行政编制更为复杂的定员标准。

3. 其他类型编制

实践中,除了机构编制外,其他社会组织也有各自的编制。目前,主要有下列几种:

(1)社会团体编制。社会团体编制是指社会团体常设机构聘用的专职工作人员的编制。社团编制适用于经社会团体管理机关核准登记的社会团体法人。法律、法规另有规定的社会团体和使用行政、事业编制的社会团体不使用社团编制。社会团体编制所需经费,实行自收自支,由社会团体自筹解决。

(2)国有企业编制。即国有企业的劳动定员。根据《全民所有制工业企业法》第三十二条,企业有权决定人员编制。即企业在审核的编制定员范围内,根据工作需要,有权确定人员配备比例。

(3)军事编制。其范围主要为中国人民解放军、中国人民武装警察部队。军事编制包括军官和士兵,现役军人和文职人员编制。[②]

二、编制管理和行政机构编制法

(一)编制的管理

对编制的管理是行政管理的一个重要方面,也是机构编制管理部门的重要任务。

广义上的编制管理是指对一切法定社会组织内部的工作人员的数量、领导职数和人员结构等方面的管理。

狭义上的编制管理是指对机关、事业单位的人员数额、领导职数

---

① 根据1997年《事业单位财务规则》,国家对事业单位实行核定收支、定额或者定项补助、超支不补、结余留用的预算管理办法。定额或者定项补助标准根据事业特点、事业发展计划、事业单位收支状况以及国家财政政策和财力确定。定额或者定项补助可以为零。

② 宋德福:《中国政府管理与改革》,中国法制出版社2001年版,第279页。

及人员结构的管理。

区别于一般行政管理，编制管理的特点是：(1)集中性高。尤其是对国家机关，为了保障其高效和廉价，需要对其人员编制进行集中管理。(2)综合性强。人员编制管理的范围较宽，涉及各个机关和单位，要掌握其共同性，又要了解其各自特点，并相应采取不同的管理方法。(3)关联度大。人员编制管理与机构设置、组织人事、财政工作等关系密切，需要互相衔接、配合，尤其与机构设置不可分离。

西方国家列入行政编制的机关一般为中央和地方各级政府及所属机构。在实行地方自治的国家，行政编制不包括地方自治体的人员，地方自治体的机构与人员的编制由地方自行管理。[①] 各国管理人员编制，一般是通过财政预算控制人员的使用和通过法律规范人员编制。

(二)行政机构编制法

行政机构编制法是行政组织法的重要组成部分，是有关行政机关的人员编制以及编制管理权限、程序、对执行编制的监督及违反编制的法律责任的法律规范的总称。行政机构编制法应该包括总则、编制管理机关及权限、人员编制总数、人员编制诸事项的提出、论证、审查、批准等程序、管理形式、对执行编制的监督及违反编制的法律责任等。行政机构编制法虽然与行政机关组织法的侧重点不同(前者侧重机构的人员数额和领导职数，后者侧重机构设置)，但两者关系非常密切。有学者指出，就其性质而言，行政机关编制法当属广义的行政机关组织法范畴之内，只是由于长期以来我国行政机关编制管理较为混乱，而《国务院组织法》和《地方组织法》对编制管理几乎未作规定，对其大幅度补充又受到诸多因素的限制，故学界和实践部门往往把行政机关编制立法作为一种相对独立的课题来研究。[②] 实

---

① 中国大百科全书总编辑委员会：《中国大百科全书》(政治学卷)，中国大百科全书出版社 1992 年版，第 399 页。

② 应松年：《行政机关编制法的法律地位》，《行政法学研究》1993 年第 1 期。

际上，1997 年《国务院行政机构设置和编制管理条例》已经表明，行政机关编制规则与有关的组织规则是密切联系在一起的。[①]

除日本等少数国家制定《国家总定员法》外，世界上大多数国家没有制定单行的行政机构编制法。因为行政机构编制管理的规范，包括对行政机关具体编制的提出、审查、论证和批准程序、领导职数限额、人员编制标准及违反编制的法律责任等规定，与行政机关组织的规范很难截然分开，难以制定专门的行政编制法予以具体的规定。

我国长期实行高度集中的计划管理体制，在编制管理中，存在着由于缺乏法制约束而形成的随意性、盲目性，致使编制超额、领导职数失控、职务设置于法无据等问题。

随着社会、经济、政治的发展，必须建立起行之有效的对人员编制的约束机制，这种约束机制主要有预算约束和法律约束。党的十三大报告中指出："要用法律手段和预算手段控制机构设置和人员编制"。其中，对编制的法律约束，就是要以法律的形式确立对编制的约束机制。

我国行政机构编制法的主要内容，应当包括：(1)编制管理的机构及其职责权限；(2)编制配备的原则和方法；(3)编制的适用范围和经费来源；(4)编制的提出、审查、论证、批准的程序；(5)领导职数及比例结构；(6)对编制的执行的监督；(7)违反编制法的法律责任。

建立与完善对编制的法律约束机制，具有重要意义：

1. 有助于巩固机构改革成果

改革开放以来，我国进行了六次大的行政机构改革，但机构和编制基本上都陷入"膨胀—精简—再膨胀—再精简"的循环。造成这种情况的重要原因之一是，缺乏健全完善的编制法律规范对违反人员编制管理规定的行为进行刚性约束。健全和完善编制管理方面的立

---

① 应松年、袁曙宏：《走向法治政府——依法行政理论研究与实证调查》，法律出版社 2001 年版，第 195 页。

法，以法律的形式确立对编制的约束机制，有助于巩固机构改革成果，防止改革以后编制违法行为的反弹。

2. 有助于加速编制管理从政策型向法治型的转变

编制管理与行政机构编制法密切相关。早在1975年7月，邓小平就提出了编制的法定化问题。他严肃指出："这一次编制要严格搞，要切实遵守编制。可以说编制就是法律"。[①] 1980年3月，他又进一步深化了这一思想，指出："制度化以后，编制就不会臃肿，该用一个人就是一个人，该用几个人就是几个人。总之，这一套制度要建立起来"。[②] 这一套"制度"就是编制法律制度。

1987年党的十三大报告中，提出"制定行政机关编制法"的设想。但是，这方面工作始终进展缓慢。国务院于1997年8月3日颁发了《国务院行政机构设置和编制管理条例》，对国务院行政机构设置和编制管理等方面作了明确的规定；2007年《地方各级人民政府机构设置和编制管理条例》的实施，标志着我国地方机构编制管理工作也走上了法制化的道路。

这些机构设置和编制管理行政法规的实施，改变了过去编制管理无章可循、无法可依或只有零散文件规定而缺乏稳定性和权威性规范的状况，对于规范各级政府的机构设置，加强编制管理，具有重要的意义。

第二节　国务院行政机构编制管理

一、国务院行政机构编制管理的基本原则和体制

（一）国务院行政机构编制管理的基本原则

国务院行政机构编制管理的基本原则，是国务院编制管理机构

---

① 《邓小平文选》（第二卷），人民出版社1994年版，第20页。

② 《邓小平文选》（第二卷），人民出版社1994年版，第288页。

进行编制管理的基本准则。根据《国务院行政机构设置和编制管理条例》的相关规定，编制管理应遵循下列基本原则。

1. 适应国家政治、经济、社会发展的需要

国务院编制管理工作要“适应国家政治、经济、社会发展的需要”，是指国务院机构编制管理机关要适应国家政治、经济、社会发展的需要，通过科学、规范的管理，使国务院行政机构的编制配备能够满足其全面履行经济调节、市场监管、社会管理和公共服务的职能的需要。

2. 遵循精简、统一、效能的原则

机构编制管理工作必须“遵循精简、统一、效能的原则”。

(1)精简原则。改革开放以来，我国进行过几次大规模的国务院机构改革，使人员配备基本适应政府履行职能的需要，但随着经济社会的不断发展和经济体制改革的深化，国务院机构的改革任务仍很艰巨，人员的规模仍须继续加以控制。因此，国务院行政机构的编制依据职能配置和职位分类，按照精简的原则确定。

(2)统一原则。即编制管理工作的高度统一。国务院统一领导全国范围内的编制管理工作。

(3)效能原则。机构编制管理的精简和统一，最终都要服务于提高政府的运行效能。效能原则的基本要求是，国务院行政机构的编制管理工作应当通过科学规范部门职能，合理设置机构，优化人员结构，不断改善机构编制资源的配置效率，形成权责一致、分工合理、决策科学、执行顺畅、监督有力的行政管理体制，促进政府整体效能的提高。

(二)编制管理的体制

根据《国务院行政机构设置和编制管理条例》的规定，国务院根据《宪法》和《国务院组织法》的规定，行使国务院行政机构设置和编制管理职权；国务院机构编制管理机关在国务院领导下，负责国务院行政机构设置和编制管理的具体工作。

二、国务院行政机构编制管理的主要内容

编制管理主要包括三方面内容：一是核定并下达各级行政编制总额。根据《宪法》及有关规定，国务院核定各级人民政府的行政编制总额。二是核定行政机构的具体编制数额，即国务院在编制总额范围内，对本级各行政机构的编制数额进行具体核定。三是核定领导职数。具体内容如下。

（一）国务院行政机构的编制在国务院行政机构设立时确定

实践中，国务院机构编制管理机关一般是根据经过全国人大审议批准的《国务院机构改革方案》和国务院《关于机构设置的通知》等文件，提出国务院各行政机构的《主要职责、内设机构和人员编制规定》（"三定规定"），报国务院批准，来确定国务院各行政机构的编制。如根据国务院办公厅《关于印发国家发展和改革委员会主要职责、内设机构和人员编制规定的通知》，国家发展和改革委员会机关行政编制为1 029名（含国家物资储备局编制68名、两委人员编制10名、援派机动编制4名、离退休干部工作人员编制116名）。其中：主任1名、副主任4名，司局级领导职数143名（含秘书长1名、副秘书长3名、国家物资储备局领导职数5名、离退休干部局领导职数5名、机关党委专职副书记3名、重大项目稽察特派员18名）。

（二）国务院行政机构的编制方案

国务院行政机构的编制方案应当包括下列事项：(1)机构人员定额和人员结构比例；(2)机构领导职数和司级内设机构领导职数。国务院行政机构增加或减少编制，由国务院机构编制管理机关审核方案，报国务院批准。

（三）国务院议事协调机构不单独确定编制

国务院议事协调机构承担跨国务院行政机构的重要业务工作的组织协调任务，具体事务由有关的行政机构按照各自的职责负责办理。议事协调机构一般由相关行政机构的人员组成，不单独设立办

事机构，本身有没有单独的工作人员。① 因此，国务院议事协调机构不单独确定编制，所需要的编制由承担具体工作的国务院行政机构解决。

（四）国务院办公厅、国务院组成部门、国务院直属机构和国务院办事机构的领导职数

根据《国务院组织法》的规定，国务院有关行政机构的领导职数为：(1)国务院办公厅设秘书长1人、副秘书长若干人；(2)国务院各部，设部长1人、副部长2～4人；各委员会设主任1人、副主任2～4人、委员5～10人；(3)国务院直属机构和办事机构各设负责人2～5人。②

（五）国务院组成部门管理的国家局的领导职数

国务院组成部门管理的国家局的领导职数，参照《国务院组织法》关于国务院直属机构领导职数的规定确定，即各设负责人2～5人。

（六）国务院行政机构内设机构的领导职数

国务院办公厅、国务院组成部门、国务院直属机构、国务院办事机构的司级内设机构的领导职数为一正二副；国务院组成部门管理的国家局的司级内设机构的领导职数根据工作需要为一正二副或者一正一副。

国务院行政机构的处级内设机构的领导职数，按照国家有关规定确定。

---

① 根据《国务院关于议事协调机构设置的通知》，除国务院扶贫开发领导小组单设办事机构外，全国老龄工作委员会，办公室设在民政部，与中国老龄协会合署办公（工作人员参照《公务员法》管理）；国务院西部地区开发领导小组，撤销其单设的办事机构，具体工作由国家发展和改革委员会承担；国务院振兴东北地区等老工业基地领导小组，撤销其单设的办事机构，具体工作由国家发展和改革委员会承担；国务院三峡工程建设委员会，单设办事机构，工作任务完成后撤销；国务院南水北调工程建设委员会，单设办事机构，工作任务完成后撤销。

② 另外，根据《中国人民银行法》和《审计法》，中国人民银行设行长1人，副行长若干人；审计署设审计长1人；副审计长4人，由2009年审计署“三定规定”确定。

(七)其他领导职数

由于历史原因[①]和特殊需要,国务院有些行政机构设有部长助理或行长助理(如公安部、商务部、教育部、财政部、文化部、中国人民银行等)、秘书长(如国家发展和改革委员会、国务院国有资产监督管理委员会、科学技术部等)和政治部主任(如公安部、国家安全部、司法部、海关总署等);有些机构还设有总工程师、总经济师、总规划师、总统计师、总审计师、总会计师、总农艺师、总畜牧师等专业技术性领导职务(如国土资源部、工业和信息化部、环境保护部、水利部、农业部、住房和城乡建设部、国家安全生产监督管理总局、海关总署、国家海洋局、国家能源局、国家煤矿安全监察局、国家烟草专卖局、国家统计局等)。

根据要求,以后不再扩大部长助理和秘书长的设置范围;总工程师、总经济师等专业技术性领导职务严格限定在专业性、技术性较强的部门。[②]

第三节 地方各级人民政府的编制管理

一、地方各级人民政府编制管理的基本原则和体制

(一)地方各级人民政府编制管理的基本原则

根据《地方各级人民政府机构设置和编制管理条例》的相关规定,地方各级人民政府的编制管理工作,应当按照经济社会全面协调可持续发展的要求,适应全面履行职能的需要,遵循精简、统一、效能的原则。

1. 符合科学发展观的要求

地方机构编制管理工作应当按照经济社会全面协调可持续发展

① 1954年《国务院组织法》曾规定,各部可以按照需要设部长助理若干人。

② 《中央编办负责人就国务院部门“三定”工作答人民日报、新华社记者问》,新华网2008年7月17日。

的要求，将科学发展观作为根本指导方针，通过合理设置机构、加强编制管理，促进政府全面高效地行使权力、履行职责，为落实科学发展观提供体制保障；同时要围绕大局、统筹兼顾，既严格控制编制，又重视适应工作需要及时调整编制，为党和国家的中心工作服务。

2. 适应全面履行职能的需要

地方机构编制管理工作要“适应全面履行职能的需要”，是指通过科学、规范的管理，使机构设置和编制配备能够保证政府全面履行经济调节、市场监管、社会管理和公共服务的职能。为此，机构编制管理机关在做好合理配置部门职责的同时，还应当及时掌握政府部门职能变化的情况，准确地分析职能变化对编制的影响，适时加以调整和优化，满足各级政府全面履行职能的需要。

3. 遵循精简、统一、效能的原则

机构编制管理工作必须“遵循精简、统一、效能的原则”。

(1)精简原则。改革开放以来，我国进行过几次大规模的地方机构改革，使人员配备基本适应政府履行职能的需要，但随着经济社会的不断发展，政府机构的改革任务仍很艰巨，政府机构人员的规模仍须继续加以严格控制。当然，精简不能简单地理解为数量上的减少，主要是指要切实转变政府职能。

(2)统一原则。国务院统一领导全国范围内的编制管理工作，地方各级人民政府统筹管理本行政区域的编制，地方各级人民政府是机构编制管理机关，在同级人民政府领导下负责具体的管理工作。

(3)效能原则。机构编制管理的精简和统一，最终都要服务于提高政府的运行效能。效能原则的基本要求是，机构编制管理工作应当通过科学规范部门职能，合理设置机构，优化人员结构，不断改善机构编制资源的配置效率，形成权责一致、分工合理、决策科学、执行顺畅、监督有力的行政管理体制，促进政府整体效能的提高。

(二)编制管理的体制

一种观点认为，地方各级人民政府的编制工作，基本上实行“统一领导、分级管理、条块结合的体制”，[①]但根据《地方各级人民政府机构设置和编制管理条例》的规定，编制管理实行“中央统一领导、地方分级管理”的体制。这一管理体制是由我国作为单一制国家的体制决定的。

统一领导，指的是国务院统一领导各级人民政府的编制管理工作，制定全国性的编制管理法规和方针政策，由国务院机构编制管理机关负责组织实施、具体落实和监督检查，并具体指导和协调地方各级人民政府的编制管理工作。根据《宪法》、《地方组织法》和有关规定，统一领导主要体现在：审定地方各级人民政府的行政编制总额，审批不同层级之间行政编制的调整，在地方行政编制总额内对特定的行政机构的行政编制实行专项管理，制定事业编制的全国性标准，审核地方的事业单位编制管理办法等。

分级管理，指的是县级以上地方各级人民政府在国务院的统一领导下，负责本地区的编制管理工作，制定符合本地实际的地方性法规和政策措施，由同级机构编制管理机关负责组织实施、具体落实和监督检查，并具体指导和协调下级人民政府的编制管理工作。[②]

二、地方各级人民政府编制管理的主要内容

地方各级人民政府编制管理的主要内容如下。

（一）编制的核定

依照国家规定的程序核定的编制，是录用、聘用、调配工作人员、配备领导成员和核拨经费的依据。地方各级人民政府在核定编制时，应当充分考虑财政的供养能力。机构实有人员不得突破规定的编制。禁止擅自增加编制。对擅自增加编制的，不得核拨财政资金或者挪用其他资金安排其经费。

地方各级人民政府行政机构的编制，应当根据其所承担的职责，

---

① 宋德福：《中国政府管理与改革》，中国法制出版社 2001 年版，第 280 页。

② 曹康泰：《地方各级人民政府机构设置和编制管理条例解读》，中国法制出版社 2008 年版，第 9 页。

按照精简的原则核定。机构编制管理机关应当按照编制的不同类别和使用范围审批编制。

(二)专类专用,不得混用、挤占、挪用或者自行设定其他类别编制

行政机构使用行政编制,事业编制的使用范围是事业单位。事业编制的特点决定了事业编制在审批程序、管理原则、管理方法上都区别于行政编制。但目前,一些地方由于行政编制有限等多种因素,非事业单位使用事业编制,行政机构中行政编制、事业编制混用的现象比较突出,在编制管理上造成了混乱,变相增加了财政负担。因此,地方各级人民政府行政机构应当划清行政编制与事业编制的界限,严格区分两者的使用范围,不得混用、挤占、挪用。

还有一些地方,在正式核定行政编制和事业编制之外,自行设立名目繁多的自定编制,扰乱了正常的机构编制管理秩序,这种现象是违反规定的,亟待规范。

(三)行政编制总额由国务院批准

《公务员法》第二条规定:“本法所称公务员,是指依法履行公职,纳入国家行政编制,由国家财政负担工资福利的工作人员”。其中,“国家行政编制”即由国务院批准的行政编制。因此,地方各级人民政府的行政编制总额,由省、自治区、直辖市人民政府提出,经国务院机构编制管理机关审核后,报国务院批准。

(四)可以对特定行政机构的行政编制实行专项管理

行政编制中,有一类比较特殊的编制,主要是政法专项编制,包括地方各级法院、检察院、公安、国家安全、司法行政机关和监狱、劳教系统使用的行政编制等。根据工作需要,国务院机构编制管理机关报经国务院批准,可以在地方行政编制总额内对上述特定的行政机构的行政编制实行专项管理。

(五)地方各级人民政府有权在行政编制总额内调整本级政府有关部门的行政编制

地方各级人民政府根据调整职责的需要,可以在行政编制总额内调整本级人民政府有关部门的行政编制。但是,在同一个行政区域不同层级之间调配使用行政编制的，应当由省、自治区、直辖市人民政府机构编制管理机关报国务院机构编制管理机关审批。

具体是省级政府向市级政府分配，市级政府向县（市）、区政府分配，依此类推。编制管理的形式主要有三种：一是条块结合，以块为主的管理形式；二是垂直管理形式；三是专项管理形式。无论是哪种形式，都应如前所述，自上而下由各级政府或部门依次分配。

需要指出的是，地方人民政府在行政编制总额内调整本级政府有关部门的行政编制，仅限于在本级政府行政机构序列内。地方各级人民政府的调整权，为地方各级人民政府在编制总额内和在本级政府机构序列内，整合编制资源，合理调配编制资源，重点解决突出问题提供了保障。但要注意，对在同一行政区域不同层级之间调配使用行政编制的，地方各级人民政府不具有直接调整权。

（六）地方各级人民政府议事协调机构不单独确定编制

议事协调机构的性质决定了其主要承担跨部门、跨地区的组织协调任务，通常并不承担具体办事职能，具体事务由有关的行政机构按照各自的职责负责办理。议事协调机构一般由相关行政机构的人员组成，不单独设立办事机构，本身没有单独的工作人员。因此，地方各级人民政府议事协调机构不单独确定编制，所需编制由承担具体工作的行政机构解决。①

（七）领导职数依法确定

行政机构的领导职数是指行政机构中领导职务的数额。对领导职务的概念，《公务员法》作出了明确规定："公务员职务分为领导职务和非领导职务。领导职务层次分为：国家级正职、国家级副职、省部级正职、省部级副职、厅局级正职、厅局级副职、县处级正职、县处级副职、乡科级正职、乡科级副职。非领导职务层次在厅局级以下设置"。

---

① 这与国务院议事协调机构相同，主要是为了防止议事协调机构设置的随意性，充分发挥现有职能部门的作用，提高行政效率，减少财政负担。

根据《地方组织法》第六十五条的规定，各厅、局、委员会分别设厅长、局长、主任，在必要时可以设副职；办公厅、办公室设主任，必要时可以设副主任；省、自治区、直辖市、自治州、设区的市的人民政府设秘书长1人，副秘书长若干人。地方各级人民政府行政机构的领导职数，应按照上述规定确定。

第四节 编制管理的进一步加强和依法规范

一、进一步严格编制管理

加强和完善编制管理，是国家政权建设的重要基础性工作。但是，目前一些地方仍然存在机关使用事业编制、超编制配备人员、超职数配备领导干部等问题，上级业务部门干预下级编制的情况也时有发生。因此，必须进一步加强编制管理，严格执行编制管理法规和方针政策。

（一）严格编制审批权限

按照要求，“行政编制的审批权限在中央，中央机构编制部门审核中央和国家机关各部门、有关群众团体机关的行政编制和地方各级行政编制总额，各地区、各部门不得在中央批准的行政编制总额外越权审批行政编制或自行确定用于党政机关的编制。各地区、各部门可根据工作需要调整行政编制，但必须在批准的总额内进行；地方不同层级之间行政编制的调整由省级机构编制部门报中央机构编制部门审批。各地区、各部门要严格按照规定使用行政编制，不得擅自改变行政编制的使用范围”。①

（二）严格控制行政编制

工作任务增加的部门，所需编制主要通过内部整合和调剂解决。要加快职能转变，推进体制改革，改进管理方式，整合资源，挖掘潜

---

① 2007年3月15日中共中央办公厅、国务院办公厅《关于进一步加强和完善机构编制管理严格控制机构编制的通知》。

力，从源头上控制编制增长。确需增加编制的，严格按程序办理。

(三)加强和规范事业单位机构编制管理

一是要强化省级机构编制部门对本地区各级事业单位编制的管理职责。各省、自治区、直辖市机构编制部门统一制定本省、自治区、直辖市事业单位机构编制管理办法，上级机构编制部门要对下级事业编制总量和结构进行管理，根据各地实际适当上收事业单位机构编制审批权限。乡镇事业编制总量的调整，由县级机构编制部门报上一级机构编制部门审核，省级机构编制部门审批。按照要求，“根据实际情况，可探索试行将县(市、区)党委、政府及其工作部门所属事业单位机构编制由上一级机构编制部门审批”。[①]

二是要加强中央机构编制部门对地方事业单位机构编制管理工作的宏观指导，对各省、自治区、直辖市事业编制的总量和结构进行调控。

三是划清行政编制与事业编制的界限。除法律、法规和党中央、国务院有关文件规定外，各地区、各部门不得将行政职能转由事业单位承担，不再批准设立承担行政职能的事业单位和从事生产经营活动的事业单位。公益服务事业发展需要增加事业单位机构编制的，应在现有总量中进行调整；确需增加的，要严格按程序审批。严格控制事业编制的使用范围，事业编制只能用于事业单位，不得把事业编制用于党政机关，不得把事业编制与行政编制混合使用。

(四)坚持构编制的集中统一管理

一是要严格执行编制审批制度。凡涉及职能调整，编制和领导职数增减的，统一由机构编制部门审核，按程序报同级机构编制委员会或党委、政府审批。其他任何部门和单位无权决定编制事项。上级业务部门不得干预下级部门的编制事项，不得要求为其业务对口的机构配备或增加编制。各业务部门制定的行业标准，不得作为审

① 2007年3月15日中共中央办公厅、国务院办公厅《关于进一步加强和完善机构编制管理严格控制机构编制的通知》。

批机构编制的依据。

二是严格执行编制审批程序，除专项机构编制法律法规外，各地区、各部门拟订法规或法律草案不得就编制事项作出具体规定；在制定规范性文件和起草领导同志讲话时，涉及编制事项的，必须征求机构编制部门意见。确需增加和调整编制的，必须按规定权限和程序由机构编制部门专项办理。①

(五)建立健全机构编制部门与相关部门间的协调配合和制约机制

一是机构编制部门与相关部门要密切配合，各负其责，形成合力。

二是要强化机构编制管理与组织(人事)管理、财政管理等的综合约束机制；只有在机构编制部门核批的编制范围内，组织(人事)部门才能配备人员和核定工资，财政部门才能列入政府预算并核拨经费，银行才能开设账户并发放工资；对超编进人的人员，组织(人事)部门不得办理录用、聘用(任)、调任手续、核定工资，财政部门不得纳入统发工资范围，公安等部门不得办理户口迁移等手续。

三是各地区要严格执行编制规定，不准超编进人，不准超职数、超机构规格配备领导干部，不准以虚报人员等方式占用行政和事业编制、冒领财政资金。

二、加强编制管理法制建设

(一)编制管理法制建设方面的主要问题

改革开放以来，除了《宪法》和有关组织法的规定外，我国先后制定了《国务院行政机构设置和编制管理条例》、《地方各级人民政府机构设置和编制管理条例》等行政法规，应当说，我国在行政机构编制管理的法制建设方面取得了初步的成就。但也必须看到，我国编制

① 2007年3月15日中共中央办公厅、国务院办公厅《关于进一步加强和完善机构编制管理严格控制机构编制的通知》。

管理法制建设方面也存在一些不可忽视的问题,实现行政机构编制管理的法治化是一项长期的、复杂的任务。

1. 编制法律、法规不够健全

新中国建立初期,我国对涉及机构编制管理的法律制度是比较重视的,出台了一大批政权建设包括机构编制管理的法律、法规,但1954年国家进入大规模经济建设以后,机构编制法制建设逐步被冷落,以致于基本没有形成机构编制管理的专项法律、法规,只是在《宪法》和有关的组织法中对机构编制管理作过一些原则性的规定。由于《宪法》和有关组织法的法律特性及其立法上的要求,不可能将机构编制管理的所有规范都纳入《宪法》及组织法的文本之中。因此,就缺乏相应的法律、法规与之配套。

2. 编制管理习惯于以政策代替法律

由于《宪法》及组织法中对编制管理的规定只能是原则的、简约的,没有相应配套的法律、法规加以具体化,因而就过多依靠政策规定。以国务院机构的编制为例,在全国人大通过的《国务院机构改革方案》中规定国务院组成部门的设立、变更和其后国务院下发的文件中规定国务院其他机构后,关于各机构的人员编制,一般由国务院常务会议审议通过的各机构的《主要职责、内设机构和人员编制规定》中规定。这些政策文件都是以党委、政府的名义印发,具有一定的权威性,并有较强的针对性和适用性,但它们较少有实体性和程序性的规定,系统性不强,形式多变,有的相互间衔接不甚紧密,有时甚至矛盾,而且这些政策性法规文件没有对机构编制管理的监督检查、违纪处置和法律责任等问题作出明确规定,这是造成机构编制管理工作不得力、不稳定、时效短,往往凭领导人主观意志配备人员编制甚至擅自扩编的原因之一。而且,"以政策文件弥补甚至代替法律、法规,不仅带有随意性,客观上还掩盖了机构编制法制建设的必要性和紧迫性,在一定程度上延缓了立法的进程"。①

---

① 宋德福:《中国政府管理与改革》,中国法制出版社2001年版,第314页。

3. 编制管理的法律责任不明确

我国现行的编制法律规范，有的只规定了编制管理工作的行为模式，缺乏承担法律后果和法律责任的具体条款；有关的政策性文件一般多停留在重申"违反机构编制纪律的，予以严肃处理"的泛泛要求上，这使得一些违反编制管理的单位和个人没有承担相应的责任，影响了编制法律规范的严肃性和权威性。

4. 编制管理法制建设时紧时松

几十年来，在编制法制建设上的轨迹是，"每当机构编制膨胀到一定程度，并引起人们强烈关注时，机构编制工作就受到重视，要求加强法制建设的呼声十分强烈"，但是，"一旦机构编制精简了，其工作的重要性就不为人们所重视，相应的法制建设工作也就难以深入下去。等到机构编制再一次膨胀起来，机构编制管理再一次引起社会强烈关注时，又会重申一些机构编制管理的原则、办法和法制工作"。① 应当说，这种状况是与机构编制"膨胀—精简—再膨胀—再精简"的循环相适应的。

5. 违反编制管理法的问题程度不同地存在

无论在中央还是在地方政府，都程度不同地存在违反编制管理法的问题。如副职问题，邓小平同志在 1980 年曾指出："副职过多，效率难以提高，容易助长官僚主义和形式主义"。② 根据《国务院组织法》："各部设部长一人，副部长二至四人。各委员会设主任一人，副主任二至四人。"但该条款在实践中经常被违反。以 2003 年～2008 年的国务院行政机构为例，国务院 28 个组成部门中，有 18 个部门的副职人数超过了 4 人，约占 64.29%，其中发改委负责人副职人数达到 12 人；而在国务院 19 个直属机构和 4 个办事机构中，有 9 个机构的副职人数超过了 4 人，约占 39.13%。总计来说，在国务院所辖所有部委和机构中，其副职人数超出法定人数 4 人的占总数的比例超

---

① 宋德福：《中国政府管理与改革》，中国法制出版社 2001 年版，第 315 页。

② 邓小平：《邓小平文选》第二卷，人民出版社 1984 年版，第 321 页。

过了50%;如果按照绝对人数统计,超过法定副职人数的共有46人。①

(二)加强行政机构编制法制建设应注意研究解决的问题

1. 关于行政机构编制法的立法体例

行政机构编制法是有关行政组织的领导职数、人员编制的法律规范的总称。关于行政机构编制法,是作为一个单独的法律文件专门规定,还是作为法律法规的一部分在行政机关组织法中规定,各国体例不一,学者意见也不统一。②

从大多数国家立法看,目前只有少数国家制定专门的编制法,如日本的《国家总定员法》。从我国情况看,有关行政组织的领导职数、人员编制等内容散见于《宪法》、《国务院组织法》、《地方组织法》中,且与行政机构的设置合并规定,如《国务院行政机构设置和编制管理条例》和《地方各级人民政府机构设置和编制管理条例》,主要还体现在各级人民政府机构的"三定规定"或"三定方案"中,没有单独的专门法律。另外,行政编制实际上就是组成行政组织要素的组成人员和其他领导人员的职务数量及其他公务员的人员数额,本身就是行政机关组织法的内容,而且与《公务员法》关系密切。所以,笔者认为目前单独制定《行政机构编制法》的时机还不成熟,但不否认随着法制建设的加强,今后可以制定专门法。

2. 搞好行政机构编制管理与《公务员法》的衔接

按照现行的编制管理制度,编制是干部人事管理的重要依据。编制管理作为公务员管理的重要内容,与《公务员法》有着十分密切的关系。主要体现在下列几方面:

一是只有纳入国家行政编制的人员才是公务员。我国的人员编制中,行政编制是指履行公职、从事有关工作职能及行政管理职能的

---

① 熊文钊:《部委行政副职多少为宜》,《瞭望新闻周刊》2007年8月1日。

② 罗豪才:《中国行政与刑事法治世纪展望》,昆仑出版社2001年版,第209页。

机关所使用的人员编制，其经费由国家财政负担。按照《公务员法》第二条，只有依法履行公职、纳入国家行政编制、由国家财政负担工资福利的工作人员，才是公务员。其中，纳入国家行政编制是必备条件之一。

二是公务员职位要按照机构编制规定设置。职位是机关职能的载体，是人和事有机结合的基本单元，也是职务与责任的统一。由机构编制管理部门规定的各机关的职能、编制（包括领导职数以及结构比例），则是职位设置的前提。根据《公务员法》第十八条，各机关依照确定的职能、规格、编制限额、职数以及结构比例，设置本机关公务员的具体职位，并确定各职位的工作职责和任职资格条件。

三是公务员的录用、任职必须在人员编制和领导职数限额内进行。各机关的人员编制、职位设置、领导职数等，都是由机构编制部门根据其职能任务、工作性质、机构规格、结构比例等因素，通过法定程序，以“定职能、定机构、定编制”的“三定规定”明确的。这种“三定规定”是公务员录用、任职的主要依据。根据《公务员法》第二十五条、第四十一条，无论是录用公务员，或是任命公务员职务，都必须在规定的编制限额、职数限额内，并有相应的职位空缺。

四是公务员违反编制规定将被追究相应责任。根据《公务员法》在第一百零一条，“不按编制限额、职数或者任职资格条件进行公务员录用、调任、转任、聘用和晋升”等，是违反《公务员法》的行为，同时也是违反机构编制管理规定的行为，要依法追究相应责任。

因此，严格贯彻执行《公务员法》的有关规定，有利于推进编制管理法治化的进程。

3. 完善有关组织法中与编制特别是领导职数有关的规定

目前，我国没有专门的编制法，有关行政机关领导职数等内容散见于《宪法》、《国务院组织法》、《地方组织法》中，特别是规定在各级人民政府机构的“三定规定”或“三定方案”中。由于《地方组织法》对地方政府领导副职没有限制性规定，且各地的“三定规定”或“三定方案”本身缺乏法律上的刚性约束，实践中，“有的县，一个县长，七八个副县长，官满为患，取之于民，养之以官”。[①] 所以，笔者认为，在目前还不具备条件制定统一的编制法的情况下，应适时修改《地方组织法》，对地方政府领导人员的职数进行规范，特别是对领导副职作出限制性规定。

4. 探索和完善更加行之有效的编制管理制度

如完善《国务院行政机构设置和编制管理条例》中编制管理的有关规定；完善各级党政部门《主要职责、内设机构和人员编制规定》，并增强其规范性、可操作性和严肃性；试行机构编制实名制管理制度，凡按规定批准成立的党政机关和事业单位都要实行定编定员，确保实有人员与批准的编制和领导职数相对应；制定更加符合实际的有关编制标准；逐步建立编制公开制度，对不涉及国家秘密的编制及其执行情况，通过有效形式向本单位工作人员或社会公开，接受监督。

在法律、行政法规修改完善前，有立法权的地方人大及其常委会或有地方规章制定权的地方人民政府，可以通过制定地方性法规或地方政府规章，对编制管理制度进行规范。[②]

5. 加大对机构编制违法行为的查处力度

一是机构编制部门要加强对编制有关规定执行情况的监督检查，进一步建立健全对违反编制纪律问题的举报受理制度，加强编制监督举报电话和群众来信来访的受理工作；纪检监察机关应当依纪依法履行职责，检查执行编制管理规定中存在的问题，查处编制违纪

① 中纪委原副书记刘锡荣：《财产申报难在财产界定，权力下放是反腐根本措施》，《成都商报》2008 年 3 月 9 日。

② 如 2009 年 2 月 11 日公布的《甘肃省机构编制管理办法》第二十三条规定：“县级以上人民政府行政机构的领导职数，应当按照下列标准核定：(1)省人民政府行政机构的领导职数，核定 4～5 名；(2)市州人民政府行政机构的领导职数，核定 3～4 名；(3)县市区人民政府行政机构的领导职数，核定 2～3 名”。第二十四条规定：“县级以上人民政府行政机构的内设机构的领导职数，应当按照下列标准核定：(1)编制在 5 名以下的，核定 1～2 名；(2)编制在 6～10 名的，核定 2～3 名；(3)编制在 11～20 名的，核定 3～4 名；(4)编制在 21 名以上的，核定 4～5 名”。

违法行为。各级机构编制部门、纪检监察机关等要密切配合,建立健全编制监督检查协调机制,共同维护编制纪律的严肃性。[①]

二是要加大对违反编制纪律问题的查处力度,严格责任追究;对违反编制纪律的单位,要责令其限期改正;逾期不改的,予以纠正并进行通报批评。对于需要追究相关人员责任的,由纪检监察机关或主管部门按规定给予党纪政纪处分。对上级业务部门以下发文件、召开会议、批资金、上项目、搞评比、打招呼等方式干预下级部门人员编制配备的,要严肃查处。

从上世纪80年代至今,经过几次机构改革,政府各部门的职能、机构设置均有较大调整。为了适应新的情况,学者建议对《国务院组织法》按实际情况及时进行修订,或者由全国人大授权对有关部委、机构所设行政副职职数进行调整。[②]

---

① 据报载,有的地方违反机构编制管理规定的案例时有发生。如2006年3月26日,河北省秦皇岛市委召开书记办公会,酝酿免去高东辉的青龙满族自治县县委书记职务。当天晚上,市委主要领导与高东辉谈话,并明确要求高在工作变动前,县委不要提拔调整与乡镇换届无关的干部。但是,高东辉仍于3月27日晚主持召开县委常委会,研究决定提拔调整283名干部,其中与乡镇党委换届无关的88人;擅自决定设立县规划办公室及主任、副主任人选。事发后,秦皇岛市委决定,给予高东辉撤销党内职务处分,并责令青龙县委撤销设置县规划办公室的决定和对县规划办主任、副主任的任命。参见:《中央组织部通报一批违反换届纪律的案件》,人民网:http://www.people.com.cn,2007年1月31日。

② 熊文钊:《部委行政副职多少为宜》,《瞭望新闻周刊》2007年8月1日。

第六章

公务员法

第一节　公务员制度一般原理

一、公务员的概念、范围和主管部门

(一)主要西方国家公务员的概念、范围和主管部门

在西方国家,“公务员”一般是指通过非选举程序而被任命担任政府职务的国家工作人员。

公务员一词最早译自英文“civil servant”,其原意是“文职人员”。英国的公务员一般是指政府中常务次官以下的所有文职人员。他(她)们经公开考试择优录用,不与内阁共进退。经选举或政治任命的工作人员不是公务员。

法国从中央到地方的所有公职人员统称为公务员。包括三大类:一类是国家公务员;另一类是地方公务员;再一类就是医疗卫生等机构的公务员①。根据《公务员权利与义务总章程》的规定,中央政府公务员、国家行政机关文职公务员、各大区行政机关文职公务员、各省级行政机关文职公务员、各市镇行政机关文职公务员以及隶属于他们的公立公益机构(如学校、医院等)中编制内担任专职的人员适用该法。议会和司法部门中的国家公职人员不适用该法,而分别适用《议会工作人员章程》和《法院工作人员章程》。法国公务员总体上分为政务类和业务类两种,前者由总统直接任命,与总统共进退;

---

①　三类公务员分别由《1984 年 1 月 11 日的法律》、《1984 年 1 月 26 日的法律》和《1986 年 1 月 9 日的法律》调整。参见欧洲议会编:《地方与地区民主的结构和运行》(法国),欧洲议会出版社 1998 年法文版,第 41 页。

后者通过考试录用，是常任制。只有业务类公务员是法国公务员制度和公务员法律法规的管辖对象。

德国的公务员包括一般职公务员和特别职公务员。前者适用于联邦公务员法；后者不适用联邦公务员法，如总理、国务秘书、部长等。公务员的概念在《德意志联邦共和国基本法》中没有明确的定义。实际情况是：凡是在联邦、州、乡（县）以及受国家监督的团体、研究所和基金会从事公务活动的人员都属于公务员的范畴。

日本的公务员分为国家公务员和地方公务员。这两类公务员又有“一般职”和“特殊职”之分。一般职公务员经公开考试择优录用产生；特殊职公务员经选举或政治任命产生。前者适用公务员法，后者不适用公务员法。

在美国，联邦公务员的范围仅指在美国联邦行政机构中执行公务的人员，他们由美国联邦人事管理总署根据联邦公务员的法律规定进行管理。国会的雇员以及法院的法官，不适用公务员法，而由其他法律规定。军人（不包括军队中的文职人员）及在政党、民间团体等非政府机构工作的人员，也不是公务员。公务员，按职务性质可分为两类，第一类是“政治任命官员”，即政务官，第二类是“职业公务员”，即事务官。政治任命官员是总统根据政治上的需要直接任命的，一般与总统共进退；职业公务员是经过参加公开的竞争性考试而录用的公务员，任期不受政府更迭的影响。

西方国家实行两党制或多党制，两党或多党竞争，轮流执政。为了避免执政党的更替而造成政府工作人员更替的混乱，西方国家强调公务员是一个独立的管理系统，不受政党干预，与党派脱钩，党派不得直接管理公务员，而是由独立的机构进行管理。如在英国，由在议会获得多数议席的政党负责组阁，公务员由内阁直属机构国内文官署独立负责。在日本，人事院属于内阁直属机构，但它是独立的机关，负责人事行政的有关事项；对地方公务员拥有任命权的，有地方行政首长、议会的议长等；同时，在地方政府内还设有人事委员会或公平委员会，独立于各地方行政首长，执行有关职员的工作条件改善、申诉等人事行政事务。在法国,由隶属于总理和预算、公共帐簿与公职部的行政公职总局负责公务员的管理;另设地方公务员全国管理中心,负责对地方公务员的统一管理;地方政府对地方公务员的管理也有一定权限。

(二)我国公务员的概念、范围和主管部门

1993 年我国制定了《国家公务员暂行条例》,建立了公务员制度。根据《国家公务员暂行条例》的规定,国家公务员是指各级国家行政机关中除工勤人员以外的工作人员;而根据 2005 年《公务员法》规定,公务员的范围界定为"依法履行公职、纳入国家行政编制、由国家财政负担工资福利的工作人员"。[①]

中国是统一的单一制国家,对公务员没有国家(中央)公务员和地方公务员的区分。另外,中国也没有政务类分务员和业务类公务员的区分。

根据《公务员法》的定义,中国公务员范围包括下列机关中除工勤人员以外的工作人员:中国共产党各级机关;各级人大及其常委会机关;各级行政机关;各级政协机关;各级审判机关;各级检察机关;各民主党派各级机关和工商联各级机关。[②]

另外,法律、法规授权的具有公共事务管理职能的事业单位、使用行政编制的人民团体或群众团体,参照《公务员法》管理。

---

① 在《公务员法》起草过程中,依据公务员的定义和说明,公务员的范围包括中国共产党和民主党派机关的工作人员、法官、检察官等问题,主要有三种意见:一是认为范围过宽,建议按照分类管理的思路,分别立法分别管理;二是认为公务员范围应再扩大,将中国人民解放军军官也纳入公务员范围;三是认为,对公务员的定义要与所要调整的公务员的性质和职责更准确对应。全国人大法律委员会经对上述意见反复研究认为,我国干部管理制度正处于改革过程中,公务员的范围要与现阶段干部管理体制相符合,同民主政治发展进程相适应。因此,建议将公务员定义为"依法履行公职、纳入国家行政编制、由国家财政负担工资福利的工作人员"。参见全国人大法律委员会副主任委员胡光宝:《全国人大法律委员会关于〈中华人民共和国公务员法(草案)〉审议结果的报告》,《全国人大常委会公报》2005 年第 4 期。

② 参见:中共中央、国务院《关于印发〈中华人民共和国公务员法实施方案〉的通知》(2006 年 4 月 9 日)。

事业单位参照《公务员法》管理应同时具备以下条件：一是要有法律、法规授权的公共事务管理职能。《公务员法》第一百零六条规定："法律、法规授权的具有公共事务管理职能的事业单位中除工勤人员以外的工作人员，经批准参照本法进行管理"。二是使用事业编制，并由国家财政负担工资福利。[①] 三是经过批准。

使用行政编制的人民团体或群众团体参照《公务员法》管理，应使用行政编制，并经主管部门批准。[②]

按照现行干部管理体制，政府机关中较高职务层次的公务员是党委组织部门管理的。具体而言，各级行政机关的领导成员和其他重要干部由各级党委管理，他们的任命由党委组织部门考察，党委讨

① 截至2009年11月，经中央组织部或原人事部批准参照《公务员法》进行管理的事业单位包括：部分国务院直属事业单位（即中国地震局及其省级地震局、中国气象局及其市［地］级以上垂直管理机构、国务院发展研究中心、国家行政学院、中国银行业监督管理委员会及其派出机构、中国证券监督管理委员会及其派出机构、中国保险监督管理委员会及其派出机构、国家电力监管委员会及其派出机构）；部分党中央直属事业单位（即中央党校、中央编译局、中国外文局、中国浦东干部学院、中国井冈山干部学院、中国延安干部学院、中央文献研究室、中央党史研究室）。另外，还有中华全国供销合作总社、国务院组成部门代管或直属的副部级事业单位机关（民政部全国老龄工作委员会办公室、国土资源部中国地质调查局）。在地方，经省级公务员主管部门批准，具有法律、法规授权的公共事务管理职能的部分事业单位，如公路局以及直属事业单位地方党校（行政学院）等也参照《公务员法》进行管理。参见：中央组织部、人事部《关于印发〈参照公务员法管理的党中央、国务院直属事业单位名单〉的通知》和《关于将中央文献研究室、中央党史研究室列入参照公务员法管理范围的通知》。

② 在这些人民团体或群众团体的中央机关，有中华全国总工会、中国共产主义青年团中央委员会、中华全国妇女联合会、中国文学艺术界联合会、中国作家协会、中国科学技术协会、中华全国归国华侨联合会、中国法学会、中国人民对外友好协会、中华全国新闻工作者协会、中华全国台湾同胞联谊会、中国国际贸易促进委员会、中国残疾人联合会、中国红十字会总会、中国人民外交学会、中国宋庆龄基金会、黄埔军校同学会、欧美同学会、中国思想政治工作研究会、中华职业教育社、中国计划生育协会机关的工作人员参照《公务员法》管理。地方各级工会、共青团、妇联等人民团体和群众团体机关参照管理工作，由各省、自治区、直辖市党委参照《工会、共青团、妇联等人民团体和群众团体机关参照〈公务员法〉管理意见》制定实施办法。党委组织部门是人民团体和群众团体参照管理工作的主管部门。参见：中央组织部、人事部《关于印发〈工会、共青团、妇联等人民团体和群众团体机关参照〈公务员法〉管理意见〉的通知》。

论决定，依法由各级人民代表大会选举，或由各级人大常委会决定人选或决定任命，或由各级政府或部门任命。为了适应对公务员队伍的依法统一管理的需要，《公务员法》明确了公务员主管部门，在实际工作中由党委组织部门和政府人力资源部门根据职责分工履行公务员管理的职责。这与西方国家强调公务员是一个独立的管理系统，不受政党干预是不同的。

二、公务员职位分类、职务与级别

（一）职位分类

职位分类是英文"position class"的中文译名。所谓职位，是指符合一定规格标准的公务人员所担负的职务和责任的集合体。美国《联邦政府职位分类法》对职位下的定义是："职位是指分配给一个官员或职员包含有职务与责任的工作"。通俗地说，职位就是指分配给一个经过考试择优录用的公务员所承担的职务与责任，它是职位分类结构中的基本元素，是职位分类结构中的基础。

从严格意义上讲，职位应当具有以下几个特征：一是职位是以"事"为中心确立的；二是职位的数量是有限的；三是职位可按不同的标准分类；四是职位不随人走，同一职位可以在不同时间由不同的人担任。

世界各国人事分类制度，主要有两种：一是以人为对象进行分类，即品位分类，其分类的依据是公务员个人所具备的条件（如资历、学历）和身份（如官职地位的高低、所得薪俸的多少）；二是以职位为对象进行分类，即职位分类。

所谓职位分类，是将现有公务员的职位，按其工作的性质、责任轻重、难易程度和所需人员的资格条件，分为不同的类别和等级，为公务员的考试录用、考核、晋升、培训、工资待遇等各项管理提供依据。

根据《公务员法》，中国实行职位分类制度，公务员职位类别按照公务员职位的性质、特点和管理需要，划分为：(1)专业技术类职位；

是指在机关中专业性、技术性比较强的公务员职位。在此职位上的公务员为专业技术类公务员。(2)行政执法类职位:是指政府部门中直接履行行政处罚、行政强制、行政监管等执法职责的职位。行政执法类职位主要集中在税务、工商、质监、环保等以行政执法为主要职能的机关。在此职位上的公务员为行政执法类公务员。(3)综合管理类职位:是指以上几类公务员职位以外的、承担综合管理职能的公务员职位。在此职位上的公务员为综合管理类公务员。另外,国务院对于具有职位特殊性,需要单独管理的,可以增设其他职位类别。

考虑到我国目前一些机构及职位的设置还不能完全稳定,特别是有些职位具有特殊性,需要单独管理,《公务员法》授权国务院根据《公务员法》,对于具有职位特殊性,需要单独管理的,可以增设其他职位类别,并规定各职位类别的适用范围由国家另行规定。

(二)职务与级别

根据《公务员法》,国家根据公务员职位类别设置公务员职务序列。公务员职务分为领导职务和非领导职务。

领导职务层次分为:国家级正职、国家级副职、省部级正职、省部级副职、厅局级正职、厅局级副职、县处级正职、县处级副职、乡科级正职、乡科级副职,共10个领导职务层次。

非领导职务层次在厅局级以下设置。其中,综合管理类非领导职务由高到低依次为:巡视员、副巡视员、调研员、副调研员、主任科员、副主任科员、科员、办事员,共8个非领导职务层次。在职位分类的基础上对公务员进行分级,是我国公务员制度的一个特色。公务员级别由低到高依次为27级~1级。

《公务员职务与级别管理规定》明确了各职务层次与级别的对应关系:(1)国家级正职:1级;(2)国家级副职:4级~2级;(3)省部级正职:8级~4级;(4)省部级副职:10级~6级;(5)厅局级正职:13级~8级;(6)厅局级副职:15级~10级;(7)县处级正职:18级~12级;(8)县处级副职:20级~14级;(9)乡科级正职:22级~16级;(10)乡科级副职:24级~17级。综合管理类公务员非领导职务与级别的对应关系是:(1)巡视员:13 级~8 级;(2)副巡视员:15 级~10 级;(3)调研员:18 级~12 级;(4)副调研员:20 级~14 级;(5)主任科员:22 级~16 级;(6)副主任科员:22 级~17 级;(7)科员:26 级~18 级;(8)办事员:27 级~19 级。(具体对应关系见表 6.1)

根据《公务员法》第十九条,公务员的职务应当对应相应的级别。公务员职务与级别的对应关系,由国务院规定。公务员的职务与级别是确定公务员工资及其他待遇的依据。

公务员的级别根据所任职务及其德才表现、工作实绩和资历确定。公务员在同一职务上,可以按照国家规定晋升级别。

三、公务员的条件、义务和权利

(一)主要西方国家国公务员权利、义务

在美国,依据 1978 年《文官制度改革法》,公务员权利主要有:(1)基本权利:包括考试权、平等求职权、俸给福利权、考绩权、退休金权、请假休假权、保险权及职位保障权。(2)政治权利:该项权利受到限制,1883 年《彭德尔顿法》规定公务员不得介入政治活动,1978 年《公务员制度改革法》稍予放宽,但仍予以限制。(3)言论自由权:该项权利受《宪法》和《公务员制度改革法》的保障,公务员不因合法揭露真相而遭政治报复。(4)结社权和协商权:美国公务员可参加工会,并可由工会组织与政府进行集体谈判。联邦公务员的罢工权被禁止,但若干州赋予了公务员享有该权利。(5)申诉权:凡权益受到损害,公务员都可以向功绩制保护委员会提出申诉。(6)权利保障方面,法律保障不受政治迫害及选举干预,保障公务员不受不平等、不公正、特权压迫或政治压力的不当处分。功绩制保护委员会负责处理公务员的申诉。公务员义务主要有:维持正直清廉、良好行为并维护公共利益;政治中立或限制政治活动;遵守纪律;财产申报;不得参加罢工,不得煽动或参加暴动与骚扰等。

法国公务员的权利和义务主要由《公务员权利和义务总章程》规定。公务员权利主要有:言论自由;男女平等;参加工会的权利;在不

表 6.1　中国公务员职务与级别对应表

职务层次		对应级别范围	级别序列																										
领导职务	非领导职务		27	26	25	24	23	22	21	20	19	18	17	16	15	14	13	12	11	10	9	8	7	6	5	4	3	2	1
国家正职		1																											⊙
国家副职		4～2																								⊙	⊙	⊙	
省部正职		8～4																				⊙	⊙	⊙	⊙	⊙			
省部副职		10～6																		⊙	⊙	⊙	⊙	⊙					
厅局正职	巡视员	13～8															⊙	⊙	⊙	⊙	⊙	⊙							
厅局副职	副巡视员	15～10													⊙	⊙	⊙	⊙	⊙	⊙									
县处正职	调研员	18～12										⊙	⊙	⊙	⊙	⊙	⊙	⊙											
县处副职	副调研员	20～14								⊙	⊙	⊙	⊙	⊙	⊙	⊙													
乡科正职	主任科员	22～16						⊙	⊙	⊙	⊙	⊙	⊙	⊙															
乡科副职	副主任科员	24～17				⊙	⊙	⊙	⊙	⊙	⊙	⊙	⊙																
	科员	26～18		⊙	⊙	⊙	⊙	⊙	⊙	⊙	⊙	⊙																	
	办事员	27～19	⊙	⊙	⊙	⊙	⊙	⊙	⊙	⊙	⊙																		

资料来源：中共中央、国务院《关于印发〈中华人民共和国公务员法实施方案〉的通知》(2006 年 4 月 9 日)。

使工作陷于瘫痪的前提下集体罢工的权利；受保护的权利；了解考核分数的权利；参加职业培训的权利；流动的权利。公务员义务主要有：服从的义务；献身职业的义务；廉洁的义务；防止滥用职权的义务；保密义务和为公众提供咨询的义务。

日本国家公务员的义务主要有：诚实的义务；履行职务的义务；保守秘密的义务；保持品行以及信用的义务；限制性行为。公务员权利主要有：职务上的权利，包括保障身份的权利和工作条件上的权利；财产的权利，包括取得工资、退职养老金、保健福利费以及执行公务所需费用的权利等。

(二)我国公务员的条件、义务和权利

根据《公务员法》第十一条，公务员应具备下列条件：具有中华人民共和国国籍；年满 18 周岁；拥护中华人民共和国宪法；具有良好的品行；具有正常履行职责的身体条件；具有符合职位要求的文化程度和工作能力；法律规定的其他条件。这是采取肯定式列举方式规定了担任公务员的必备条件。①

根据《公务员法》第十二条，公务员应当履行下列 9 项义务：(1)模范遵守宪法和法律；(2)按照规定的权限和程序，认真履行职责，努力提高工作效率；(3)全心全意为人民服务，接受人民监督；(4)维护国家的安全、荣誉和利益；(5)忠于职守，勤勉尽责，服从和执行上级依法作出的决定和命令；(6)保守国家秘密和工作秘密；(7)遵守纪律，恪守职业道德，模范遵守社会公德；(8)清正廉洁，公道正派；(9)法律规定的其他义务。

总结我国人事管理工作的经验，借鉴国外做法，《公务员法》规定了公务员应享有的 8 项权利：(1)按照规定的权限履行职责应当具有的工作条件的权利；(2)非因法定事由、非经法定程序，不被免职、降职、辞退或处分的权利；(3)获得工资报酬，享受福利、保险待遇的权

---

① 根据《公务员法》第二十四条，下列人员不得录用为公务员：(1)曾因犯罪受过刑事处罚的；(2)曾被开除公职的；(3)有法律规定不得录用为公务员的其他情形的。这是采取否定式列举方式规定了不得担任公务员的情形。

利;(4)参加培训的权利;(5)对机关工作和领导人员提出批评和建议的权利;(6)提出申诉和控告的权利;(7)申请辞职的权利;(8)法律规定的其他权利。

第二节 公务员制度的基本内容

一、进入公务员队伍的渠道

进入公务员队伍的途径,也叫公务员队伍的入口,是关系到公务员队伍建设的一个很重要的关口。根据《公务员法》,进入公务员队伍的渠道,主要包括五种,即录用、调任、公开选拔、选举和聘任。

(一)录用

这是进入公务员队伍的一条最基本的途径或者最主要的途径,也是进入公务员队伍比例最大的一个进口。录用的范围是指担任主任科员以下及其他相当职务层次的非领导职务公务员。主任科员以下非领导职务,包括办事员、科员、副主任科员和主任科员四个职务层次。[①] 录用的对象是机关以外的所有符合报考条件的公民,而不限于从事公务的人员。

(二)调入

非公务员身份的人员,可以通过调入的办法进入公务员队伍,取得公务员身份。调任的范围主要是担任领导职务和相当于副调研员以上非领导职务的公务员。调入的对象是国有企事业单位、人民团体和群众团体中从事公务的人员。调入的基本程序是考察,看其是否符合调任条件;必要时可以对拟调入人选进行考试。

(三)公开选拔或竞争上岗

公开选拔,适用于厅局级正职以下领导职务或者副调研员以上及其他相当职务层次的非领导职务出现空缺时,公开选拔的程序更

---

① "其他相当职务层次的非领导职务",是适应职位分类制度而确定的,包括担任专业技术类、行政执法类中相当于主任科员以下非领导职务的公务员。

接近于考试录用的程序；机关内设机构厅局级正职以下领导职务出现空缺时，可以在本机关或本系统内通过竞争上岗的方式，产生任职人选。[①] 公开选拔和竞争上岗可以使非公务员身份的人员，进入公务员队伍。

(四)选举或决定任命

适用于选任制的公务员。与前面几种进入途径最大的区别，就是要经过一定的选举或决定任命程序，由人大代表或人大常委会组成人员进行投票或者表决，决定其能否任职。

(五)聘任

非公务员身份的人员要当公务员，可以通过聘任进入公务员队伍。聘任制是《公务员法》在确定公务员队伍入口方面的一个最大的改革措施，也是《公务员法》最大的创新点之一。聘任制公务员主要依据聘任合同进行管理，不执行《公务员法》有关工资、福利、保险的规定。聘任期满，任用关系自然解除。需要时，可以约定续聘。实行聘任制主要的目的，是为了增强机关对一些高层次人才的吸引力，降低对一些辅助性人员的用人成本，形成一种更加灵活的用人机制，弥补委任制任用方式的僵化和不足。[②]

二、关于公务员队伍的管理

公务员管理包括录用、考核、职务任免、职务升降、奖励、惩戒、培训、交流与回避、工资福利保险、辞职辞退、退休、申诉控告、职位聘任等方面。主要有下列几项。

---

① 公开选拔和竞争上岗的主要区别：一是对象上，公开选拔适用于厅局级正职以下领导职务或副调研员以上及其他相当职务层次的非领导职务，而竞争上岗仅适用于厅局级正职以下领导职务；二是范围上，公开选拔面向社会，而竞争上岗在本机关或本系统内进行。

② 此外，根据国家指令性安置政策，如国家规定可按军转干部的一定比例(一般是15%)增加行政编制，主要用于安排部分师、团级职务的军转干部。

（一）公务员的录用

录用担任主任科员以下及其他相当职务层次的非领导职务公务员，采取公开考试、严格考察、平等竞争、择优录取的办法。地方各级机关公务员的录用，由省级公务员主管部门负责组织，必要时省级公务员主管部门可以授权设区的市级公务员主管部门组织。

（二）公务员的考核

按照管理权限，对公务员的德、能、勤、绩、廉进行全面考核，重点考核工作实绩。公务员的考核分为平时考核和定期考核。定期考核的结果分为优秀、称职、基本称职和不称职四个等次。

（三）公务员的奖惩

对工作表现突出，有显著成绩和贡献，或者有其他突出事迹的公务员或者公务员集体，给予奖励。奖励坚持精神奖励与物质奖励相结合、以精神奖励为主的原则。奖励分为：嘉奖、记三等功、记二等功、记一等功、授予荣誉称号。对受奖励的公务员或集体予以表彰，并给予一次性奖金或其他待遇。

公务员执行公务时，认为上级的决定或者命令有错误的，可以向上级提出改正或者撤销该决定或者命令的意见；上级不改变该决定或者命令，或者要求立即执行的，公务员应当执行该决定或者命令，执行的后果由上级负责，公务员不承担责任；但是，公务员执行明显违法的决定或者命令的，应当依法承担相应的责任。

公务员因违法违纪应当承担纪律责任的，依法给予行政处分；违纪行为情节轻微，经批评教育后改正的，可以免予处分。处分分为：警告、记过、记大过、降级、撤职、开除。对公务员的处分，应当事实清楚、证据确凿、定性准确、处理恰当、程序合法、手续完备。①

---

① 为了严肃行政机关纪律，规范行政机关公务员的行为，保证行政机关及其公务员依法履行职责，国务院于 2007 年 4 月 24 日公布了《行政机关公务员处分条例》，并于同年 6 月 1 日起施行。

(四)公务员的职务升降

公务员晋升职务,应当具备拟任职务所要求的思想政治素质、工作能力、文化程度和任职经历等方面的条件和资格。

公务员晋升职务,应当逐级晋升。特别优秀的或者工作特殊需要的,可以按照规定破格或者越一级晋升职务。

降职主要适用于定期考核中被确定为不称职或不胜任现职又不宜转任同级其他职务的公务员。

(五)公务员的职务任免

公务员职务实行选任制和委任制。领导成员职务按照国家规定实行任期制。选任制公务员在选举结果生效时即任当选职务;任期届满不再连任,或者任期内辞职、被罢免、被撤职的,其所任职务即终止。委任制公务员遇有试用期满考核合格、职务发生变化、不再担任公务员职务以及其他情形需要任免职务的,应当按照管理权限和规定的程序任免其职务。公务员任职必须在规定的编制限额和职数内进行,并有相应的职位空缺。公务员因工作需要在机关外兼职,应当经有关机关批准,并不得领取兼职报酬。

(六)公务员的培训

地方政府根据公务员工作职责的要求和提高公务员素质的需要,对公务员进行分级分类培训。

公务员的培训分为:对新录用人员在试用期内进行的初任培训;对晋升领导职务的公务员在任职前或任职后 1 年内进行的任职培训;对从事专项工作的公务员进行的专门业务培训;对全体公务员进行的更新知识、提高工作能力的在职培训,其中对担任专业技术职务的公务员,按照专业技术人员继续教育的要求,进行专业技术培训;对后备领导人员进行的培训。

(七)公务员的交流

公务员可以在公务员队伍内部交流,也可以与国有企业事业单位、人民团体和群众团体中从事公务的人员交流。

公务员交流的主要形式除了调入外,还有:(1)转任:公务员在不同部门、地区之间的平级调动或公务员在机关的职位转换;(2)挂职锻炼:根据培养锻炼公务员的需要,选派公务员到下级机关或上级机关、其他地区机关以及国有企业、事业单位担任一定职务。

(八)公务员的回避

公务员回避可分为以下类型:

(1)任职回避:公务员之间有夫妻关系、直系血亲关系、三代以内旁系血亲关系以及近姻亲关系的,不得在同一机关担任双方直接隶属于同一领导人员的职务或者有直接上下级领导关系的职务,也不得在其中一方担任领导职务的机关从事组织、人事、纪检、监察、审计和财务工作(因地域或者工作性质特殊,需要变通执行任职回避的,由省级以上公务员主管部门规定)。[①]

(2)公务回避:公务员执行公务时,有下列情形之一的,应当回避:涉及本人利害关系的;涉及与本人有以上列举的亲属关系人员的利害关系的;其他可能影响公正执行公务的。

(3)地区回避:公务员担任乡级机关、县级机关及其有关部门主要领导职务的,应当实行地域回避,法律另有规定的除外。

(九)公务员的工资保险福利

公务员实行国家统一的职务与级别相结合的工资制度。公务员工资制度贯彻按劳分配的原则,体现工作职责、工作能力、工作实绩、资历等因素,保持不同职务、级别之间的合理工资差距。公务员工资包括基本工资、津贴、补贴和奖金。公务员按照国家规定享受地区附加津贴、艰苦边远地区津贴、岗位津贴等津贴。

公务员按照国家规定享受住房、医疗等补贴、补助。公务员在定期考核中被确定为优秀、称职的,按照国家规定享受年终奖金。

公务员按照国家规定享受福利待遇。国家根据经济社会发展水

---

① 直系血亲关系,包括祖父母、外祖父母、父母、子女、孙子女、外孙子女;三代以内旁系血亲,包括伯叔姑舅姨、兄弟姐妹、堂兄弟姐妹、表兄弟姐妹、侄子女、甥子女;近姻亲关系,包括配偶的父母、配偶的兄弟姐妹及其配偶、子女的配偶及其子女配偶的父母、三代以内旁系血亲的配偶。

平提高公务员的福利待遇。公务员实行国家规定的工时制度，按照国家规定享受休假。公务员在法定工作日之外加班的，应当给予相应的补休。

国家建立公务员保险制度，保障公务员在退休、患病、工伤、生育、失业等情况下获得帮助和补偿。公务员因公致残的，享受国家规定的伤残待遇。公务员因公牺牲、因公死亡或者病故的，其亲属享受国家规定的抚恤和优待。

(十)公务员的申诉、控告

申诉是指公务员对所在机关或有关机关作出的涉及本人权益的人事处理决定不服，向所在机关或有关机关提出意见和要求；控告是指公务员对机关及其领导人员侵犯其合法权益的行为，向上级机关或(纪检)监察机关提出指控。

根据《公务员法》，公务员对处分，辞退或者取消录用，降职，定期考核定为不称职，免职，申请辞职、提前退休未予批准，未按规定确定或者扣减工资、福利、保险待遇以及法律、法规规定可以申诉的其他情形，可以提出申诉。

公务员认为机关及其领导人员侵犯其合法权益的，可以依法向上级机关或有关的专门机关提出控告。受理控告的机关应当按照规定及时处理。

三、关于公务员的退出机制

公务员队伍建设，既要解决“能上能下”的问题，还要解决“能进能出”的问题。退出机制总体上来讲，主要有下列几个途径。

(一)调出

调出是公务员队伍的一个很重要的出口。调出分两种，一种是个人自愿申请调出，一种是组织安排调出。属于公务员交流的一种。

(二)退休

公务员达到国家规定的退休年龄或完全丧失工作能力的，应当退休。公务员符合下列条件之一的，本人自愿提出申请，经任免机关批准，可以提前退休：工作年限满 30 年的；距国家规定的退休年龄不足 5 年，且工作年限满 20 年的；符合国家规定的可以提前退休的其他情形的。公务员退休后，享受国家规定的退休金和其他待遇。[①] 退休也是公务员很重要的一个退出机制。

(三)辞职

公务员辞去公职，应当向任免机关提出书面申请。任免机关应当自接到申请之日起 30 日内予以审批，其中对领导成员辞去公职的申请，应当自接到申请之日起 90 日内予以审批。

担任领导职务的公务员，因工作变动依照法律规定需要辞去现任职务的，应当履行辞职手续；担任领导职务的公务员，因个人或其他原因，可以自愿提出辞去领导职务；领导成员因工作重大事故、失职造成重大损失或恶劣社会影响的，或对重大事故负有领导责任的，应引咎辞去领导职务；领导成员应引咎辞职或因其他原因不再适合担任现任领导职务，本人不提出辞职，应责令其辞去领导职务。

(四)辞退

公务员有下列情形之一的，予以辞退：在年度考核中，连续两年被确定为不称职的；不胜任现职工作，又不接受其他安排的；因所在机关调整、撤销、合并或缩减编制员额需要调整工作，本人拒绝合理安排的；不履行公务员义务，不遵守公务员纪律，经教育仍无转变，不适合继续在机关工作，又不宜给予开除处分的；旷工或因公外出、请假期满无正当理由逾期不归连续超过 15 天，或一年内累计超过 30 天的。

---

① 在《公务员法》(草案)审议过程中，关于如何规定退休年龄，有不同意见：一是建议实行男女同龄退休，规定不论男女都是 60 岁退休；二是建议维持现行规定，男 60 岁退休，女 55 岁退休。全国人大法律委员会经同人事部反复研究认为，男女同龄退休是退休制度改革的方向，要积极创造条件、逐步实现。但是，目前社会就业压力很大，对公务员的退休年龄作调整的客观条件不具备，建议规定“公务员达到国家规定的退休年龄或完全丧失工作能力的，应当退休”。参见全国人大法律委员会副主任委员胡光宝：《全国人大法律委员会关于〈中华人民共和国公务员法(草案)〉审议结果的报告》，《全国人大常委会公报》2005 年第 4 期。

对有下列情形之一的公务员，不得辞退：因公致残，被确认丧失或者部分丧失工作能力的；患病或者负伤，在规定的医疗期内的；女性公务员在孕期、产假、哺乳期内的；法律、行政法规规定的其他不得辞退的情形。辞退公务员，按照管理权限决定。辞退决定应当以书面形式通知被辞退的公务员。被辞退的公务员，可以领取辞退费或者根据国家有关规定享受失业保险。公务员辞职或者被辞退，离职前应当办理公务交接手续，必要时按照规定接受审计。

（五）开除

开除是对公务员最严厉的处分，适用于依法被判处刑罚或违反公务员纪律、情节严重的公务员。行政机关公务员受开除处分的，自处分决定生效之日起，解除其与单位的人事关系，不得再担任公务员职务。

第三节　《公务员法》的实施与公务员制度的完善

一、《公务员法》实施中需要研究解决的问题

（一）关于公务员登记问题

公务员制度建立以来，按照中央的统一要求和工作部署，各级行政机关工作人员相继办理了公务员过渡手续。因此，2006 年 1 月 1 日《公务员法》实施后，纳入公务员范围的七类机关中大多数人员可以采用登记的办法直接过渡。但也有少数人员情况比较复杂，尚不具备直接登记过渡的条件，需要进一步研究甄别。

主要存在以下三方面问题：（1）与编制密切相关的问题。目前，地方政府机构的编制种类大体分为行政编制、事业编制、离退休干部工作人员编制、机关工勤编制、政法专项编制以及自定编制等，不甚规范，而且存在一般公务员或领导人数超编、行政编制与事业编制混编等问题。（2）离岗休养人员问题。主要有两类，一是以往地方机构改革时，为完成行政减员硬任务，有的地方按照国家和地方的有关规

定，参照制定了离岗休养政策而产生的人员；二是有的地方为了培养使用年轻干部，在任职年龄上划线，使一些担任领导职务的人员提前退居二线。上述人员都没有达到国家规定的退休年龄和条件，虽已不在岗位，但仍然占用行政编制。(3)历史遗留问题。一是由于法院、检察院机关过去一直没有列入参照公务员制度管理范围，其人员基本上未进行过渡；二是有些地方的部分单位的人员过渡未全面完成。

公务员登记是实施《公务员法》的基础性工作，涉及机关工作人员的切身利益，应按照2006年4月9日中共中央、国务院发布的《关于印发〈中华人民共和国公务员法实施方案〉的通知》，严格确定《公务员法》的实施范围。

按照《公务员法实施方案》，《公务员法》在以下七类机关中实施，即中国共产党各级机关、各级人大及其常委会机关、各级行政机关、中国人民政治协商会议各级委员会机关、各级审判机关、各级检察机关、各民主党派和工商联的各级机关。除上述七类机关外，其他机关不在实施范围内。因此，要准确把握实施《公务员法》的机关范围。

其次，《公务员法》实施范围的七类机关现有人员中，绝大多数比较清楚，但有的并不十分清楚。因此，要按照《公务员法》确定的依法履行公职、纳入国家行政编制、由国家财政负担工资福利这三个要素，严格确定范围。

另外，对少数特殊人员要具体分析。有些人员是否列入公务员范围，要按照人事关系所在单位和本人的情况确定。人事关系所在部门和单位不属于七类机关的，不允许列入公务员范围。在具体操作上，应重点把握好以下三点：一是公务员登记是组织登记：按照《公务员登记实施办法》的规定，公务员登记采取各机关统一组织的形式，明确公务员登记是组织登记，不是个人登记。二是严格掌握登记标准和条件：公务员登记，必须符合《公务员法》规定的基本条件，要在规定范围内，严格按照《公务员登记实施办法》的要求进行。三是按照规定程序实行逐级负责制。

(二)关于参照《公务员法》管理的问题

公务员制度推行以来,由于一直对参照、依照公务员制度管理的单位缺乏统一的认定标准,有些地方、部门在对有关单位的确认审批及管理行为不够规范。对此类单位主要有以下三种管理方式:一是参照、依照公务员制度管理的单位,完全按公务员制度进行管理,执行机关工资制度,人员全部或部分实行了过渡,新进人员实行公开考录制度;二是参照、依照公务员制度管理的单位,虽按公务员制度管理,但未进行人员过渡,仍执行事业单位工资制度;三是参照、依照公务员制度管理的单位,按照公务员制度进行管理,执行机关工资制度,但经费供给方式仍为差额拨款或非供给。

鉴于事业单位参照《公务员法》管理情况复杂,政策性很强,与事业单位的改革紧密相连,是实施《公务员法》的又一个难点。而且,对事业单位参照《公务员法》管理或使用行政编制的人民团体、群众团体参照《公务员法》管理,《公务员法》仅有原则性的规定或本身没有规定。为此,笔者认为,应按照《公务员法》的原则和中央有关文件要求,[①]具体把握好以下两点:

首先,参照管理审批工作应坚持依法办事、实事求是、从严掌握的原则。严格按照规定的条件、权限和程序进行审批。同时,也要充分考虑目前机构职能、机构编制管理和原参照、依照管理的实际情况,兼顾不同机关的性质和特点。

其次,要严格掌握事业单位参照管理的审批条件:一是有“法律、法规授权”。这里作为授权依据的“法律、法规”包括:全国人大及其常委会制定的法律;国务院制定的行政法规和决定;省、自治区、直辖市,较大的市(省、自治区的人民政府所在地的市,经济特区所在地的市以及经国务院批准的较大的市)的人大及其常委会制定的地方性

---

① 如2006年4月9日中共中央、国务院发布的《关于印发〈中华人民共和国公务员法实施方案〉的通知》,中央组织部、人事部《关于印发〈事业单位参照公务员法管理工作有关问题的意见〉的通知》和《关于印发〈工会、共青团、妇联等人民团体和群众团体机关参照公务员法管理的意见〉的通知》等。

法规;民族自治地方的人民代表大会制定的自治条例和单行条例;与行政法规有同等效力的政策性法规文件。[①] 二是要有"公共事务管理职能"。公共事务管理职能主要是指党委系统担负的党的领导机关工作职能和政府系统行使的行政管理职能。公共事务管理职能依据法律、法规等的授权情况和党委、政府以及机构编制部门制定的"三定规定"或"三定方案"或规定的主要职责确定。

对使用行政编制的人民团体、群众团体的参照管理,《公务员法》本身没有规定。[②] 后来,根据2006年4月9日中共中央、国务院发布的《关于印发〈中华人民共和国公务员法实施方案〉的通知》,经中央组织部发文,明确了人民团体和群众团体中央机关实施参照管理的范围,有中华全国总工会、中国共产主义青年团中央委员会、中华全国妇女联合会等21个单位;并且明确地方各级工会、共青团、妇联等人民团体和群众团体机关参照管理工作,由各省、自治区、直辖市党委参照中央有关文件要求制定实施办法。

(三)领导职务或非领导职务设置问题

有些地方在领导职务或非领导职务设置方面主要存在三个问题:(1)超机构规格设置非领导职务:按照《公务员法》的规定,县区级机关非领导职务设到主任科员以下,乡镇机关设到科员以下。但在实际工作中,县级设置调研员、助理调研员,乡镇设置主任科员、副主任科员的现象在一定程度上存在;(2)有些领导职务于法无据:如县

---

① 中央组织部、人事部《关于印发〈事业单位参照公务员法管理工作有关问题的意见〉的通知》。

② 《公务员法》草案规定:"人民团体、群众团体中除工勤人员以外的工作人员,参照本法进行管理"。在人大常委会审议过程中,一些委员提出,人民团体、群众团体属于非政府组织,规定一律参照适用《公务员法》,不利于其作为非政府组织开展活动。同时,群众团体的数量很大、情况复杂,也不宜笼统规定参照本法进行管理。人民团体、群众团体工作人员管理中的实际问题可以由国家或中央有关部门另行予以解决。全国人大法律委员会经研究,赞成这一意见,建议删去这一款。参见全国人大法律委员会副主任委员胡光宝:《全国人大法律委员会关于〈中华人民共和国公务员法(草案)〉审议结果的报告》,《全国人大常委会公报》2005年第4期。

(市、区)长助理、县政府秘书长、部长助理和某些专业技术性领导职务等,缺乏《宪法》、有关组织法和《公务员法》的明确依据;(3)非领导职务设置比例不平衡:表现为垂直管理部门同地方机关之间不平衡;党群机关同行政机关之间不平衡;编制多的机关和编制少的机关、领导职数多的机关和领导职数少的机关之间不平衡。

合理设置和确定公务员职务与级别,是对公务员进行科学管理的重要一环。笔者认为,在具体实施时,要严格在编制和职数限额内合理设置职位,在规定的领导和非领导职务职数内确定公务员的职务。对因机构改革等各种原因超出规定职数配备领导或非领导职务的,采取措施,逐步消化,达到规定职数之前,原则上不得配备新的领导或非领导职务人员。

《公务员职务与级别管理规定》设置了公务员的 27 个级别,明确了各职务层次与级别的对应关系。对基层和重要职位上的公务员在级别上作了政策倾斜。关于公务员级别确定,应按照《公务员工资制度改革实施办法》的规定办理。

根据《公务员法》第十七条,综合管理类的领导职务根据《宪法》、有关法律、职务层次和机构规格设置确定。因此,应严格按照《宪法》、有关组织法和《公务员法》的明确规定,设置领导职务。对非领导职务,《综合管理类公务员非领导职务设置管理办法》从职务层次、名称、职数、职责等几方面进行了规范。明确非领导职务设置要严格依据机构规格,按照不得高于所在机关或所在内设机构规格的原则,确定非领导职务层次,并且职数比例不得突破规定的比例限额。各类机关非领导职务设置,总的原则是比例职数大体一致。同时,非领导职务名称原则上不再使用其他职务名称。

(四)关于公务员管理问题

以往的公务员管理方式过于粗放,在"进、管、出"等环节上衔接得不够紧密,暴露出一些具体问题。主要表现:(1)公务员考核没有实行动态目标管理,日常考核未做到经常化、制度化,个别单位工作人员的年度考核存在走过场现象,考核结果与个人奖惩、工资调整及职务晋升相脱节的问题比较突出；(2)公务员考录制度执行得不彻底：个别人员通过打招呼、批条子等非考录方式进入公务员队伍，违反了“凡进必考”的要求；(3)公务员管理制度不够健全：如在公务员辞职、辞退问题上，未按规定要求履行审批程序，使这些人仍然在册，却长期游离于管理之外。

对上述涉及公务员队伍管理的具体问题，应在贯彻《公务员法》的过程中，通过加强管理、健全制度，逐步加以解决。

二、公务员制度的依法规范

随着《公务员法》的实施，公务员制度本身的一些不足和规范性问题也逐步显现出来，需要认真研究解决、逐步规范。

(一)关于完善公务员收入申报和公示制度

公务员收入申报制度是许多国家的做法，也是与《公务员法》相匹配的重要制度。1994 年，《财产收入申报法》正式列入八届全国人大常委会立法规划第二类(属于研究起草、成熟时安排审议的法律草案)，但“由于技术手段无法满足要求等种种原因”，立法工作未能如期完成。1995 年 5 月 25 日，中共中央办公厅、国务院办公厅联合发布了《关于党政机关县(处)级以上领导干部收入申报的规定》，要求这些干部必须申报自己的家庭财产。2000 年 12 月，中央纪委五次会议决定，要在省部级现职领导干部中首先实行家庭财产报告制度。2001 年 6 月 15 日，中央纪委和中央组织部联合发布了《关于省部级现职领导干部报告家庭财产的规定(试行)》，进一步要求高级干部申报家庭财产。2005 年 1 月 3 日中共中央印发的《建立健全教育、制度、监督并重的惩治和预防腐败体系实施纲要》中提出“完善公务员收入申报制度”，但 2005 年 4 月 27 日十届全国人大常委会第十五次会议审议通过《公务员法》时未写入。[①] 2009 年 9 月 28 日十七届四

---

① 在此次人大常委会上，对领导干部申报财产有两种意见：一是认为好事多磨，现在立法条件不成熟，还得等几年；二是认为不应当写入《公务员法》草案，官员申报财产应当单独立法，包含在《公务员法》草案中不合适。

中全会通过的《中共中央关于加强和改进新形势下党的建设若干重大问题的决定》要求："完善党员领导干部报告个人有关事项制度。把住房、投资、配偶子女从业等情况列入报告内容"。

公务员收入申报制度，目前还仅仅存在于政策层面，迟迟未能立法；公务员收入公示也只在有的地方探索试行。除了微观层面的技术、制度尚不成熟以外，宏观层面的原因，可能还在于思想观念的认识问题，即推行收入申报和公示法是否必然侵犯公务员的隐私权？

笔者认为，公务员收入申报不同于公务员收入公示。公务员与普通公民一样应该享有隐私权，但是由于其身份的特殊性，导致其隐私权的行使与保护要受到一定的限制，特别是与其任职、廉洁密切相关的事项，应当报告组织甚至公之于众。因为，基于公务员职位透明度义务的要求，任何人出任公职，都应当部分地放弃其作为普通公民所应享受的某些权利，承担政府公职人员所必须履行的义务。这在学理上被称为"公务员个性的法定自我丧失"，正是这种个性的法定自我丧失，为公务员的财产申报和公示制度奠定了合法性基础。因此，制定《公务员财产收入申报和公示法》，不仅是法治社会发展的要求，体现了公共利益优先的价值理念，而且是公务员自我保护、自我完善的现实需要，也是我国切实履行《反腐败国际公约》义务的表现。

(二)关于提高公务员管理法治化水平

《公务员法》是我国公务员管理的第一部总章程性质的法律，它的制定和实施，在我国公务员法制建设中具有重要意义。《公务员法》与我国基本国情和我国民主政治发展进程相适应，在公务员范围、管理体制等方面都体现了中国特色。但是在具体执行《公务员法》时，也有一个严格依法办事的问题。例如，根据《公务员法》，只有法律、法规授权的具有公共事务管理职能的事业单位才能参照《公务员法》进行管理，而实践中，使用行政编制的人民团体、群众团体也参照管理。又如，《公务员法》规定的进入公务员队伍的渠道主要有录用、调入、公开选拔、聘任、选举或决定任命等，但有些法定渠道以外的其他渠道也在适用。因此，随着依法治国基本方略的实施，公务员管理法治化水平也应不断提高，类似的问题应该逐步依法规范。

主要参考文献

翁岳生著:《行政法》(上册),中国法制出版社 2009 年版。

乔育彬著:《行政组织法》,中兴大学法商学院图书部 1994 年版。

黄锦堂著:《行政组织法论》,翰芦图书出版公司 2005 年版。

尹钢、梁丽芝主编:《行政组织学》(21 世纪公共管理学系列教材),北京大学出版社 2005 年版。

应松年、袁曙宏主编:《走向法治政府——依法行政理论研究与实证调查》,法律出版社 2001 年版。

胡锦光主编:《行政法与行政诉讼法》,高等教育出版社 2007 年版。

应松年主编:《行政法学新论》,中国方正出版社 1998 年版。

应松年主编:《行政法与行政诉讼法》(上)(法学研究生精品教材),中国法制出版社 2009 年版。

宋德福主编:《中国政府管理与改革》,中国法制出版社 2001 年版。

张载宇著:《行政法要论》(第六版),汉林出版社 1977 年版。

张家洋著:《行政法》(增订版),三民书局 1993 年版。

张焕光、胡建淼主编:《行政法学原理》,劳动人事出版社 1989 年版。

皮纯协、胡锦光编著:《行政法与行政诉讼法》,中央广播电视大学出版社 1996 年版。

熊先觉、皮纯协主编:《中国组织法学》,山西教育出版社 1993 年版。

应松年、薛刚凌著:《行政组织法研究》,法律出版社 2003 年版。

皮纯协、张成福主编:《行政法学》,中国人民大学出版社 2002 年版。

张正钊主编:《行政法与行政诉讼法》,法律出版社 1999 年版。

应松年主编:《外国行政程序法汇编》,中国法制出版社 1999 年版。

王岷灿主编:《行政法概要》,法律出版社 1983 年版。

张正钊、李元起主编:《行政法与行政诉讼法》,中国人民大学出版社 1999 年版。

张正钊、韩大元主编:《比较行政法》,中国人民大学出版社 1998 年版。

罗豪才主编、应松年副主编:《行政法学》,中国政法大学出版社 1996 年版。

胡建淼主编:《行政法教程》,杭州大学出版社 1990 年版。

罗豪才主编:《行政法学》,中国政法大学出版社 1997 年版。

张树义主编:《行政法学新论》,时事出版社 1991 年版。

张树义主编:《行政法学》,法律出版社 2000 年版。

皮纯协主编:《中国行政法教程》,中国政法大学出版社 1989 年版。

罗豪才主编:《行政法论》,光明日报出版社 1988 年版。

任建新主编:《社会主义法制建设基本知识读本》,法律出版社 1996 年版。

孟志鸿著:《中国行政组织法通论》,中国政法大学出版社 2001 年版。

中国大百科全书总编辑委员会编:《中国大百科全书》(政治学卷),中国大百科全书出版社 1992 年版。

《法学词典》编辑委员会编:《法学词典》(增订版),上海辞书出版社 1984 年版。

刁田丁、陈嘉陵、张厚安主编:《中国地方国家机构概要》,法律出版社 1989 年版。

王名扬著:《英国行政法》,中国政法大学出版社 1987 年版。

王名扬著:《法国行政法》,中国政法大学出版社 1988 年版。

王名扬著:《美国行政法》(上、下),中国政法大学出版社 1995 年版。

中国地方政府机构改革编辑组编:《中国地方政府机构改革》,新华出版社 1995 年版。

国务院办公厅秘书局、中共中央机构编制委员会办公室综合司编:《中央政府组织机构》,中国发展出版社 1998 年版。

吴忠泽主编:《社团管理工作》,中国社会出版社 1996 年版。

黎军著:《行业组织的行政法问题研究》,北京大学出版社 2002 年版。

任进著:《比较地方政府与制度》(21 世纪政治学系列教材),北京大学出版社 2008 年版。

张尚鷟主编:《走出低谷的中国行政法学》,中国政法大学出版社 1991 年版。

姜明安主编:《行政法与行政诉讼法》,北京大学出版社 1999 年版。

陈新民著:《中国行政法学原理》,中国政法大学出版社 2002 年版。

李本公主编:《国外非政府组织法规汇编》,中国社会出版社 2003 年版。

郑传坤主编:《行政法学》,法律出版社 2007 年版。

王连昌主编:《行政法学》,四川人民出版社 1990 年版。

王连昌主编:《行政法学》(修订版),中国政法大学出版社 1999 年版。

叶必丰著:《行政法学》,武汉大学出版社 1996 年版。

王丛虎著:《行政主体问题研究》,北京大学出版社 2007 年版。

姜明安主编:《行政法》(公共管理硕士〔MPA〕专业学位核心课

程教学课程大纲),中国人民大学出版社 2003 年版。

中央组织部政策法规局、人事部政策法规司编:《外国公务员法选编》,中国政法大学出版社 2003 年版。

应松年主编:《当代中国行政法》,中国方正出版社 2005 年版。

张坚石等编:《地方政府的职能和组织结构》(上下册)华夏出版社 1994 版。

薛刚凌主编:《行政主体的理论与实践——以公共行政改革为视角》,中国方正出版社 2009 年版。

中国社会科学院语言研究所词典编辑室编:《现代汉语词典》(修订本),商务印书馆 1996 年修订第三版。

任进著:《政府组织与非政府组织》,山东人民出版社 2003 年版。

王名扬著:《比较行政法》(元照法学文库),北京大学出版社 2006 年版。

张步洪编著:《中国行政法学前沿问题报告》,中国法制出版社 1999 年版。

肖蔚云、姜明安主编:《北京大学法学百科全书(宪法、行政法学)》,北京大学出版社 1999 年版。

胡建淼主编:《行政法学》,法律出版社 1998 年版。

吴忠泽主编:《发达国家非政府组织管理制度》,时事出版社 2001 年版。

潘小娟著:《法国行政体制》,中国政法大学出版社 1997 年版。

陈嘉陵主编:《各国地方政府比较研究》,武汉出版社 1991 年版。

汪玉凯主编:《公共管理学》,中共中央党校出版社 2006 年修订本。

曹康泰主编:《地方各级人民政府机构设置和编制管理条例解读》,中国法制出版社 2008 年版。

方世荣主编:《行政法与行政诉讼法》,中国政法大学出版社 1999 年版。

甘文著:《行政诉讼法司法解释之评论》,中国法制出版社 2000 年版。

中国法学会行政法学研究会编:《行政管理体制改革的法律问题——中国法学会行政法学研究会 2006 年年会论文集》,中国政法大学出版社 2007 年版。

李树忠著:《国家机关组织论》,知识产权出版社 2004 年版。

杨解君、孙学玉著:《依法行政论纲》,中共中央党校出版社 1998 年版。

胡锦光、杨建顺、李元起著:《行政法专题研究》,中国人民大学出版社 1998 年版。

〔法〕古斯塔夫·佩泽尔著,廖坤明、周洁译,张凝校:《法国行政法》,国家行政学院出版社 2002 年版。

〔英〕戴维·米勒,韦农·波格丹诺编,邓正来等译:《布莱克韦尔政治学百科全书》,中国政法大学出版社 1992 年版。

欧洲委员会编:《地方与地区民主的结构和运行》(德国),欧洲委员会出版社 1999 年德文版。

欧洲委员会编:《地方与地区民主的结构和运行》(法国),欧洲委员会出版社 1998 年法文版。

欧洲委员会编:《地方与地区民主的结构和运行》(英国),欧洲委员会出版社 2000 年英文版。

万鹏飞、白智立主编:《日本地方政府法选编》,北京大学出版社 2009 年版。

〔美〕斯蒂芬·L. 埃尔金等编,周叶谦译:《新宪政论》,生活·读书·新知三联书店 1997 年版。

〔日〕南博方著,杨建顺译:《行政法》(第六版),中国人民大学出版社 2009 年版。

〔日〕和田英夫著,倪建民、潘世圣译:《现代行政法》,中国广播电视出版社 1993 年版。

〔日〕室井力主编，吴微译：《日本现代行政法》，中国政法大学出版社 1995 年版。

〔日〕盐野宏著，杨建顺译：《行政组织法》，北京大学出版社 2008 年版。

〔德〕哈特穆特·毛雷尔著，高家伟译：《行政法学总论》，法律出版社 2000 年版。

〔德〕埃贝哈德·施密特-阿斯曼等著，于安等译：《德国行政法读本》，高等教育出版社 2006 年版。

〔德〕福兰克·霍夫编，石炜译：《德国的国家结构与行政组织》，德国巴伐利亚行政学校、联邦内政部联邦行政研究院 2000 年版。

〔日〕财团法人自治体国际化协会编：《日本的地方制度》，2006 年版。

〔美〕莱斯特·M. 萨拉蒙等著，贾西津等译：《全球公民社会——非营利部门视野》，社会科学文献出版社 2002 年版。

〔法〕托克维尔著，董果良译：《论美国的民主》（上卷），商务印书馆 1997 年版。

〔德〕平特纳著，朱林译：《德国普通行政法》，中国政法大学出版社 1999 年版。

〔法〕国家行政学院编：《法国与法国的行政制度》，法国国家行政学院出版社 2000 年版。

〔美〕Ann O'M. Bowman，Richard C. Kearneg 著：《美国州与地方政府：基本原理》，Houghton Mifflin 出版社 2000 年英文版。

《剑桥百科全书》，剑桥大学出版社 2000 年英文版。

《国际社会科学百科全书》第 9～10 卷，英国麦克米兰出版公司 1968 年英文版。

《美国百科全书》第 17 卷，Grolier 出版公司 1997 年英文版。

《世界百科全书》第 12 卷，世界图书出版公司 1992 年英文版。

〔英〕戴维·威尔逊、克里斯·盖恩：《联合王国地方政府》，英国麦克米兰出版公司 2006 年英文版。

塞缪尔·休姆斯:《地方治理和国家权力:地方政府传统和变革的世界性比较》,Harvester Wheatsheaf 出版公司 1991 年英文版。

董必武:《董必武选集》,人民出版社 1985 年版。

袁曙宏:《研究邓小平行政法治理论加强行政组织法制建设》,《中国法学》1998 年第 4 期。

张树义:《行政主体研究》,《中国法学》2000 年第 2 期。

沈开举:《也谈行政授权——兼论与行政委托的区别》,《行政法学研究》1995 年第 3 期。

任进:《论国务院机构及其行政主体资格》,《金陵法律评论》2009 年春季卷。

王建芹、寨利男:《派出机构法律地位及改革思路的思考》,《探索与研究》2005 年第 11 期。

薛刚凌:《我国行政主体理论之检讨——兼论全面研究行政组织法的必要性》,《政法论坛》1998 年第 6 期。

李迎宾:《试论村民自治组织的行政主体地位》,《行政法学研究》2000 年第 4 期。

张友渔:《张友渔文选》(下卷),法律出版社 1997 年版。

人大宪政与行政法治研究中心:《宪政与行政法治演讲集》,中国人民大学版社 2007 年版。

沈岿:《重构行政主体范式的尝试》,《法律科学》2000 年第 6 期。

罗豪才:《中国行政与刑事法治世纪展望》,昆仑出版社 2001 年版。

王东明:《贯彻地方机构编制管理条例加快推进机构编制管理法制化》,《人民日报》2008 年 4 月 15 日。

罗豪才:《行政法与依法行政》,《国家行政学院学报》2000 年第 1 期。

许崇德:《国务院的组织》,《中国法制报》1983 年 2 月 4 日。

崔巍:《规章授权的组织与行政诉讼被告主体资格确立》,《行政法学研究》1995 年第 1 期。

杨伟东:《从被告的确定标准看我国行政诉讼主体划分之弊端》,《中央政法管理干部学院学报》1999 年第 6 期。

顾家麒:《关于行政机关机构编制立法的若干思考》,《行政法学研究》1993 年第 1 期。

应松年、薛刚凌:《行政机关编制法论纲》,《法学研究》1993 年第 3 期。

莫于川:《中政府:我国城市政府组织法制的理性选择》,《现代法学》1995 年第 2 期。

应松年、薛刚凌:《行政组织法与依法行政》,《行政法学研究》1998 年第 1 期。

魏秀玲、张越:《国家行政机构改革的前景与途径》,《行政法学研究》1998 年第 2 期。

沈岿:《公共行政组织建构的合法化进路:重新检视行政组织形式法治主义》,《法学研究》2005 年第 4 期。

张越:《修正〈国务院组织法〉片论》,《行政法学研究》1999 年第 1 期。

姜明安、沈岿:《法治原则与公共行政组织》,《行政法学研究》1998 年第 4 期。

任进:《规范垂直管理机构与地方政府的关系》,《国家行政学院学报》2009 年第 3 期。

应松年、袁曙宏主编:《走向法治政府——依法行政理论研究与实证调查》,法律出版社 2001 年版。

王名:《中国的非政府公共部门(上)》,《中国行政管理》2001 年第 5 期。

吴刚:《类行政组织的概念》,《中国行政管理》2001 年第 7 期。

郑春燕:《行政任务变迁下的行政组织法改革》,《行政法学研究》

2008年第2期。

郭高中:《解读取消总理办公会议》,《瞭望东方周刊》2004年第8期。

于安:《国际视野中的大部门设置》,《瞭望新闻周刊》2008年第9期。

袁圣明:《派出机构的若干问题》,《行政法学研究》2001年第3期。

任进:《中国非政府公共组织的若干法律问题》,《国家行政学院学报》2001年第5期。

应松年:《行政机关编制法的法律地位》,《行政法学研究》1993年第1期。

熊文钊:《部委行政副职多少为宜》,《瞭望新闻周刊》2007年8月1日。

熊文钊、曹旭东:《中国垂直管理加力,条块矛盾增多待制度化解》,《瞭望新闻周刊》2007年12月11日。

张越、张跃建:《论地方政府组织法之修订》,《政法论坛》(中国政法大学学报)1999年第3期。

湛中乐:《刘燕文诉北京大学案——兼论我国高等教育学位制度之完善》,《北京大学学报》2000年第4期。

周佑勇:《公共行政组织的法律规制》,《北方法学》2007年第1期。

黄寒冰:《政务院与国务院》,《中国机构》1999年第2期。

郎佩娟、陈明:《行政主体理论的现状、缺陷及其重构》,《天津行政学院学报》2006年第2期。

周汉华:《机构与法律》,《南方周末》2003年1月9日。

薛刚凌:《多元化背景下行政主体之建构》,《浙江学刊》2007年第2期。

石佑启:《论公共行政之发展与行政主体多元化》,《法学评论》第

2003 年第 4 期。

庞兰强:《治理理论与行政主体的多元化》,《社会科学辑刊》第 2006 年第 2 期。

李昕:《现代行政主体多元化的理论分析》,法律出版社 2003 年版。

章剑生:《反思与超越:中国行政主体理论批判》,《北方法学》 2008 年第 6 期。

胡建淼主编:《公共行政组织及其法律规制暨行政征收与权利保护——东亚行政法学会第七届国际学术大会论文集》,浙江大学出版社 2008 年版。

李昕、郭耀红:《行政组织法学的研究及其学理价值》,《华北电力大学学报》(社会科学版)2002 年第 1 期。

附一：

《中华人民共和国国务院组织法修正草案》（代拟稿）

中华人民共和国国务院组织法(修正草案)

（1982年12月10日第五届全国人民代表大会第五次会议通过，1982年12月10日全国人民代表大会常务委员会委员长令第十四号公布施行，根据　　年　月　日第　届全国人民代表大会第　次会议《关于修改〈中华人民共和国国务院组织法〉的决定》第一次修正）

目　录

第一章　总则

第一条　为了规范和保障国务院依照《宪法》和法律行使职权、履行职责，提高工作效能，根据《宪法》，制定本法。

第二条　国务院工作的指导思想是，以马克思列宁主义、毛泽东思想和中国特色社会主义理论为指导，深入贯彻落实科学发展观，全面履行政府职能，努力建设服务政府、责任政府、法治政府和廉洁政府。

第三条　国务院及各部门实行科学民主决策，健全重大事项决策的规则和程序，完善群众参与、专家咨询和政府决策相结合的决策机制。

第四条 国务院及各部门严格按照法定权限和程序履行职责，行使行政权力。

第五条 国务院及各部门推进政务公开，健全政府信息发布制度，完善各类公开办事制度，提高政府工作透明度。

第六条 国务院接受全国人大及其常务委员会的监督和人民政协的民主监督。

国务院各部门依照有关法律的规定接受监督。

第七条 国务院及各部门推行行政问责制度和绩效管理制度，严格责任追究，提高政府执行力和公信力。

第二章 国务院的组成和领导体制

第八条 国务院由总理、副总理若干人、国务委员若干人、各部部长、各委员会主任、中国人民银行行长、审计长、秘书长组成。

国务院副总理、国务委员、各部部长、各委员会主任、中国人民银行行长、审计长、秘书长的人选，由国务院总理提名，全国人民代表大会决定；在全国人民代表大会闭会期间，部长、委员会主任、中国人民银行行长、审计长、秘书长的人选，由国务院总理提名，全国人民代表大会常务委员会决定。

第九条 国务院实行总理负责制，总理领导国务院的工作。

国务院副总理、国务委员协助总理工作。

第十条 国务院发布的决定、命令和行政法规，向全国人民代表大会或者全国人民代表大会常务委员会提出的议案，任免人员，由总理签署。

第十一条 国务院副总理、国务委员按分工负责处理分管工作。

国务院副总理、国务委员受国务院总理委托，负责其他方面的工作或者专项任务，并可代表国务院进行外事活动。

国务院总理出国访问期间，由负责常务工作的副总理代行总理职务。

第十二条 秘书长在国务院总理领导下，负责处理国务院的日常工作。

国务院设副秘书长若干人，协助秘书长工作。

第十三条 各部、各委员会、中国人民银行、审计署实行部长、主任、行长、审计长负责制，由其领导本部门的工作。

副部长、副主任、副行长、副审计长协助部长、主任、行长、审计长工作。

各部部长、各委员会主任、行长、审计长，召集和主持部务会议或者委员会会议、委务会议、行务会议、署务会议，签署上报国务院的重要请示、报告和下达的命令、指示。

第十四条 审计署在总理领导下，依照法律规定独立行使审计监督职能，不受其他行政机关、社会团体和个人的干涉。

第三章 国务院的职权

第十五条 国务院根据《宪法》和法律，规定行政措施，制定行政法规，发布决定和命令。

行政法规可以就下列事项作出规定：

(一)为执行法律的规定需要制定行政法规的事项；

(二)《宪法》第八十九条规定的国务院行政管理职权的事项。

第十六条 国务院有权根据经济社会发展的需要，向全国人民代表大会或者全国人民代表大会常务委员会提出议案。

第十七条 国务院规定各部和各委员会的任务和职责，统一领导各部、各委员会、中国人民银行、审计署的工作，并且领导不属于各部、各委员会、中国人民银行、审计署的全国性的行政工作。

第十八条 国务院统一领导全国地方各级国家行政机关的工作，并且遵循在中央的统一领导下，充分发挥地方的主动性、积极性的原则，规定中央和省、自治区、直辖市的国家行政机关的行政职权的具体划分。

第十九条 国务院编制中央预算、决算草案。

国务院向全国人民代表大会作关于中央和地方预算草案的报告，并将省、自治区、直辖市政府报送备案的预算汇总后报全国人民代表大会常务委员会备案。

国务院组织中央和地方预算的执行，决定中央预算预备费的动用，编制中央预算调整方案，监督中央各部门和地方政府的预算执行。

国务院有权改变或者撤销中央各部门和地方政府关于预算、决算的不适当的决定、命令，并依法向全国人民代表大会、全国人民代表大会常务委员会报告中央和地方预算的执行情况。

第二十条 国务院领导和管理经济工作和城乡建设，领导和管理教育、科学、文化、卫生、体育、计划生育、民政、公安、国家安全、司法行政和监察等工作。

国务院管理对外事务，依法同外国缔结条约和协定。

第二十一条 国务院领导和管理国防建设事业，编制国防建设发展规划和计划，领导和管理国防科研生产，管理国防经费和国防资产，领导和管理国民经济动员工作和人民武装动员、人民防空、国防交通等方面的有关工作和拥军优属工作和退出现役的军人的安置工作，领导国防教育工作。

国务院与中央军事委员会共同领导中国人民武装警察部队、民兵的建设和征兵、预备役工作以及边防、海防、空防的管理工作。

第二十二条 国务院领导和管理民族事务，保障少数民族的平等权利和民族自治地方的自治权利。

第二十三条 国务院保护华侨的正当的权利和利益，保护归侨和侨眷的合法的权利和利益。

第二十四条 国务院有权改变或者撤销各部、各委员会、中国人民银行、审计署发布的不适当的命令、指示和规章，有权改变或者撤销地方各级国家行政机关的不适当的决定和命令。

部门规章之间、部门规章与地方政府规章之间对同一事项的规定不一致时，由国务院裁决。

第二十五条 国务院有权批准省、自治区、直辖市的区域划分，批准自治州、县、自治县、市的建置和区域划分。

第二十六条 国务院有权依照法律规定决定省、自治区、直辖市的范围内部分地区进入紧急状态。

国务院在总理领导下研究、决定和部署特别重大突发事件的应对工作。

第二十七条 国务院审定行政机构的编制，依照法律规定任免、培训、考核和奖惩行政人员。

第二十八条 国务院根据全国人民代表大会和全国人民代表大会常务委员会的法律或者决议、决定的授权，行使其他职权。

第二十九条 国务院各部、委员会、中国人民银行、审计署和具有行政管理职能的直属机构，可以根据法律和国务院的行政法规、决定、命令，在本部门的权限范围内，制定规章。

国务院直属特设机构和直属事业单位经过法律、行政法规授权也可以制定规章。

第四章 国务院机构设置和编制管理

第三十条 国务院机构设置和编制管理应当适应国家政治、经济、社会发展的需要，遵循精简、统一、高效的原则。

国务院根据国民经济和社会发展的需要，适应社会主义市场经济体制的要求，设置并适时调整国务院机构；但是，在一届政府任期内，国务院组成部门应当保持相对稳定。

国务院机构设置和编制的确定必须依照法定程序审批，不得擅自变动或者增减。

第三十一条 国务院设总理府。

总理府下设国务院办公厅和各咨询委员会。

国务院办公厅协助国务院领导处理国务院日常工作，由秘书长领导。

国务院各咨询委员会负责国务院重大事项的研究咨询工作。

第三十二条 国务院组成部门依法分别履行国务院基本的行政管理职能。

国务院组成部门包括各部、各委员会、中国人民银行和审计署。

各部设部长一人，副部长二至四人。

各委员会设主任一人，副主任二至四人，委员五至十人。

中国人民银行设行长一人，副行长若干人。

审计署设审计长一人，副审计长二至四人。

国务院各部、各委员会、中国人民银行和审计署的设立、撤销或者合并，经国务院常务会议讨论通过后，总理提出，由全国人民代表大会决定；在全国人民代表大会闭会期间，由全国人民代表大会常务委员会决定。

第三十三条 国务院国有资产监督管理委员会是代表国务院履行出资人职责、负责监督管理企业国有资产的国务院直属特设机构。

国务院直属特设机构设负责人二至五人。

国务院直属特设机构依照法律规定的程序设立。

第三十四条 国务院直属机构主管国务院的某项专门业务，具有独立的行政管理职能。

国务院直属机构设负责人二至五人。

第三十五条 国务院办事机构协助国务院总理办理专门事项，不具有独立的行政管理职能。

国务院办事机构设负责人二至五人。

第三十六条 国务院组成部门管理的国家局由国务院组成部门管理，主管特定业务，行使行政管理职能。

国务院组成部门管理的国家局的领导职数，参照本法关于国务院直属机构领导职数的规定确定。

第三十七条 国务院议事协调机构承担跨国务院行政机构的重要业务工作的组织协调任务。

国务院议事协调机构议定的事项,经国务院同意,由有关的行政机构按照各自的职责负责办理。

在特殊或者紧急的情况下,经国务院同意,国务院议事机构可以规定临时性的行政管理措施。

第三十八条 国务院设立若干直属事业单位,从事与国务院职能有关的工作。

国务院直属事业单位可以根据法律、行政法规的授权行使行政管理职能。

第三十九条 国务院办公厅、国务院直属机构、国务院办事机构、国务院组成部门管理的国家局、国务院议事协调机构和国务院直属事业单位的设立、撤销或者合并,由国务院决定。

国务院办公厅、国务院直属机构、国务院办事机构、国务院组成部门管理的国家局实行主任、局长负责制。

主任、局长领导本机构的工作,召集和主持主任会议或者局务会议。

副主任、副局长协助主任、局长工作。

第四十条 国务院办公厅、国务院直属特设机构、国务院直属机构、国务院办事机构、国务院组成部门管理的国家局和国务院直属事业单位的负责人,由国务院任免。

第四十一条 国务院办公厅、国务院组成部门、国务院直属机构、国务院办事机构在职能分解的基础上设立司、处两级内设机构。

国务院组成部门管理的国家局根据工作需要可以设立司、处两级内设机构,也可以只设立处级内设机构。

第四十二条 国务院行政机构的司级内设机构的增设、撤销或者合并,由国务院决定。

国务院行政机构的处级内设机构的设立、撤销或者合并，由国务院行政机构根据国家有关规定决定。

第四十三条 国务院办公厅、国务院组成部门、国务院直属特设机构、国务院直属机构、国务院办事机构的司级内设机构的领导职数为一正二副。

国务院组成部门管理的国家局的司级内设机构的领导职数根据工作需要为一正二副或者一正一副。

国务院行政机构的处级内设机构的领导职数，按照国家有关规定确定。

第四十四条 国务院行政机构或者直属事业单位在必要的时候，经国务院批准，可以设立派出机构或者分支机构。

第五章 国务院会议制度

第四十五条 国务院会议分为国务院全体会议和国务院常务会议。

国民经济和社会发展规划及国家预算，宏观调控和改革开放的重大政策措施，国家和社会管理重要事务、法律议案和行政法规等国务院工作中的重大问题，必须经国务院常务会议或者国务院全体会议讨论决定。

第四十六条 国务院全体会议由总理、副总理、国务委员、各部部长、各委员会主任、中国人民银行行长、审计长、秘书长组成，由总理召集和主持。

第四十七条 国务院全体会议的主要任务是：

(一)讨论决定国务院工作中的重大事项；

(二)部署国务院的重要工作。

国务院全体会议一般每半年召开一次，根据需要可安排有关部门、单位负责人列席会议。

第四十八条 国务院常务会议由总理、副总理、国务委员、秘书长组成，由总理召集和主持。

第四十九条 国务院常务会议的主要任务是：

(一)讨论决定国务院工作中的重要事项；

(二)讨论法律草案、审议行政法规草案；

(三)通报和讨论其他重要事项。

国务院常务会议一般每周召开一次。根据需要可安排有关部门、单位负责人列席会议。

第五十条 提请国务院全体会议和国务院常务会议讨论的议题，由国务院分管领导协调或审核后提出，报总理确定，会议文件由总理批印。

国务院全体会议和国务院常务会议的组织工作由国务院办公厅负责，文件和议题于会前送达与会人员。

国务院全体会议和国务院常务会议的纪要，由总理签发。

第五十一条 国务院可以召开专题会议等全国性工作会议，研究部署国务院工作中的重要问题。

国务院专题会议由总理或副总理、国务委员召集和主持。

国务院专题会议根据需要召开，可安排有关部门、单位和地方人民政府负责人参加会议。

第五十二条 国务院各部门提请国务院研究决定的重大事项，必须经过深入调查研究，并经专家或研究、咨询机构等进行必要性、可行性和合法性论证。

国务院在作出重大决策前，根据需要通过多种形式，听取民主党派、人民团体或者社会团体、基层群众等方面的意见和建议。

第五十三条 国务院全体会议和常务会议讨论决定的事项、国务院及各部门制定的政策，除需要保密的外，应及时公布。

第六章　附　则

第五十四条 国务院可以根据本法和实际情况，对执行中的问题作具体规定。

第五十五条 本法自 年 月 日起施行。1982 年 12 月 10 日第五届全国人民代表大会第五次会议通过的《国务院组织法》同时废止。

附二：

《中华人民共和国地方各级人民政府组织法》（代拟稿）

《中华人民共和国地方各级人民政府组织法》

（　　年　　月　　日第　届全国人民代表大会第　次会议通过）

目　录

第一章　总则

第一条　为了规范和保障地方各级人民政府依照《宪法》和法律行使职权、履行职责，提高工作效能，根据《宪法》，制定本法。

第二条　省、自治区、直辖市、自治州、县、自治县、市、市辖区、乡、民族乡、镇设立人民政府。

第三条　地方各级人民政府是地方各级人民代表大会的执行机关，是地方各级国家行政机关。

第四条　地方各级人民政府对本级人民代表大会和上一级国家行政机关负责并报告工作。

县级以上的地方各级人民政府在本级人民代表大会闭会期间，对本级人民代表大会常务委员会负责并报告工作。

全国地方各级人民政府都是国务院统一领导下的国家行政机

关，都服从国务院。

第五条 地方各级人民政府严格按照法定权限和程序履行职责，行使行政权力。

第六条 地方各级人民政府实行科学民主决策，健全重大事项决策的规则和程序，完善群众参与、专家咨询和政府决策相结合的决策机制。

第七条 地方各级人民政府推进政务公开，健全政府信息发布制度，完善各类公开办事制度，提高政府工作透明度。

第八条 地方各级人民政府推行行政问责制度和绩效管理制度，严格责任追究，提高政府执行力和公信力。

第二章 地方各级人民政府的组成、任期和领导体制

第九条 省、自治区、直辖市、自治州、设区的市的人民政府分别由省长、副省长，自治区主席、副主席，市长、副市长，州长、副州长和秘书长、厅长、局长、委员会主任等组成。

县、自治县、不设区的市、市辖区的人民政府分别由县长、副县长，市长、副市长，区长、副区长和局长、委员会主任等组成。

乡、民族乡的人民政府设乡长、副乡长。民族乡的乡长由建立民族乡的少数民族公民担任。

镇人民政府设镇长、副镇长。

第十条 省长、副省长，自治区主席、副主席，市长、副市长，州长、副州长，县长、副县长，区长、副区长，乡长、副乡长，镇长、副镇长，由本级人民代表大会依照《地方各级人民代表大会组织法》选举产生。

县级以上的地方人民政府的秘书长、厅长、局长、委员会主任的任免，分别根据省长、自治区主席、市长、州长、县长、区长的提名，由本级人民代表大会常务委员会依照《地方各级人民代表大会组织法》决定，报上一级人民政府备案。

新的一届人民政府领导人员依法选举产生后，应当在两个月内

提请本级人民代表大会常务委员会任命人民政府秘书长、厅长、局长、委员会主任。

第十一条 地方各级人民政府每届任期五年。

第十二条 地方各级人民政府分别实行省长、自治区主席、市长、州长、县长、区长、乡长、镇长负责制。

省长、自治区主席、市长、州长、县长、区长、乡长、镇长分别主持地方各级人民政府的工作。

第十三条 县级以上的地方人民政府发布的决定、命令,向本级人民代表大会或者人民代表大会常务委员会提出的议案,任免人员,分别由省长、自治区主席、市长、州长、县长、区长签署。

第十四条 县级以上的地方人民政府的副省长、副主席、副市长、副州长、副县长、副区长,分别按分工负责处理分管工作。

副省长、副主席、副市长、副州长、副县长、副区长,受省长、自治区主席、市长、州长、县长、区长的委托,分别负责其他方面的工作或者专项任务。

省长、自治区主席、市长、州长、县长、区长外出期间,由负责常务工作的副省长、副主席、副市长、副州长、副县长、副区长,分别代行省长、自治区主席、市长、州长、县长、区长职务。

第十五条 省、自治区、直辖市、自治州、设区的市的人民政府设秘书长一人,在省长、自治区主席、市长、州长领导下,分别负责处理省、自治区、直辖市、自治州、设区的市的人民政府的日常工作。

省、自治区、直辖市、自治州、设区的市的人民政府分别设副秘书长若干人,协助秘书长工作。

第十六条 各厅、局、委员会分别设厅长、局长、主任,在必要的时候可以设副职。

秘书长领导办公厅,办公室设主任,在必要的时候可以设副秘书长、副主任。

第十七条 各厅、局、委员会实行厅长、局长、主任负责制,由其领导本部门的工作。

各厅、局、委员会的副职，协助厅长、局长、主任工作。

第十八条 各厅、局、委员会的厅长、局长、主任召集和主持局务会议或者委员会会议、委务会议，签署上报上一级行政机关的重要请示、报告和下达的命令、指示。

第三章 地方各级人民政府的职权

第十九条 县级以上的地方各级人民政府执行本级人民代表大会及其常务委员会的决议，以及上级国家行政机关的决定和命令，规定行政措施，发布决定和命令。

第二十条 县级以上的地方各级人民政府领导所属各工作部门和下级人民政府的工作。

第二十一条 县级以上的地方各级人民政府改变或者撤销所属各工作部门的不适当的命令、指示和下级人民政府的不适当的决定、命令。

第二十二条 县级以上的地方各级人民政府依照法律的规定任免、培训、考核和奖惩行政机关工作人员。

第二十三条 县级以上的地方各级人民政府执行国民经济和社会发展规划、预算，管理本行政区域内的经济、教育、科学、文化、卫生、体育事业、环境和资源保护、城乡建设事业和财政、民政、公安、民族事务、司法行政、监察、计划生育等行政工作。

第二十四条 县级以上的地方各级人民政府建立社会化服务体系，提供公共服务。

第二十五条 县级以上的地方各级人民政府保护社会主义的全民所有的财产和劳动群众集体所有的财产，保护公民私人所有的合法财产，维护社会秩序，保障公民的人身权利、民主权利和其他权利。

第二十六条 县级以上的地方各级人民政府保护各种经济组织的合法权益。

第二十七条　县级以上的地方各级人民政府保障少数民族的权利和尊重少数民族的风俗习惯，帮助本行政区域内各少数民族聚居的地方依照《宪法》和法律实行区域自治，帮助各少数民族发展政治、经济、文化和社会的建设事业。

第二十八条　县级以上的地方各级人民政府保障《宪法》和法律赋予妇女的男女平等、同工同酬和婚姻自由等各项权利。

第二十九条　县级以上的地方各级人民政府办理上级国家行政机关交办的其他事项。

第三十条　省、自治区、直辖市的人民政府可以根据法律、行政法规和本省、自治区、直辖市的地方性法规，制定规章，报国务院和本级人民代表大会常务委员会备案。

省、自治区的人民政府所在地的市和经国务院批准的较大的市的人民政府，可以根据法律、行政法规和本省、自治区的地方性法规，制定规章，报国务院和省、自治区的人民代表大会常务委员会、人民政府以及本级人民代表大会常务委员会备案。

依照前款规定制定规章，须经各该级人民政府常务会议或者全体会议讨论决定。

第三十一条　乡、民族乡、镇的人民政府执行本级人民代表大会的决议和上级国家行政机关的决定和命令，发布决定和命令。

第三十二条　乡、民族乡、镇的人民政府执行本行政区域内的经济和社会发展规划、预算，管理本行政区域内的经济、教育、科学、文化、卫生、体育事业和财政、民政、公安、司法行政、计划生育等行政工作。

第三十三条　乡、民族乡、镇的人民政府提供面向基层和群众的公共服务，促进经济和社会事业发展。

第三十四条　乡、民族乡、镇的人民政府保护社会主义的全民所有的财产和劳动群众集体所有的财产，保护公民私人所有的合法财产，维护社会秩序，保障公民的人身权利、民主权利和其他权利。

第三十五条 乡、民族乡、镇的人民政府保护各种经济组织的合法权益。

第三十六条 乡、民族乡、镇的人民政府保障少数民族的权利和尊重少数民族的风俗习惯。

第三十七条 乡、民族乡、镇的人民政府保障《宪法》和法律赋予妇女的男女平等、同工同酬和婚姻自由等各项权利。

第三十八条 乡、民族乡、镇的人民政府办理上级人民政府交办的其他事项。

第三十九条 自治区、自治州、自治县的人民政府除行使本法规定的职权外,同时依照《宪法》、民族区域自治法和其他法律规定的权限行使自治权。

第四章 地方各级人民政府机构设置和编制管理

第四十条 地方各级人民政府机构设置和编制管理,应当按照经济社会全面协调可持续发展的要求,适应全面履行职能的需要,遵循精简、统一、效能的原则。

地方各级人民政府机构可以根据履行职责的需要,适时调整。但是,在一届政府任期内,地方各级人民政府的工作部门应当保持相对稳定。

地方各级人民政府机构设置和编制的确定必须依照法定程序审批,不得擅自变动或者增减。

第四十一条 地方各级人民政府机构应当以职责的科学配置为基础,综合设置,做到职责明确、分工合理、机构精简、权责一致,决策和执行相协调。

第四十二条 地方各级人民政府机构设置,应当体现本级人民政府的功能特点,机构的具体设置形式、名称、排序等,可在中央规定的限额内,从实际出发因地制宜确定。

第四十三条 省、自治区、直辖市、自治州、设区的市的人民政府分别设立办公厅，协助各自的人民政府领导人员处理政府日常工作。

县、自治县、不设区的市、市辖区的人民政府分别设办公室，协助各自的人民政府领导人员处理政府日常工作。

第四十四条 地方各级人民政府设立必要的工作部门。

省、自治区、直辖市的人民政府的厅、局、委员会等工作部门，分为组成部门和直属机构。

第四十五条 省、自治区、直辖市的人民政府的组成部门，履行本级人民政府的基本行政管理职能。

第四十六条 省、自治区、直辖市的人民政府的直属机构，主管本级人民政府的某项专门业务，具有独立的行政管理职能。

第四十七条 县级以上的地方各级人民政府设立审计机关，依照法律规定独立行使审计监督权，对本级人民政府和上一级审计机关负责。

第四十八条 县级以上的地方各级人民政府的厅、局、委员会等工作部门，根据法律、法规、规章和人民政府的决定、命令，在本部门的职权范围内依法履行职责。

第四十九条 省、自治区、直辖市的人民政府的厅、局、委员会等工作部门的设立、增加、减少或者合并，由本级人民政府报请国务院批准，并报本级人民代表大会常务委员会备案。

自治州、县、自治县、市、市辖区的人民政府的局、委员会等工作部门的设立、增加、减少或者合并，由本级人民政府报请上一级人民政府批准，并报本级人民代表大会常务委员会备案。

第五十条 省、自治区、直辖市、自治州、设区的市的人民政府，分别设立国有资产监督管理机构。

国有资产监督管理机构根据授权，依法履行出资人职责，依法对企业国有资产进行监督管理。

企业国有资产较少的自治州、设区的市，经省、自治区、直辖市人民政府批准，可以不单独设立国有资产监督管理机构。

第五十一条 省、自治区、直辖市、自治州、市、县、自治县、市辖区的人民政府的组成部门或者工作部门管理的机构，分别由本级人民政府的组成部门或者工作部门管理，主管特定业务，行使行政管理职能。

第五十二条 县级以上的地方各级人民政府为承担跨本级人民政府工作部门的重要业务工作的组织协调任务而设立的议事协调机构，应当严格控制；可以交由现有机构承担职能的或者由现有机构进行协调可以解决问题的，不另设立议事协调机构。

县级以上的地方各级人民政府的议事协调机构不单独设立办事机构，具体工作由有关的机构承担。

第五十三条 县级以上的地方各级人民政府设立若干直属事业单位，从事与本级人民政府职能有关的工作。

县级以上的地方各级人民政府的直属事业单位可以根据法律、行政法规的授权行使行政管理职能。

第五十四条 县级以上的地方各级人民政府的厅、局、委员会等工作部门，根据工作需要和精干的原则，设立必要的内设机构。

县级以上的地方各级人民政府的厅、局、委员会等工作部门的内设机构的设立、撤销、合并或者变更，由该工作部门报本级人民政府机构编制管理机关审批。

第五十五条 县级以上的地方各级人民政府的厅、局、委员会等工作部门之间对职责划分有异议的，应当主动协商解决；协商不一致的，由本级人民政府决定。

县级以上的地方各级人民政府工作部门职责相同或者相近的，原则上由一个工作部门承担。

第五十六条 乡、镇、民族乡的人民政府的机构设置，参照上述规定执行。

第五十七条 省、自治区、直辖市的人民政府的各工作部门受人民政府统一领导，并且依照法律或者行政法规的规定受国务院主管部门的业务指导或者领导。

自治州、县、自治县、市、市辖区的人民政府的各工作部门受人民政府统一领导，并且依照法律或者行政法规的规定受上级人民政府主管部门的业务指导或者领导。

第五十八条 省、自治区、直辖市、自治州、县、自治县、市、市辖区的人民政府应当协助设立在本行政区域内不属于自己管理的国家机关、企业、事业单位进行工作，并且监督它们遵守和执行法律和政策。

第五十九条 省、自治区、直辖市的人民政府在必要的时候，经国务院批准，可以设立若干派出机关。

县、自治县的人民政府在必要的时候，经省、自治区、直辖市的人民政府批准，可以设立若干区公所，作为它的派出机关。

市辖区、不设区的市的人民政府，经上一级人民政府批准，可以设立若干街道办事处，作为它的派出机关。

第五章 地方各级人民政府的会议制度

第六十八条 县级以上的地方各级人民政府的内部会议分为全体会议和常务会议。

第六十一条 县级以上的地方各级人民政府全体会议由本级人民政府全体成员组成。

省、自治区、直辖市、自治州、设区的市的人民政府常务会议，分别由省长、副省长，自治区主席、副主席，市长、副市长，州长、副州长和秘书长组成。

县、自治县、不设区的市、市辖区的人民政府常务会议，分别由县长、副县长，市长、副市长，区长、副区长组成。

第六十二条 省长、自治区主席、市长、州长、县长、区长召集和主持本级人民政府全体会议和常务会议。

政府工作中的重大问题，须经政府常务会议或者全体会议讨论决定。

第六十三条　县级以上的地方各级人民政府全体会议的主要任务是：

（一）讨论决定本级人民政府工作中的重大事项；

（二）部署本级人民政府的重要工作。

全体会议一般每年召开一次，根据需要可安排有关工作部门、单位负责人列席会议。

第六十四条　县级以上的地方各级人民政府常务会议的主要任务是：

（一）讨论决定本级人民政府工作中的重要事项；

（二）讨论决定报请上级人民政府重要事项；

（三）讨论决定提请本级人民代表大会及其常务委员会审议的议案；

（四）讨论决定本级人民政府的工作部门、下一级人民政府的重大请示和报告事项；

（五）讨论通过以本级人民政府名义发布的重要决定、命令；

（六）通报和讨论其他重要事项。

常务会议根据需要不定期召开。根据需要可安排有关工作部门、单位负责人列席会议。

第六十五条　提请县级以上的地方各级人民政府全体会议和常务会议讨论决定的议题，由本级人民政府分管领导协调或审核后提出，分别报省长、自治区主席、市长、州长、县长、区长确定。

全体会议和常务会议的纪要，分别由省长、自治区主席、市长、州长、县长、区长签发。

第六十六条　县级以上的地方各级人民政府可以召开工作会议，部署本级人民政府工作中的重要问题。

县级以上的地方各级人民政府的工作会议分别由省长、自治区主席、市长、州长、县长、区长或者副省长、自治区副主席、副市长、副州长、副县长、副区长召集和主持。

县级以上的地方各级人民政府的工作会议根据需要召开，可安排有关工作部门、单位和下级人民政府负责人参加会议。

第六十七条 县级以上的地方各级人民政府全体会议和常务会议讨论决定的事项、县级以上的地方各级人民政府各工作部门制定的规范性文件，除需要保密的外，应及时公布。

第六章 附则

第六十八条 省、自治区、直辖市的人民政府可以根据本法和实际情况，对执行中的问题作具体规定。

第六十九条 本法自　　年　月　日起施行。1979 年 7 月 1 日第五届全国人民代表大会第二次会议通过的《中华人民共和国地方各级人民代表大会和地方各级人民政府组织法》同时废止。